中国工程院院士

是国家设立的工程科学技术方面的最高学术称号，为终身荣誉。

中国工程院院士传记

李鹤林传

校忠仁 著

科学出版社

人民出版社

内 容 简 介

中国工程院院士是国家设立的工程科学技术方面的最高学术称号，"中国工程院院士传记丛书"由中国工程院组织编写，本套典藏版包含 15 种：《陆元九传》《朱英国传》《刘源张自传》《汪应洛传》《陈肇元自传：我的土木工程科研生涯》《徐寿波传：勇做拓荒牛》《徐更光传》《杨士莪传：倾听大海的声音》《李鹤林传》《周君亮自传》《陈厚群自传：追梦人生》《汤鸿霄自传：环境水质学求索 60 年》《赵文津自传》《农机巨擘：蒋亦元传》《许庆瑞传》。

图书在版编目（CIP）数据

中国工程院院士传记：典藏版 / 陈厚群等编著. —北京：科学出版社，2023.4
ISBN 978-7-03-074964-2

Ⅰ.①中… Ⅱ.①陈… Ⅲ.①院士-传记-中国-现代 Ⅳ.①K826.16

中国国家版本馆 CIP 数据核字（2023）第 030486 号

责任编辑：侯俊琳 张 莉 唐 傲 等 / 责任校对：邹慧卿 等
责任印制：赵 博 / 封面设计：有道文化

科 学 出 版 社 出版
北京东黄城根北街 16 号
邮政编码：100717
http://www.sciencep.com

北京厚诚则铭印刷科技有限公司印刷
科学出版社发行 各地新华书店经销
*
2023 年 4 月第 一 版 开本：720×1000 1/16
2023 年 4 月第一次印刷 印张：359 1/4 插页：110
字数：4 788 000
定价：1570.00 元（共 15 册）
（如有印装质量问题，我社负责调换）

李鹤林　中国工程院院士

1961 年留影

1975 年留影

1985 年留影

2006 年留影

1998年6月5日，中国工程院第四次院士大会期间，机械与运载工程学部院士合影留念。第一排左七为朱光亚院士（时任全国政协副主席、中国工程院院长），左六为路甬祥院士（时任全国人大副委员长、中国科学院院长），右六为师昌绪院士（时任中国工程院副院长），右五为朱高峰院士（时任中国工程院副院长），第三排左六为李鹤林院士

时任中国工程院院长徐匡迪（左）与李鹤林院士合影（2009年）

1990年11月，时任中国石油天然气总公司总经理王涛（前排中）、副总经理李天相（前排右一）在石油管材研究中心调研，听取李鹤林（前排左一）的汇报。后排左起：李健鹏、宋治、鹿鹏飞、俞贵根、赵鑫、梁梅生、李凤媛

2002年9月25日，宝鸡石油机械厂历届老领导在建厂65周年期间合影。前排左起：时任党委书记冯振清、原副总工程师陈学杰、原党委副书记潘茂祥、原党委书记吴道荣、原党委书记姚亮、原厂长曾慎达、原厂长兼党委书记詹石、原副总工程师李鹤林、时任厂长张冠军、原党委书记华为棠、原副厂长徐德兴、原副厂长常茂生、原副厂长杨玉杰

1996年4月8日，在西安交通大学100周年校庆期间，金相专业1961届部分毕业生返校与周惠久（前排左四）、王小同（前排右三）、王笑天（前排左三）、刘静华（前排右二）、顾海澄（前排左一）、胡奈赛（前排右一）等老师在彭康校长塑像前合影，后排右三为李鹤林

2001年9月10日，石油管材研究所召开庆祝建所20周年大会，图为主席台上的贵宾。前排左起：中国石油天然气集团公司科技发展部主任刘振武，中国石油天然气总公司原总工程师李虞庚，中国石油天然气总公司原副总经理李天相，中国石油天然气集团公司副总经理陈耕，时任全国政协常委、省政协主席安启元，陕西省原副省长曾慎达，中共陕西省委科工委书记钟高适，右一为李鹤林院士

1995年，王道纯陪同潘连生副省长视察管材研究所时合影（左三为潘连生副省长、左二为王道纯、左一为宋治、右二为李鹤林）

1994年11月，石油管材研究所西安新址落成，由宝鸡向西安的搬迁工作全部完成，上级领导来所祝贺时合影。左起：中国石油天然气总公司技术监督局副局长金志俊、陕西省计划委员会主任李树元、中国石油天然气总公司原副总经理李天相、中国石油天然气总公司副总经理张永一、中共陕西省委副书记范肖梅、陕西省原副省长曾慎达、石油管材研究所所长李鹤林、中国石油天然气总公司科技局副局长王明太

1982 年 11 月 1 日，曾慎达厂长率团到福州市参加中国石油学会石油工程专业委员会主持召开的石油机械金属材料热处理和材料强度学术交流会（前排左起：程智、蔡秋生、王生玉、华为棠，后排左起：赵宗仁、曾慎达、李鹤林、唐味莼）

与恩师涂铭旌院士（左）合影（1997 年）

与恩师邓增杰教授（左）合影（2016 年）

1998 年，参加全国第三届失效分析战略研讨会，左起：刘亚旭、张毅、李鹤林、冯耀荣、赵克枫

1996年10月，师昌绪院士（左）向石油管材研究所颁发"中国科协失效分析和预防中心石油管材与装备分中心"牌匾。李鹤林任中国科协失效分析和预防中心副主任兼石油管材与装备分中心主任

1994年，中国科学技术发展基金会第三届孙越崎能源科学技术奖颁奖大会在北京举行。孙越崎先生（前排左二，时年101岁）等与主要获奖者合影。后排左三为能源大奖获得者李鹤林

1987年，李鹤林向石油工业部李天相副部长（前排左二）及史久光（前排左一）、赵宗仁（前排左三）等老专家汇报世特佳套管严重失效事故的电镜分析结果

主持钻柱构件失效分析。右起：张平生、韩晓毅、李鹤林、葛明君

在电镜实验室进行材料微观组织研究。左起：李平全、刘迎来、李鹤林

开展油井管模拟实际服役条件的全尺寸实物试验。左起：赵克枫、李鹤林、韩勇、杨红兵

1991年4月，日本NKK田中副社长一行来访。图为双方人员在管材研究中心（宝鸡）试验大楼前合影。前排左三为田中副社长，右三为中国石油天然气总公司供应局副总工程师阎家正，左一为中国五矿进出口总公司田小虹，右一为李平全，中为李鹤林

1994年12月，在美国H.OMOHR公司考察。该公司为石油管材研究所提供了全套管柱力学试验设备。右四为该公司总裁H.OMOHR先生，左四为中石油科技发展部汤静处长。右三、右二、右一依次为李鹤林、张平生、安丙尧，左一、左二依次为路民旭、秦长毅

2008年与英国ADVANTICA公司讨论西气东输二线断裂控制问题。左二为Armstrong Keith博士、左三为Steve Reynolds博士、左四为Bob Andrews博士、右四为Gordon White博士，中为李鹤林

1968 年，新成立的检验科金属材料　　　　1984 年，石油专用管材料试验中心全体人员合影
试验组在实验室前合影

1993 年，中国石油天然气总公司石油管材研究中心搬迁西安前夕在宝鸡管材楼前合影

2015 年年初，在石油管工程技术研究院年度工作会议期间，与院领导、先进集体与先进个人代表
在西安新址前合影（前排左七为时任院长、党委书记张冠军，左八为李鹤林）

西安交通大学机械工程系金属材料及热处理专业 1961 年毕业生合影（第三排左十三为李鹤林）

2016 年 4 月，西安交通大学 120 周年校庆期间上幅照片中的部分老同学返校团聚时合影。前排左起：吕文生、张秉昌、杨为正、郭稚梅、冯爱娟、柴惠芬、祝正容、陈亚男、杨启明、戴贵根、王卜谦、裴吉；后排左起：林健生、秦国友、郁士聪、龚伊伟、朱春芳、李鹤林、杨世鸿、陈天顺、崔广福

金婚纪念照（2014 年 10 月）

结婚照（1964 年 10 月 1 日）

全家福（1975 年）

爷孙情，车内幼童为李元惠，右为梅李繁
（2002 年）

全家福（2009 年 4 月）
后排左起：赵锴民、梅笑寒、梅李繁、
李晓东、惠颖梅
前排左起：李鹤林、李元惠、梅秀芬

总　序

　　20 世纪是中华民族千载难逢的伟大时代。千百万先烈前贤用鲜血和生命争得了百年巨变、民族复兴，推翻了帝制，击败了外侮，建立了新中国，独立于世界，赢得了尊严，不再受辱。改革开放，经济腾飞，科教兴国，生产力大发展，告别了饥寒，实现了小康。工业化雷鸣电掣，现代化指日可待。巨潮洪流，不容阻抑。

　　忆百年前之清末，从慈禧太后到满朝文武开始感到科学技术的重要，办"洋务"，派留学，改教育。但时机瞬逝，清廷被辛亥革命推翻。五四运动，民情激昂，吁求"德、赛"升堂，民主治国，科教兴邦。接踵而来的，是 18 年内战、14 年抗日和 3 年解放战争。恃科学救国的青年学子，负笈留学或寒窗苦读，多数未遇机会，辜负了碧血丹心。

　　1928 年 6 月 9 日，蔡元培主持建立了中国近代第一个国立综合科研机构——中央研究院，设理化实业研究所、地质研究所、社会科学研究所和观象台 4 个研究机构，标志着国家建制科研机构的诞生。20 年后，1948 年 3 月 26 日遴选出 81 位院士（理工 53 位，人文 28 位），几乎都是 20 世纪初留学海外、卓有成就的科学家。

　　中国科技事业的大发展是在新中国成立以后。1949 年 11 月 1 日成立了中国科学院，郭沫若任院长。1950—1960 年有 2500 多名留学海外的科学家、工程师回到祖国，成为大规模发展中国科技事业的第一批领导骨干。国家按计划向苏联、东欧各国派遣 1.8 万名各类科技人员留学，全都按期回国，成为建立科研和现代工业的骨干力量。高等学校从新中国成立初期的 200 所增加到 600 多所，年招生增至 28 万人。到 21 世纪初，高等学校有 2263 所，年招生 600 多万人，科技人力总资源量超过 5000 万人，具有大学本科以上学历的科技人才达 1600 万人，已接近最发达国家水平。

新中国成立 60 多年来，从一穷二白成长为科技大国。年产钢铁从 1949 年的 15 万吨增加到 2011 年的粗钢 6.8 亿吨、钢材 8.8 亿吨，几乎是 8 个最发达国家（G8）总年产量的两倍，20 世纪 50 年代钢铁超英赶美的梦想终于成真。水泥年产 20 亿吨，超过全世界其他国家总产量。中国已是粮、棉、肉、蛋、水产、化肥等世界第一生产大国，保障了 13 亿人口的食品和穿衣安全。制造业、土木、水利、电力、交通、运输、电子通信、超级计算机等领域正迅速逼近世界前沿。"两弹一星"、高峡平湖、南水北调、高公高铁、航空航天等伟大工程的成功实施，无可争议地表明了中国科技事业的进步。

党的十一届三中全会以后，改革开放，全国工作转向以经济建设为中心。加速实现工业化是当务之急。大规模社会性基础设施建设、大科学工程、国防工程等是工业化社会的命脉，是数十年、上百年才能完成的任务。中国科学院张光斗、王大珩、师昌绪、张维、侯祥麟、罗沛霖等学部委员（院士）认为，为了顺利完成中华民族这项历史性任务，必须提高工程科学的地位，加速培养更多的工程科技人才。中国科学院原设的技术科学部已不能满足工程科学发展的时代需要。他们于 1992 年致书党中央、国务院，建议建立"中国工程科学技术院"，选举那些在工程科学中做出重大创造性成就和贡献，热爱祖国，学风正派的科学家和工程师为院士，授予终身荣誉，赋予科研和建设任务，指导学科发展，培养人才，对国家重大工程科学问题提出咨询建议。中央接受了他们的建议，于 1993 年决定建立中国工程院，聘请 30 名中国科学院院士和遴选 66 名院士共 96 名为中国工程院首批院士。1994 年 6 月 3 日，召开了中国工程院成立大会，选举朱光亚院士为首任院长。中国工程院成立后，全体院士紧密团结全国工程科技界共同奋斗，在各条战线上都发挥了重要作用，做出了新的贡献。

中国的现代科技事业起步比欧美落后了 200 年，虽然在 20 世纪有了巨大进步，但与发达国家相比，还有较大差距。祖国的工业化、现代化建设，任重路远，还需要数代人的持续奋斗才能完成。况且，世界在进步，科学无止境，社会无终态。欲把中国建设成科技强国，屹立于世界，必须接续培养造就数代以千万计的优秀科学家和工程师，服膺接力，担当使命，开拓创新，更立新功。

中国工程院决定组织出版《中国工程院院士传记》丛书，以记录他们对祖国和社会的丰功伟绩，传承他们治学为人的高尚品德、开拓创新的科学精神。他们是科技战线的功臣、民族振兴的脊梁。我们相信，这套传记的出版，能为史书增添新章，成为史乘中宝贵的科学财富，俾后人传承前贤筚路蓝缕的创业勇气、魄力和为国家、人民舍身奋斗的奉献精神。这就是中国前进的路。

序

    我与李鹤林院士相识至今已长达 56 个年头。半个多世纪以来，我们共同见证了中华人民共和国的崛起与繁荣，并肩投身至我国石油工业和宝鸡石油机械厂的发展与壮大，彼此关心着对方的事业和家庭，由此结下的深厚友谊更是历久弥香。作为工作中的领导、同事，生活中的兄长，我目睹了李鹤林如何从一名青年技术员成长为德高望重的中国工程院院士，了解他取得的突出成绩和为国家与社会做出的卓越贡献，更体会他为此付出的辛劳与汗水。为其传记作序，我义不容辞。

    李鹤林院士生在汉山下，长于汉水旁。重教尚学的家风使他养成了自幼好书爱学的优良习惯。而少时家庭的变故使他一度失去了读书的机会，在母亲的博大胸怀与无私付出和支持下，李鹤林重新跨入校门，并依靠国家资助得以完成学业。因为特殊的成长经历，李鹤林工作后始终怀有"爱国、爱岗、爱家"的理想信念，以及科技报国、奉献石油、关怀亲人和同事的工作与生活情结。同时，自幼艰苦环境的磨炼，铸就了他坚韧不拔、百折不回的精神和踏实严谨、吃苦耐劳的工作作风。源此奉献精神和优秀品质，李鹤林在石油机械用钢和石油管工程领域潜心钻研，开拓创新，取得了多项具有世界先进水平的研究成果，为我国石油工业的发展做出了重要贡献。

    1961 年，李鹤林从西安交通大学金属材料及热处理专业毕业，因一篇很有见地的毕业论文，被分配至我任室主任的石油工业部钻采机械研究所设计二室。当时正值"三年困难"时期，单位办公、住宿条件十分简陋，我与李鹤林同住一室，共用一个架子床，他睡上铺，我睡下铺。初至研究所，我安排他从事机械产品设计工作，但他不想放弃专业特长，多次表达希望能够从事材料及热处理方面的工作。起初我并不理解，也不支持。但他坚持不放弃，发现并改正了设计图纸中选材及技术条件中存在的错误和不确切之处，通过实际行动证明了材料及热处理工作的重要性，获得一致好评。而后"抽油杆闪光对焊与焊后热处理工艺研究"和上海东风机器厂 B 型吊钳质量问题处理工作的出色完成，使我逐渐改变了看法，自此全力支持他在石油机械用钢方面的工作。他的才干也很快为上级部门所赏识，随即被李天相同志挑中，独立承担了规划 200 万字的《石油机械用钢手册》的编写任务。

1964 年，钻采机械研究所迁往大庆时，我和李鹤林又一起调至石油工业部第一机械厂（后更名为宝鸡石油机械厂）。在宝鸡石油机械厂期间，他主持研制 10 余种新型钢铁材料并充分发挥现有材料的性能潜力，使一大批石油机械产品跃居国际先进水平。

一是，减轻了石油机械重量。轻型吊环的自重只有仿苏产品的 1/3；吊卡自重也只有仿苏吊卡的 1/2；我国第一台 5000 米电驱动钻机自重只相当于 3500 米钻机的自重。

二是，延长了石油机械零部件的使用寿命。例如，射孔器的使用寿命提高了 1 倍；公锥和母锥的使用寿命提高了 2 倍；缸套的使用寿命提高了 5 倍；等等。

三是，提高了特殊服役条件下石油机械的使用效能。如研制的 5 种无镍低铬无磁钢，从根本上解决了电测绞车磁化干扰问题；研制的抗硫钢用于井口装置和液压防喷器，解决了硫化氢应力腐蚀问题。

鉴于上述科技成果，李鹤林经层层推选出席了中共中央于 1978

年3月召开的全国科学大会，被评选为全国先进科技工作者。"轻型三吊""高强度高韧性结构钢""无镍低铬无磁钢"及"液压防喷器"四项成果荣获全国科学大会科技成果奖。

1981年，李鹤林筹建了石油专用管材料试验中心（中国石油集团石油管工程技术研究院前身），此后研究方向逐渐转向石油管领域。1983年，组织安排我到陕西省省委、省政府任职。虽然不在一起工作了，但我们的联系和交流却从未间断过，他也多次邀请我去单位调研交流，我对他在石油管领域取得的成绩也十分了解。他提出并建立了"石油管工程学"学科，开展了大量系统的、有创造性的研究，成为我国在该科技领域的开拓者和奠基者。

在油井管和管柱方面，李鹤林积极推动我国油井管生产技术水平的提升，主持开展了一系列重大科技攻关，解决了特殊油气田管柱设计和选材技术难题，推动了油井管大规模国产化，实现了油气田的安全、低成本和高效开发。

在输送管和管道方面，他积极推动我国大口径、高压、高钢级天然气管道建设，主持编制X70、X80焊管与板材标准并推动实施了X70、X80焊管国产化，创造性地提出了"螺旋管与直缝管联合使用的技术路线"，研究形成了油气管道失效控制技术，并在西一线、西二线等工程应用，实现了我国天然气管道关键技术由追赶到领跑的跨越，保障了国家重点管道工程建设和运行安全。

在失效分析方面，他提出和完善了"失效分析反馈"的思路，先后主持或参与了100多项重大事故的失效分析并研究提出预测预防措施，在我国石油管失效分析及预防领域做出了卓越贡献。他早期即参与了四川威远气田内部集输管线成都段试压爆裂事故和华北油田任84井连续两起德国进口G105钻杆断裂事故分析，原石油工业部李天相副部长给予了高度评价，称开创了我国石油工业采用失效分析指导重大工程实践的先河。1987年，在美国石油学会（API）第64届年会上，李鹤林报告了他的研究成果——《钻杆失效分析及内加厚过渡区结构对钻杆使用寿命的影响》，"一举敲开了API的大门"。会后，API采纳了该成果用于修改标准。日本几家钻杆厂更是不惜巨资，按照他们的成果对生产线进行技术改造。鉴于李鹤林在失效分析领域的突出贡献，1992年他被评为全国有突出贡献的失效分析专家，从2003年至今一直担任中国机械工程学会失效分析分会理事长。

李鹤林的报国情怀、奉献精神和工作作风为广大科技人员树立了榜样，在为人处事方面也堪称楷模。他尊师重情，不忘师恩，永记教诲。他关心同事，重视人才，培育人才，为国家培养了一批石油管工程领域的拔尖人才，中国石油集团石油管工程技术研究院也迅速成长为我国在石油管工程应用领域的权威研究机构，引领了我国石油管的研发与工程应用。对待至亲，他恪守孝道，尽心尽力，以成绩回报母恩；对待妻子，他恪守夫道，尽职尽责，满怀深情厚谊；对待子孙，他践行父道，宽厚仁慈，重言传更重身教。

当前，我们国家正在按照"四个全面"的战略布局，引领和推动中华民族的伟大复兴。尽管我已年届九旬，垂垂老矣，李鹤林院士也满头银丝，岁至八旬，但我们为自己身处盛世而高兴，还想为国家和人民多做一些力所能及的事。通过编写出版《李鹤林传》，回顾他56年的石油科技生涯，总结他对石油工业做出的突出贡献，必将激励和鼓舞广大科技工作者投身科技创新，按照党中央、国务院的要求，落实创新驱动发展战略，发动科技创新的强大引擎，让中国这艘航船，向着成为世界科技强国不断前进，向着实现中华民族伟大复兴不断前进，向着人类更加美好的未来不断前进！

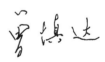

2017年元月

目　录

中国工程院院士传记

李鹤林传

引　子

从汉山脚下的山村走来，他以自己执着坚毅和吃苦耐劳的精神，实现了读书梦想。

与所有中华人民共和国早期培养的知识分子一样，他有着千般热情；与所有长期埋头苦干于企业的技术人员一样，他有着万般执着。

他凭着为国为油的坚忍与勤奋，还有与生俱来的几许天分，在中国石油科技之路上，半个多世纪奋力前行，一如踏平难于上青天的蜀道，成长为中国石油机械用钢与石油管工程领域独树一帜的专家，并且带领团队搏击风雨，追星揽月，摘取了10项国家级奖项，创建了国内外知名的石油管工程科研基地和新的学科，跻身中国工程院院士行列。

研究石油机械用钢，其意志如钢一样坚强；情系石油管工程，其目标像千里管线一般远大；他长于汉水，业成于渭水，其性格里又多了些滴水穿石、以柔克刚、百折不回、千流归海的品质。

他，就是李鹤林。他是一个活得实实在在的人，又有传奇色彩的人生。年届八旬，依然老骥伏枥，壮心不已……

第|一|章

河边的童年

一、出 生 地

　　群山环抱之中，三官庙村的边沿，延迤着一条清澈的小河。河畔的一座农家院落里，年轻的李姓夫妇迎来了长子的降生，取名李鹤林。那一天，是 1937 年 7 月 5 日。两天之后，震惊中外的"七七事变"便告爆发，中华民族开始投入全面抗日战争。

　　三官庙村，隶属于陕西省汉中市南郑县协税镇。这一时节，山村已进入了夏天，在暖湿空气的吹拂下，田里的稻子长得十分欢实。李鹤林是这座四合院里出生的李家第三个男丁，在他前面，还有两位堂兄。随后的十年，母亲又接连生育了四个弟弟。李家院落，生有兄弟七人，足显家族之兴旺。

李鹤林出生于汉山脚下的协税镇三官庙村

此时，夏无酷暑、冬无严寒的汉中故乡，相比抗日烽火正熊熊燃烧的东北、华北，乃至华东，远离战区，依然保留着一片宁静与祥和。

汉中这个地方，对于绝大多数普通人来说，如若知晓，大约都来自《三国演义》，或所读的各类文本，或所听的戏剧曲艺。年幼便好文喜读的李鹤林，也是慢慢地先从老辈人的口里，后从书本之上，才知道自己的故乡原来是很有名的。

历史名城汉中，为陕南重镇，因位于汉中盆地中心，"郡临汉水之阳，南面汉山，故名汉中"。此中之汉水即为汉江，古称沔水，为长江最大支流。汉江发源于汉中市宁强县的蟠冢山，自西向东横贯汉中盆地，越安康进入湖北，最终注入长江。处在汉江上游的汉中市，原名南郑市。相传西周末年，郑桓公被犬戎杀死，郑邑的一部分居民南迁居此，故称南郑。此地春秋战国时既已有名，一直为秦、楚、蜀争夺之地，可谓历史悠久。

从小，李鹤林就常常听大人讲述刘邦受封汉王、设都汉中南郑，楚汉相争，韩信明修栈道、暗度陈仓，萧何月下追韩信等历史掌故；也知道汉武帝时，国力强盛，大败匈奴，四海臣服，周边民族皆称华夏民族为"汉人"。斯时起，"汉中—汉人—汉民族—汉字—汉文化"，一脉相承至今绵延不绝。

而后，221年，刘备于沔阳（今勉县）即"汉中王"位，次年在成都称帝国号汉，史称蜀汉，与曹魏、孙吴三分天下，呈鼎立之势，史称三国。诸葛亮六出祁山，与魏于陇西拉锯，最终出师未捷身先死。

这些故事渐渐地都印在幼时的李鹤林的心里，而对于人杰地灵、英雄辈出的故乡之地，李鹤林也就加倍地喜爱和感到自豪。

李鹤林的出生地协税镇三官庙村，原属褒城县。对于略知上古史的人来说，对"褒"字不会感到陌生。褒，为古国名，《史记·夏本纪》中载"夏封同姓为褒国君"，故夏、商、西周三代，皆称之为褒国。周幽王后褒姒，即其国之女。与之相关的历史掌故亦耳熟能详，即史书所载"烽火戏诸侯"。褒城古县自唐贞观三年（629 年）即列入建制，直至 1958 年被撤销，所属地域分别划归勉县、汉中市、留坝县和南郑县，协税镇则归属南郑县。

南郑与汉中都是历史上较为著名的郡县治所地名，由于毗邻甚近，州县治所经常换位，两地也常常互为辖地。现在的南郑县，汉江环绕于北，大巴山屏障于南，平原稻丰鱼肥，丘陵茶绿果香，山区林茂竹青，山川雄秀，景色旖旎。历史悠久的圣水寺，得名于寺内青、白、黄、乌、黑五泉。寺生桂株，大四五合抱，开花香溢数里，相传为汉丞相萧何亲手所植，故名汉桂，今被汉中市人民政府定为市树。稀有的民间艺术"汉调桄桄"，亦形成于南郑，又叫"汉中梆子"，是汉中最古老的剧种。因为道白、吐字、归韵，均以汉水流域语音方言为基础，并采用梆子乐器击节发出的"桄桄"声，取名"汉调桄桄"。不过，李鹤林少时虽喜识字读书，但对家乡的这种地方戏却没有什么感觉。

幼时的李鹤林，只是依稀听闻，但还未曾到过汉中、南郑这些大地方，而三官庙村所属的协税镇，家里人却常常提起。协税镇虽也为古镇，其名却有现代气息。据史料记载，该镇原名"萧亭坝"，地处褒城与南郑两县交界，早年手工业与商业发达，商贾云集，两县官府便于镇之南路寺（今南路村）一座老染坊设置机构"协商收税"，协税镇名由此而来。以税而得地名，在我国税收历史上可能绝无仅有。

又由于传统高跷社火远近闻名，如今协税镇被誉为民间社火之乡，或者是民间文化艺术之乡。而此镇现代新式教育的兴起，与李氏家族也颇有渊源。这或许是李鹤林对协税镇有些印象的原因吧！

李鹤林的祖屋，建在协税镇几里[①]外的三官庙村。

村子依小河两岸分布，处于丘陵小盆地之中，远处则是群山环

---

① 1 里 =500 米。

绕。祖屋是个建造讲究的四合院，坐东朝西，为木匠出身的祖父所建。门庭高而宽敞，方格木雕门窗，东上房堂屋为家族祭祀议事之所，东上房北屋与北厢房居住着大伯父一家，东上房南屋与南厢房居住着排行老三的父亲一家。

李鹤林童年时的住所（南厢房）

兄弟两家，同居一院，辛勤耕读，家境殷实。尤其是年轻时即投身反帝反封建运动、倡导创办新学的大伯父，声望传遍汉中，李家更为乡邻们所敬重。

幼年的李鹤林，生活在这个敞亮、宽裕的农家小院，玩耍于青山秀水之间，无生活之忧，活泼好动。门前名叫沙河的小溪，是李鹤林最喜欢玩耍的地方，也寄托着他对家乡最多的记忆与眷恋。

沙河沙少且细，一溪清水，沿着古河床缓缓流过。小鱼小虾游戏其中，河边树木丰茂，鸟儿鸣叫，一小块一小块的田地散落地布满河道两旁的洼地，种植着稻谷油菜。每当早春，黄色的油菜花开了，像两条长长的绚丽彩带，飘在小溪两边，花映溪水，水带花香；插秧时节，一行行秧苗，在水田上伸着绿色的叶片，地沃苗壮，如无天灾，便有好收成。这是汉中之地最常见的景象，也是出现在李鹤林脑海中最多的故乡景象。

这是一块天然膏腴之地，难怪李家的祖辈会选作落户之地，自然，他们的田地也多靠小河，方便用水。

这条小河，为小时候的李鹤林带来了无限快乐。沿着小河，他同堂兄弟姐妹及村中小伙伴奔跑戏水，常常踩着村民安放在小河中的一排石头，去河对岸的二爸与四爸[①]家。秋夏大水季节，河水涨了，河床宽了，村里人便以竹木搭建小桥，方便过河。及至 1955 年兴修水库，沙河水被截而断流，旧河道改为田地。好在河道旁修有水渠，清溪流淌，依稀可闻。

家之西南约 10 里，有云雾缭绕之山，因山形酷似笔架，人们便称其为笔架山（又名青座山）。传说常望此山，可得读书写字之灵气。堂兄堂姐便带着李鹤林常常眺望此山，指指点点。许是天意巧合，几人后来均学业进步，事业有成。

村庄后不远处为汉山，横亘南郑，山势雄壮，是米仓山在汉中境内的主峰。汉山虽说海拔不足 1500 米，可在传说中却是一座了不起的神山。早在公元前 11 世纪至前 8 世纪西周王朝时期，汉山作为王室的祭祀场所就已出名。《诗经·大雅·旱麓》云"瞻彼旱麓"，有"鸢飞戾天，鱼跃于渊"之赞。旱麓意为旱山之麓，汉山最早名"旱山"，后来古沔水改称为"汉水"，"旱山"也随之改为"汉山"。

如果说汉水是汉中人的母亲河，那么汉山就是汉中人的父亲山。登临山顶，北望秦岭巍峨，南眺巴山绵延，东见汉水蜿蜒而去，近观南湖明珠闪耀。

汉山之巅名为"大顶寨"，百姓依它看天气。有谚道：汉山顶亮，晒得够呛，汉山戴帽，大雨即到。旧时，登山可听汉山樵歌，即汉山附近农民登山采樵，边采边歌，一唱一和，相互对歌。其

---

① 二爸、四爸是家族习惯的叫法，实际上是二伯父、四叔父。

声高亢悠扬，其词朴实无华，余音绕山回响，为"汉中八景"之一。清代诗人楚文璟便作有《汉山樵歌》的诗文，区区40字，情景交融：

> 汉山耸地立，云内闻樵歌。
>
> 伐木同声应，求仙未烂柯。
>
> 乐从苦里出，曲自静中和。
>
> 蹊径行还往，听余清兴多。

李鹤林对故乡的山水人文印象尤深，亦有感情，他日后的文笔流畅清新，也许正是得了一些家乡秀美山水灵气的浸润。自古江南出才子，汉中乃陕西的"江南水乡"，人文荟萃、俊才辈出是很自然的了。

二、家族轶事

在当地，李家是个大户人家。李鹤林父辈有兄弟四人，姐妹二人，其父在兄弟之间排行为三。按祖父安排，老大、老三住沙河东，老二、老四住沙河西，几家隔河相望，有事叫一声就可听见。

李鹤林的大伯父，名毓洁，字少芹，生于1900年，是家族最早投身反帝反封建斗争的热血青年。辛亥革命初期，他离家到武汉读书，崇仰孙中山的革命学说，积极参加学生运动，后来考取了上海东亚体育专科学校。1925年，正值毕业之际，日、英帝国主义制造了震惊全国的"五卅惨案"。李少芹勇敢地投入了"五卅运动"爱国斗争，并被各界推举担任赴西北宣慰团的首席代表。此行之余李少芹回家探亲时，继续宣讲"五卅惨案"的斗争情况，号召声援上海反帝革命行动。后受汉中各界挽留，在汉中府三所中学任教，是汉中群众体育活动早期的发起人和组织者。他联络开明乡绅及同仁筹资，在协税镇创办了男子和女子小学堂各一所，李少芹亲任女学堂的校长，他不在时，则由新婚妻子王瑜茹代理主持校务。学校推行新式教育和新生活，反对封建礼教，当地现代教育事业与开明思想也由此兴起。

汉中地区作为人文故地，礼教尚盛，因而李少芹主张女生参与民主爱国社会活动，不缠脚，一律剪短发而不留长辫，在当时引起很大影响。彼时组织少年敲锣队打鼓游街唱歌，"女子天足人格高"的宣传，街头巷尾经常听到。

协税镇女学堂是西部农村乡镇现代女子教育最早的唯一实物见证，有遗存至今的文庙式建筑。后来这里还是中共地下党秘密活动的据点。

协税小学校史简记如下：

协税依濂水对汉山，为繁华古镇，乡梓父老，重农敬教。然昔为私塾之。民国兴教育，协税始办新校，迄今近八十载，但向无校志，真史众说纷纭。九四年春差专人访高龄及当事者，脉络渐晰，刻碑以志：

公元一九二五年，由李少芹、黄北华、张少华诸君发端，在院中建土木楼一座及楼后平房数间，始成雏形。次岁竣工，授班二四制，名为褒城县立第五小学，亦名男学堂，与后建镇西之女学堂对峙……

不幸的是，投身革命、倡导新学的望族贤达李少芹却英年早逝——28岁突发急病去世，身后留下年仅周岁的长子（即李鹤林的大堂兄）李协生，以及遗腹幼子李服生。李服生在父亲去世一个月后降生即着孝服，故取此名。1994年春，多方集30余万元重新修缮学校，李鹤林的两位堂兄李协生、李服生承其父李少芹志，均有捐助，有刻石为记。

李鹤林出生时，同住一院的大伯父已去世九年。虽未曾受大伯父亲教，也未曾见过，但其从事反帝反封建、爱国兴教的义举，却在李鹤林及同辈的心中留下了永难磨灭的印记，激励他们崇尚知识，志存高远，报效国家，有所作为。

上辈人中，李鹤林之父、二伯父、四叔父及大舅父等均曾从教，三舅父1952年后曾任南郑县副区长、县法院副院长等职，后从县委机关党组书记职务退休。大姑妈嫁入徐姓大户人家，姑父亦为当地有影响的开明绅士，因不满旧政权腐败，虽多次被动员，仍决然不加入国民党。

其实，李鹤林的祖籍并非汉水之源的汉中南郑，而是位于汉江中游的湖北襄樊，亦称襄阳。与汉中一样，襄阳乃至襄樊亦为历史文化名城，而以古隆中最为名胜。建安十二年（207年），刘备三访隆中，成就"三顾茅庐"历史佳话，《隆中对》亦流传至今，成千古美文。后代推算，李鹤林的曾祖大约是在清咸丰初年，为躲避战乱，弃家别故，携亲子和义子两人，沿汉江北上，一路上风餐露宿，边走边帮人做木工，最后选定汉中褒城县协税镇地界落户，为两子娶亲立家成业，分别定居于王家坪和孙家沟。

其亲生儿子，即李鹤林的祖父李卓章，跟父亲学得一手好木匠手艺，四乡出名，家境也渐渐得以丰裕，遂为四个儿子在沙河两岸分别建屋置田。李家以后逐渐成为当地大户人家。祖父虽为工匠之身，但思虑长远，为使家族不因是外来户而受歧视，还按照当时清政府的规定捐了一个小功名。为家族兴旺，耕读传家，李卓章在不惑之年又立有家规，大意是子孙都要上学读书，读得好，继续供养上中学、大学，自食其力，将来不分给家产；学得不好，留下种田。从此李家成了名副其实的耕读之家，四个儿子均成了有文化之人，重教、重学的家风一直传了下来。

祖籍襄樊的那些历史故事，李鹤林自小就从上辈口口相传中熟记心中，曾祖、祖父避乱北迁、辛劳持家之事，自然也听到不少。

后来从大堂兄所写的回忆录中，更清楚地了解了家族曾经遭受战乱、颠沛流离的苦难岁月。

三、启蒙于三所小学

李鹤林之父排行老三，名毓秀，字挺生，1911 年生。母亲姓白名桂兰，1919 年生，共有兄弟姐妹 6 人。外祖父家同为一村，亦属耕读的大户人家。

其母虽无文化，但从小受到严格的旧式礼教影响熏陶，举止端庄，人品出众。李鹤林的祖父便早早托人为三子提亲，双方门当户对，一说即成。十七岁嫁入李家，十八岁生下长子鹤林，后又连生四子。一家五男，人丁兴旺，在旧时代确为光宗耀祖的大事。

李鹤林懂事会跑时，同院的两个堂兄均已在外读书，弟弟们又太小，玩伴只有四爸家比他大半岁的堂姐李庆林。于是，生性活泼好动的李鹤林，总是过河跑去找堂姐玩。四爸家当时尚无男孩，见了聪明懂事的侄儿特别喜欢。两个年龄相仿的姐弟打打闹闹，无忧无虑，天真可爱，有时也为抢一碗饭吃而互不相让，大人见了觉得有趣，也不管他们。

2015 年春，李鹤林回到汉中，见到了从小一起长大、感情深厚的堂姐李庆林。已近八旬的老人红光满面，精神矍铄。她当着众多儿孙之面，指着同是满头银发的堂弟，笑着回忆说："那时他比我小，但学得比我好。一会恼一会好，到我家吃饭也要比个高低，你抢我争。没少受他气，可谁也离不开谁。"

到了读书年龄，七岁的李鹤林与堂姐李庆林同入学堂发蒙。小学就设在河对岸二爸、四爸家不远处的三官庙，庙内供奉着"天官""地官""水官"。一般庙宇皆比较宽敞，幽静，不属私产，不失那时士绅乡党共立为校舍私塾的最佳选择。高大的泥塑前，摆放着几排简陋的桌凳，便为课堂。院内长有高大的柏树和梧桐，柏树长青不老，喻比"三官"神天威永存；梧桐，意表只要肯读书上进，便可光耀门庭，古有"家栽梧桐树，招来金凤凰"之说。由是，神庙学堂倒也相映成趣。

共和之后，学堂便开始推行新式教育，四书五经、之乎者也少了，国语算术、学歌会操逐成课程。

对于稚气未脱的李鹤林来说，初入学堂，只觉新奇，淘气贪玩，惹事打架。老师一不留神，他便溜到泥像后"躲猫猫"，或偷跑到大树下看蚂蚁觅食。但只过一年，到了快8岁，他的玩性便少了，读书认真了，加之悟性很高，很快就在同学中出类拔萃。

李鹤林的启蒙恩师赵鹏程先生是一位饱学之士，掌握儿童心理，因材施教，注重启发诱导，可谓教学有方。师从这样的先生，李鹤林更加喜欢上了学习，故而学业基础很是扎实。

在三官庙，李鹤林读到了初小四年级上学期。那年春节，家住汉中城里的大姑妈带儿女回娘家省亲拜年，离别时李鹤林与小表哥们依依不舍。见过此状，父母便同意他转到表哥徐守礼、徐守智所在的汉中钟楼小学①继续读书。钟楼小学创办于1915年，原名县立女子高等小学，是汉中一所有名的官办重点小学，因学校旁有钟楼而得名。钟楼小学的教育很正规，李鹤林和表哥在这里度过了愉快的读书郎生活。

学校地处市中心十字路口，比较繁华，有汉中特色小吃叫卖，如白嫩韧香的米面皮、酸辣香的浆水面、槟豆凉粉、油条大饼、菜豆腐等。有钱人家的孩子，下课便跑到校门外买来小吃。姑妈家虽富裕但家教严，况且家在不远的南大街，上下学只需不到10分钟，

---

① 钟楼毁于"文化大革命"，后改名为中山街小学。

所以李鹤林与表哥鲜有零钱可买小吃食。

一年半时间里，李鹤林吃住在姑妈家，学业大有长进，也逐渐长大懂事。到了六年级，李鹤林转学到已故大伯父创办的协税小学。钟楼小学和协税小学都是当地有名的学校，少年李鹤林在这里参加的考试，成绩几乎都是班级前几名。

1950 年 7 月，李鹤林小学毕业。

四、战乱中的故乡

从李鹤林出生到小学毕业的十多年，正是中国社会风云动荡、变革激剧的时代。抗日战争时期，日寇铁蹄所至，山河破碎，生灵涂炭，中华民族处于危亡之中。据 2015 年为纪念抗战胜利 70 周年，《汉中日报》7 月 17 日文载：日寇的铁蹄虽未直接践踏汉中，但对于这一后方基地，日寇的飞机则不时前来轰炸。7 年时间汉中遭日机空袭轰炸 44 次，伤亡上千人，日军甚至还惨无人道地投放过毒气弹和细菌弹。

随着战事吃紧，汉中逐渐成为全国抗日战争的大后方和军事重镇，修建了不少为抗日战争服务的重要设施，一些战时机构也随之迁入和成立。国民党中央陆军军官学校（黄埔军校）第一分校就设在李鹤林的故乡南郑名刹圣水寺内。1945 年，李宗仁曾任国民党军事委员会汉中行营主任，美国人陈纳德率"飞虎队"曾驻扎汉中西关新修机场。

从沦陷区迁至汉中的，还有许多学校。"七七事变"后，大片国土沦丧，为坚持民族教育，并使无校可归的师生不致受奴役教育，蔡元培、蒋梦麟、梅贻琦、张伯苓等著名大学校长联合 102 名人士发表声明，提出了"教育为民族复兴之本"的主张，要求政府采取果断措施，将一些高校迁往内地办学。

1937年9月，国立西北联合大学在西安成立，不久迁往汉中。国立西北联合大学共设6院23个系，后又分别成为独立院校。黎锦熙、许寿裳、许德珩、曹靖华、侯外庐等一批著名学者，从各地来到汉中任教讲学。国立西北联合大学与同时新立的国立西南联合大学堪可齐名。1938年7月27日，北洋工学院（今天津大学）、北平大学工学院、东北大学工学院（今东北大学）和私立焦作工学院（今中国矿业大学），合并组成国立西北工学院，迁往汉中。抗日战争时期迁到汉中的还有国立西北大学、国立西北医学院等。各地内迁的12所中学，学生达4000多人。中央农业促进会与金陵大学，也在李鹤林家乡设立农业推广所。

当时的汉中，成为抗日战争时期与重庆、昆明并列的全国三大文化中心之一，众多内迁学校、大批知识人士和教员云集汉中。在某种意义上，李鹤林也受益于此，他高中的多位老师，就是抗日战争时期流亡汉中而留下来的。

1949年5月，国民党陕西省政府及所属机构退至汉中，强占部分学校，汉中时局一度混乱，人心惶惶。12月4日，国民党政府机构仓皇撤逃。直至汉中解放，时局方趋稳定，人民政府新立，万象更新，百废待兴。

第|二|章

中学时代：
别样坎坷

一、石油师之源

1949年12月6日，中国人民解放军第十九军第五十七师解放汉中。

中国人民解放军第十九军是1949年5月1日由陕南军区改编成立的。从那时起，陕南进入了配合解放大西北和向大西南进军的新阶段，"打到汉中去，解放全陕南"口号由东向西一路响起。或许冥冥之中的缘分所致，李鹤林不曾想到，他后来一生为之奋斗的中华人民共和国石油工业，其创建时期的一支重要骨干力量，就是这支解放了他家乡的部队。

据《当代中国的石油工业》[①]记载，中华人民共和国刚刚成立时，全国石油职工仅有1.1万人，其中石油地质工作者20多人，钻井工程师10余人，地球物理、采油等方面的技术人员也只各有几人，石油专业技术人才可谓凤毛麟角，万分稀缺。

因此，1950年4月召开的第一次全国石油工业会议提出："为了完成这次会议所规定的各项具体任务与迎接石油工业的迅速发展，大量培养干部是非常重要的事，这是完成任务的一个重要关键。"

本次会议决定成立西北石油管理局，首任局长是中华人民共和国石油工业和石油化学工业的开拓者之一，我国工业战线杰出的领导人，后任石油工业部部长、国务院副总理的康世恩。第一次全国石油工业会议召开的半个多月前，康世恩亲笔写报告给朱德总司令和当时的燃料工业部部长陈郁，要求调拨一个完整的建制师，"加以训练，改编为

---

① 焦力人，李天相，申力生. 当代中国丛书：当代中国的石油工业. 北京：中国社会科学出版社，1988.

工业建设大军，战士可培养为技术工人，部队干部可作为领导骨干"。1952年2月，中国人民解放军第十九军第五十七师在陕南地区完成剿匪及生产建设等任务后，接受中央军委主席毛泽东的命令，被改编为"中国人民解放军石油工程第一师"，简称"石油师"。毛主席的命令这样写道："我批准中国人民解放军第十九军第五十七师转为中国人民解放军石油工程第一师的改编计划，将光荣的祖国经济建设任务赋予你们。你们过去曾是久经锻炼的有高度组织性纪律性的战斗队，我相信你们将在生产建设的战线上，成为有熟练技术的建设突击队。"

1952年8月1日，石油师命名典礼和誓师大会在汉中北校场举行。7747名石油师的干部战士成为中华人民共和国石油工业第一支英勇善战的生力军。秋天时节，官兵们从汉中出发，转战全国，先后参加了玉门油田、新疆油田、大庆油田、江汉油田、四川油田、胜利油田、华北油田一系列油气田的开发建设，丰功伟绩，彪炳青史。

出自石油师的各级干部，如张文彬、宋振明、陈烈民、秦文彩、秦峰、李敬等，后来都成长为石油工业部的部长或副部长，还先后有100多人任司局以上领导干部。石油师汉中籍的上千名子弟兵，则遍布中国石油石化企业。有回忆文章曾评价说：汉中是石油师的故乡，是中华人民共和国石油生力军的发祥地。

几年之后，同样是秋天，李鹤林也从故乡汉中出发，在大学深造之后投身石油师所开拓的伟大事业，不能不说，这真的是一种石油缘分。

二、初 一 辍 学

1950年9月，李鹤林考入汉中市立中学（后改称汉中市第三中学，现为汉台中学）。学校始建于 1880 年，其前身为"天台书院"，是一所历史悠久的学校。2008 年 8 月 8 日与一墙之隔的汉中二中合并，其规模、教学、师资位列汉中三甲。

这是李鹤林第二次来到汉中读书，然而谁也没想到的是，这次的汉中读书之行，时间更短——李鹤林在这里仅读了初中一年级的上学期。

1951 年 1 月，李鹤林兴冲冲地回了家。归家最初的兴奋感还没有过去，家中变故却令所有人陷入手足无措之中：39 岁的父亲突然离家出走，杳无音讯，不知去向。寡母孤儿，欲哭无泪。家里的顶梁柱一下子没了，田地谁来耕种？弱母幼弟，糊口生计何以支撑？年仅 12 岁的李鹤林明白，学是不能继续上了。失去了父亲，就意味着失去了仅有的收入，意味着全家即将陷入贫困与疾苦。为了含辛茹苦的母亲和 4 个年幼的弟弟，自己必须负起作为长子长兄的责任。

原本性格开朗活泼的他，几乎一夜之间长大了，也变得沉默了。

春节过后，李鹤林没有前往学校报到，他辍学了。每天天刚蒙蒙亮，他便跟着母亲下田干活，锄地、插秧、车水……那时，山乡人家烧水做饭所用的是柴草，割草砍柴是一般人家一项必需的辛苦劳作。农闲时节，上山割草砍柴背回来，堆成高高的柴垛，供一年所用。这个出力受累的打柴活，只能由少年的李鹤林去做了。于是，每隔一段时间，他便拿起柴刀、绳索，走向 10 里外的汉山，钻进山冈密林，吃力地割下山坡上的茅草，砍下树上一根根枯枝，捆扎背起或挑起，一步步艰难地向家里走去。沉重的柴捆压得他弓着腰，汗水从脸上不断地流淌下，身上的衣衫湿透了，走不了多远就要停下来休息。手上磨起了泡，肩膀压得红肿，每次走回家，10 里山路需要用近 3 个小时。

回到家中，怕母亲伤心，李鹤林强忍着不叫一声疼，不说一句累。但母亲怎能不知道大儿子所受之苦，她从儿子的眼里，看到了不屈的眼神。

田里的劳作，山中的苦行，这些都是他从未做过的活计。慢慢地，少年变得强壮，已经能够扛得起生活的重担。哪怕从上海传来父亲已去世的晴天霹雳也不能把他击倒。

但李鹤林始终都没有忘记自己是生于耕读家庭的读书郎，也依稀觉得，自己的世界在河的那头、在山的外面。砍柴时，他一次次登上汉山山腰，眺望远处的秦岭巴山、河流川道。层层梯田，星罗棋布；绿绿禾木，点缀原野。大自然的造化和时隐时近的樵歌，深深地吸引了他，令他忘却了砍柴的苦累，心中燃起希望的火苗。

李家确实是耕读之家，存书不少，有大伯父、父亲留下来的，也有两位堂兄上学读过的，有唐宋诗文词史，以及如《三国演义》《水浒传》《彭公传》《说岳全传》之类的古典小说，也有俄国、法国等的文学作品，还有一些现代的进步诗歌、散文等。

每天劳作之余或雨天，李鹤林都要挑选一些书，坐在屋檐下或在昏暗的油灯下捧读。书中的知识和人物命运给了他力量，充实和支撑着这个少年的心。一年多时间，他读完了家里所有的存书，有的还读了不止一遍。堂兄留下的初中课本，他更是一本不落地细细读过，有的地方一看就明白，有的地方似懂非懂，更有不少地方根本就看不懂。

他记着学过的《孟子》里的一句话："天将降大任于斯人也，必先苦其心志，劳其筋骨，饿其体肤，空乏其身，行拂乱其所为……"

三、柳 暗 花 明

机会永远是留给那些有准备的人的。

一年半辍学在家，改变命运的机会说来就来了。一天，堂姐李庆林从汉中急匆匆赶回来，带来了一个消息：汉中专署教育局要举办一个小学教师短训班，面向社会招生，包吃包住，培训一年，然后分配到小学当老师。包吃包住包工作，对当时的李鹤林和他的家庭而言，具有莫大的吸引力。没有读过书的母亲作出了决定：家里有她，放心去吧！

招考的地方，就在李鹤林读初一的中学不远处。他起了个大早，跟随堂姐奔走了30多里，赶到汉中师范学校报名。短训班分为初级班和高级班。初中毕业以上学历的才能报考高级班。招生老师见李鹤林是报考者中年龄最小的一个，并只读了一个学期的初中一年级，就告诉他可报考初级班，培训合格后可担任小学一年级至四年级的老师。而李鹤林却向老师提出他要报考高级班，因为高级班培训合格后是当五年级和六年级的老师。招生老师好心劝他：初级班好考，高级班题难，万一考不上，你还得回家种田去。但招生老师最终还是被李鹤林的恳切和自信打动了，同意他报考高级班。于是，在高级班的考场上，就坐定了一位刚刚度过15岁生日的少年，而一同参加考试的近50人里，大多是30岁左右的文化青年，甚至还有50岁左右的老先生。最后，李鹤林如愿被高级班录取，成为短训班学员中年龄最小的一个。

汉中专署教育局这次举办短训班，是人民政府为解决小学师资力量严重不足而采取的紧急措施。开设的课程以语文、算术为主，兼有唱歌、美术、体育等副课，以及培训学员如何当老师。凭着扎实的功底和好学上进的劲头，李鹤林在短训班中出类拔萃，颇为引人注目。

转眼间，短训学习在紧张并愉快中过去了3个月，但情况却出现了变化。因为年纪小、表现好、思想单纯，李鹤林和其他几位青年学员被汉中专署教育局选入小学教师队伍整顿工作组。时值中华人民共和国成立不久，教师队伍良莠不齐，一些品行不端、师德沦丧之徒也混迹其中，甚至以教学为名非礼女生的丑恶行为也时有发生，人民群众的反应甚为强烈。为了保证教师队伍的纯洁，建立良好的校风校纪，维护正常的教学秩序，汉中专署要求教育局成立工作组，分赴各县小学迅速查访整顿教师队伍。

李鹤林所在的工作组，去的是褒城和洋县的几所小学。工作之中，足迹所到，李鹤林完成了从小学教师课堂短训，到人生第一次社会课堂的短训。褒城、洋县虽然离家都不是很远，但李鹤林以前从来没有去过。这里有着原始自然的秀丽山水和飞禽走兽，令少年的李鹤林有些流连；中华人民共和国成立带来的诸多新生事物，到处醒目书写或矗立的宣传标语，分到土地的农民喜气洋洋地耕作收获，更使他感受到新社会的巨大进步与变迁。

与此同时，另外的一番情境也使他感到震惊和忧虑。地处偏远山区的农村依然十分落后与贫穷，小学校舍破旧不堪，孩子们的学习条件很差，硬件设施和软件设施都与他所上过的钟楼小学、协税小学相去甚远。目睹与耳闻这一切，想到自己不久将成为中华人民共和国一名光荣的小学教师，李鹤林暗下决心，一定要为改变家乡落后的教育面貌而努力，像大伯父那样，承继家风，奉献桑梓，名留青史。

15岁的年龄，正是风华正茂、青春葱茏之时，李鹤林怀抱着最初的理想，憧憬着未来。同时，他又有着与其年龄并不相仿的老成持重，细心认真地进行工作。少有的休息日，他还邀同伴步行，去探看他从小听闻、向往经年的褒斜古道、石门和摩崖石刻等盛景古迹。褒斜古道是一条古道路，因取道褒水、斜水两河谷而得名，为秦昭王时所开，后汉武帝为开河行舟拉纤而凿通了褒斜栈道，是秦岭南北的重要通道。"栈道千里，无所不通"，时或埋塞，屡经开复，其艰险悬空的人工遗迹，令李鹤林对卓绝的工程、伟大的古人智慧感佩良多。

令他叹为观止的，还有石门。石门是我国最早的人工隧道之一。

整个隧道的两壁和石门南褒河两岸崖上，有汉魏以来历代文人学士的留诗题名，曹操题写的斗大"衮雪"二字，格外醒目，是目前唯一能见到的曹操手书真迹。据说 219 年，曹操在此驻兵，见褒河汹涌而下，撞石飞花，犹如白雪翻滚，挥笔题写"衮雪"二字。随从提醒："衮字缺水三点"，曹操抚掌大笑："一河流水，岂缺水乎！"遂成千古美谈。这些书法佳作通称为"石门石刻"或"摩崖石刻"。其中以"汉魏十三品""李君表""石门颂"等最为著名。

面对此等人文胜迹，李鹤林久久徘徊着，观摩着，思索着。万千思绪中，最现实的有这么一条：当一名人民教师，不仅要教得好，字也必须写好，古人留传下来的书法，自当常习之。

在洋县，他又去龙亭镇瞻仰了被后世尊为"纸圣"的蔡伦墓。伟大的造纸术，精美绝伦的书法石刻，存于故乡汉中的这些中华民族传世瑰宝，在即将从教的李鹤林心中，留下的是无限敬仰和自豪。

一晃又是大半年过去了。1953 年 8 月，当李鹤林跟随完成任务的教师队伍整顿工作组回到汉中时，他所在的短训班已经结业，学员们已经分赴各地小学任教。面对空荡荡的教室和宿舍，他一时茫然。

四、直读高中

李鹤林最终没有成为小学教师。他的第一次职业选择，连同逐渐饱满和坚定的理想与事业心，最终都没能实现。然而世事却是难料。一时茫然之际，命运之神再次向他伸出了希望之手，没能登上讲台的李鹤林，竟然回到了久违的学生行列。

半年多的工作经历，使教师队伍整顿工作组和汉中专署教育局认识、了解了他，对这个聪慧、勤奋、本分的青年也多有几分器重。教育局负责人亲切地问他：你是愿意工作，还是继续上学？要工作就分配你当小学老师，还想读书，我们可保送你直接上高中。一席暖心的话语，使李鹤林至今犹念。

他知家中之艰难，心里非常矛盾。直接进高中深造，他求之不得，可贫寒的家境，又迫切需要他参加工作来补贴家用。他左右为难，一时拿不定主意，只好回答说："谢谢组织的关怀，等我回家来了再定行吗？"

回到家中，母亲听了他的叙述，没有半点儿迟疑，说道："去吧，孩子。读书要紧，家里的事少惦记。读书成才，可是咱李家的家训呐！"

李鹤林深知，他进高中继续读书必定会让母亲付出更多艰辛。母亲的理解和支持、教育局的信任和帮助，使16岁的李鹤林越过初中阶段，直接跨进了陕西省汉中第二中学的高一年级。这不仅是一个连续的"三级跳"，更是一个重大的考验和挑战。

李鹤林入校时，正值中华人民共和国成立初期，学校教风和畅，团结进步，不少老师是抗日战争时期流亡到汉中留校任教的，所以师资力量很强，全校教学和学习氛围极为浓厚。

新的校园、新的老师、新的同学、新的高一课本，一切都是新鲜的，一切也都是陌生的。高一头一年是如何度过的？李鹤林回忆说：

在汉中第二中学读书时的李鹤林

虽然我学习基础不错，但毕竟初中只读了一个学期，现在要一跃初中五个学期的课程跨入高一，困难可想而知。

母亲的苦心，以及他强烈的求知欲望，在他身上汇集成了巨大的学习动力。至今他仍然记得，刚上高一的那段时间，是那么辛苦，几乎没有了课余时间，没有了星期天。他紧抓着每一分钟可以利用的时间，恶补功课，要把初中耽误的知识全部抢补回来。语文尚可，那是他的强项；数理化也行，他毫不畏难；唯外语，那不是想补就能轻易补上去的。白天，他极为认真地听记；晚上回到宿舍里，他一本本地研习着初中的课本。有不懂的，就请教老师和要好的同学，他是老师办公室和宿舍的常客。同学们叫他打球、逛街，他都直言拒绝了；节假日更是成了他全天候的学习时间。渐渐地，他的功课赶上来了，成绩也上去了。

到现在，李鹤林还保存着一张"陕西省汉中第二中学学生家庭通知书"，所发时间是 1955 年 1 月 18 日，上面记录着李鹤林高中二年级上学期的成绩：

本国语文 82，代数 89，几何 96，三角 100，物理 98，地理 90，历史 92，政治 79，外国语 94，体育 66，制图 68，总平均 87.60。

操行评语：学习积极认真，工作热心，尊敬师长，友爱同学，唯对运动重视不够，性情有点呆板。

操行等级：甲。

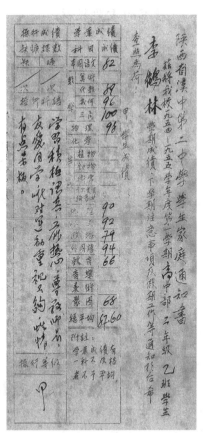

李鹤林读高中二年级第一学期
时的学生家庭通知书

看得出来，老师对李鹤林作出的评语客观中肯。说他性情呆板，实是因为从家庭发生重大变故那时起，李鹤林的性情也随之大变，变得少言寡语，而在学校里，也是不喜运动，只知埋头用功，朴素异常。高中几年，他连续被评为"优秀学生""三好学生"。高三结束时，他又得到了"优秀毕业生"的称号，成了母校用来进行宣传教育的一个典范。

1959 年 9 月底，已是大学生的李鹤林，收到了高中母校班主任李明学老师的一封信。信中这样写道：

……你虽然毕业离校好多（几）年了，但你给母校留下的模范事迹，仍是那么的深刻而鲜明新颖，且成为我们政治思想教育的重要教材。

例如，教育学生认真读书、勤学苦练时，就举出你在高一学习仍是一般，初中有些课程没学过，但由于你的自觉钻研，踏实学习，毕业时 5 分（当时实行 1～5 评分制，5 为最高分）的占 8/9。（我们）要求班干部要以学习为主，学习工作两不误，仍举（拿）你担任生活委员的事例教育他们。在填写自传、登记表、志愿时，要忠诚老实，实事求是，仍以你当时的态度、立场坚定、觉悟高等事例教育学生，才消除了某些学生认为政治挂帅，贯彻阶级路线，非工农出身的学生难以考上大学的顾虑。

……我把你的高中学习生活代你作了一番回忆，你应当自豪，但不能自满……

李鹤林读完老师的信后，在日记本上写下了自己当时的心情和感受："是鼓励，更是鞭策！"

老师对他爱护有加，学校也对他格外照顾，学费全免。每隔一段时间，只需从家里背些大米交到学生伙食灶上，就可领到饭票，饭不限量，也有一些家常菜。李鹤林永远记得这段日子，他得到的关怀和照顾太多了。从辍学到短训，从短训到跳级高中，相关部门提供了他想也不敢想的条件，让他重新走进学校。幸运之神的几次光顾，成全了他的读书梦想。所以，对于这段时间的经历，对于学校和老师们，他心里感激万分。后来上了大学，参加工作，他还会时常写信问候老师。而在几十年之后的 2016 年 11 月，机械工业出版社出版的《李鹤林文集（上）》的"自述：我的'石油机械用钢'与'石油管工程'情结"（以下简称"自述"）中，他也特意写下了对中学老师们的感恩之情。

五、修 建 水 库

高中二年级时，李鹤林参加了一次寒假劳动，这令他有了新的收获，也有了新的想法。

1954 年，汉中市政府决定开工建设强家湾水库。水库距离他家不远，门前的那条他曾无数次涉渡的沙河，就是因为修建这个水库而断流。兴修水利的劳力，都是出自附近村落，每户出一人。母亲自然去不了，弟弟们也还小，李鹤林作为家中唯一的壮劳力，上了工地。

听说工地上有个高二学生，工程指挥部喜出望外，立即把他调到了设计部门。李鹤林受大学水利专业毕业的大堂兄影响，对水利原本就颇有一番兴趣，而能为家乡兴修大型水库出力，他自然也格外兴奋。更令他特别难忘的是，在设计部门，他给一位了不起的农民水利"土专家"、全国劳动模范当了一段时间的小徒弟和小帮手。

勘探测量没有正规的仪器，用的是这位"土专家"自制的一台类似风水先生用的罗盘的土水平仪。别看这个土仪器十分简易，却在工地建设上起着不可替代的作用，李鹤林对它也着了迷。善动脑筋的他，几天后便依据自己学过的几何、物理原理，向师傅提出了水平仪的改进建议，还据此写出了平生第一篇小论文，投给了一家科普杂志。没想到文章竟然很快被采用并刊登出来，引起了一阵小小的轰动。

强家湾水库位于南郑汉山北麓山脚之下，距汉中市 15 千米，是 20 世纪 50 年代汉中的一个重要建设项目。库区方圆 4 千米，可灌溉农田 4 万亩。20 世纪 80 年代后改为南湖公园，湖面 5700 亩，湖水迂回于七山八沟之间，山清水秀，亭榭楼阁，层层青山抱绿水，弯弯绿水绕青山，1992 年被列为省级重点风景名胜区。

每回到汉中探亲，只要有时间，李鹤林总要去这里看一看。乡情难舍，他忘不了家乡的山水，更忘不了自己当年曾在这里流过汗水，亲手建设过这个美丽的地方。

高中三年，李鹤林也曾几次到过古汉台、拜将台等人文古迹，参悟先贤们其人其事。汉高祖刘邦在此积蓄力量，终得天下；张骞出使西域，开创"丝绸之路"；蔡伦发明造纸术，为中华文化的传播功莫大焉；鞠躬尽瘁、死而后已的诸葛亮，在此屯兵，六出祁山，企望北伐中原，光复汉室……汉中，汉江，汉山，汉语，汉字，汉服，汉朝，多少华夏历史在这里生聚光大，遂使故乡有了"汉家发祥地，中华聚宝盆"的美誉。人杰地灵的故乡，令他倍感骄傲。

故乡，也因出了他这样的科学家而自豪。1998 年 1 月 20 日，《汉中日报》在头版发布消息：南郑籍石油材料工程专家李鹤林，当选中国工程院院士。2005 年，南郑县基础教育校本课程开发研究组为学生所编读本——《南郑，我们美丽的家园》一书，介绍了南郑当代 5 位杰出人物，李鹤林名列首位。

在工地上待了一个多月，李鹤林晒黑了，但见识也增长了。寒假结束，他恋恋不舍地告别了工地和"土专家"师傅，回到了学校。高三开始了，高考也临近了。

六、高 考 之 路

1956 年的夏天，正值高三下学期的李鹤林面临高考和如何填报志愿的问题，他又一次在就业和继续读书深造中必须二选一。在当时，对于李鹤林来说，这样的抉择是何其的艰难，他心中也多有苦痛。

几十年后，李鹤林在"自述"中这样写道：

当年，我以高中毕业考试第一名的成绩毕业。学校和老师对我自然都寄予厚望，我自己也更希望能进入一所名牌大学。但在沉重的家庭负担面前，我犹豫了。按当时的政策，国家对高中毕业生是安排就业的。如果我去工作，就能给家里三个尚未成年的弟弟（三弟已送人）以经济扶持。然而，此时是母亲又一次坚定地选择让我上大学。在这个决定和影响我一生发展方向的重大关口，母亲用伟大的爱和牺牲精神成全了我，用坚强的性格鼓励和支持了我。

填报高考志愿时，李鹤林最初首选清华大学水利专业。显然，修建强家湾水库的经历在他的心里留下了难以磨灭的印记，同时，从事国家水利水电建设的大堂兄对他的影响也非常大。这位大堂兄，就是和李鹤林同院出生的大伯父之长子李协生。对于这位年长自己近 10 岁的大堂兄，李鹤林自小就很敬佩。大堂兄一岁多就失去了父亲，与弟弟随母亲寄食就读外祖父家数年，后回到老屋，在故乡上学，学习成绩十分优秀。1952 年 8 月，李协生从国立西北工学院水利系毕业，分配到国家水利部计划司工作，曾经参加过官厅水库的建设，后在水利部办公厅专家室协助苏联专家工作。李协生在北京工作，与李鹤林常有书信交流。另外，李鹤林的表姐夫薛登奎，也毕业于国立西北工学院水利系，后在清华大学水利系进修。这两位兄长都向李鹤林讲了许多水利和水力发电对国家建设的重大意义，一同鼓励他报考清华大学水利专业。李鹤林在"自述"中写道：

> 那一段时间，我几乎天天做着考上清华大学水利系、当一名水利和水电建设工程师的梦想。可意想不到，在填写报考志愿表时，一件影响我终身事业的事情发生了。鉴于当时国际形势的变化，国务院决定将位于上海的交通大学内迁西安。我的高中老师告诉我这个消息的时候，还说"北清华、南交大"，交通大学与清华大学是齐名的，并且西安离家近，照顾家里方便。看了交通大学的招生专刊，也确实让我非常向往。当时交通大学未设水利系，我第一志愿变更为交通大学机械类，第二志愿才是清华大学水利系。

从高考志愿的变更，到后来交通大学专业的几次调整，阴差阳错，成就了李鹤林一生的科研事业和石油情缘。人生不是单行道，事业上的成功，不仅仅取决于环境和专业，一个人最初的志向是可以变更的，最重要的是个人的勤奋与坚守。

李鹤林被交通大学录取了。他不是家族中第一个大学生，之前已有两位堂兄和一位表姐夫大学毕业。但其家庭之困难，断续、坎坷的中学求学之路，积极奋发取得优异成绩，都使家族成员和周围人对他刮目相看。

虽然个头已经长到一米八，但在母亲眼里，李鹤林还是个孩子；虽然不是第一次离开家，但毕竟是一次出远门，母亲自然放心不下。一连多个晚上，劳累一天的母亲，依然还在灯下为他缝补衣服。那一针一线都融进了无限的母爱和希望，真可谓"临行密密缝，意恐迟迟归"。一遍遍的轻声叮嘱，几乎生活中的每一个细节，她都要和李鹤林说上几遍。三舅和大姨也送来了衣物；四爸告诉他放心去，田里的重活有他干；乡邻村友也送来了祝福。

表面上，李鹤林还是那个沉默寡言、诚恳朴实的大男孩儿，实际上，经历了少年人生的家庭变故和磨难，他已在艰辛中成熟了，变成了一个有担当、有主见、充满自信的大男人。

临行前两天的晚上，李鹤林把15岁的二弟约在门外，月光之下，兄弟俩做了一次长谈。

二弟李介林于1953年小学毕业，以他的聪明，如果继续上学肯定会读得很好，但家里的情况已经不允许他再读下去了。亲戚们无奈地对他说：你妈年轻守寡，年岁也越来越大了，你哥上学，你再上学，这个家怕是再有本事的能人也扛不起来了。

这些情况，李鹤林当然知道。月光下他心有愧疚地对二弟说："按理说家里应该由我来承担，可现在的情况，只有靠你了。不过，我是会挂念着家里，我是永远不会忘了家的……"一席话下来，兄弟两人心里都是酸酸的，长时间泪眼相望无语。

9月初天清气爽的一个早晨，刚过了19岁生日的李鹤林，泪别母亲、弟弟和前来送行的亲友后，由大妈养子李汉生陪同，步行赶往汉中，并在汉中住了一宿，第二天乘卡车前往宝鸡。

卡车在崎岖不平的汉宝①山间公路上缓缓行驶，第一次走出家乡汉中盆地的李鹤林坐在行李背包上，心情既兴奋，又有着些许的伤感与悲怆。今天，第一次离开养育自己的小山村，走向外面的世界，新的人生之路再次起步，如同这崎岖蜿蜒的山间公路一样，可能还会遇到无数的挫折和困难，自己必须坚强勇敢，直面人生，读好大学，自强自立，早日为母亲分忧，为国出力。

路，实在太不好走，汽车像是在爬行。颠簸了大半天，才走了100千米。蜀道艰险，不可夜行，傍晚时分，停歇在汉中留坝县的

---

① 抗日战争时所修的汉中至宝鸡的交通干线。

张良庙 [①]，翻越秦岭只能待明天方行。

望着苍莽葱郁的大山和庙里的茂林修竹，张良的传说和故事历历在目。张良志存高远，秦灭六国后立志复韩，收买刺客刺杀秦始皇，后投奔汉高祖刘邦，作为军师运筹帷幄决胜千里，而在灭秦亡楚大功告成后，却不留恋荣华富贵，隐居秦岭封地留坝山中。其急流勇退，高风亮节，被后世推崇誉为"相国神仙"。李鹤林熟知这些故事，但他记忆最深的，却是这位天下奇才在年轻时尊老勤学而获传太公兵法终成大家的故事。

第二天一早，卡车便一头扎进秦岭大山深处，道路更为崎岖艰险。一边是高耸入云陡峭的高山，一边是几十米的悬崖深谷，嘉陵江水在谷底急流险滩中奔腾而去。狭窄坡陡弯道极多的简易土石公路，贴山临江，险象环生，同车的人不时地发出惊叫声。崇山峻岭之间，李鹤林第一次体验到李白的诗中所描述的，果然"蜀道难，难于上青天"。

卡车如爬行一般，翻越了中国南北气候分界线的秦岭，大半天的时间终于到达八百里秦川的西起点宝鸡山城。登上东去的火车，天色已经漆黑，午夜时分，李鹤林终于抵达目的地——古都西安。

前来迎接新生的是学校雇来的一辆辆人力三轮车。昏暗的路灯下，三轮车直行解放路，穿越古城墙下的和平门，黑夜里七拐八转，把李鹤林送到了东郊的一个大院里面，那里就是刚刚兴建起来的交通大学。

同处一个省，从汉中经宝鸡到西安，不到 600 千米的路程，乘车走了两天多。行路难，求学不易，这是青年时的李鹤林头一次走出汉中的感慨。

不过，李鹤林记得中学老师们曾讲过抗日战争时这条路上发生

① 张良庙又称留侯祠，坐落于秦岭南坡的紫柏山麓、宝汉公路道旁。初建于东汉末年，为汉中王张鲁（张良的十代裔孙）所修，几经战乱，风雨飘摇，明末又重修，现为国家重点保护文物。

的故事。抗日战争时国立西北联合大学师生坐火车从西安到宝鸡，大批人沿川陕公路，开始徒步千里大行军。过渭水，越秦岭，渡柴关，攀凤岭，一路风餐露宿，长途跋涉，用了半个月时间才走到汉中，方向正和李鹤林出汉中赴西安相反，其过程艰苦备至，而为国办学求学，其精神传遍汉中乃至全国。

亲身走过这一遍，感悟心里，厚重十分。

第|三|章

火热的大学
生活

一、初进交大

交通大学是中国创办最早的大学之一，也是一座享有世界声誉的重点名牌大学。学校的前身是南洋公学，1896 年创建于上海，1921 年定名为交通大学。在交通大学一百多年的历史上，我国近代著名教育家唐文治、蔡元培、叶恭绰、彭康等曾先后担任校长。黄炎培、邵力子、邹韬奋、陆定一、钱学森等也曾先后就读于交通大学。茅以升、吴有训、朱物华、张光斗、张维、吴文俊等 200 余位校友，先后成为中国科学院院士或中国工程院院士。

1955 年 4 月，国家决定学校内迁西安，并于 1956 年开始西迁。在周恩来总理亲自主持和关怀下，校长彭康率领一大批交通大学的优秀儿女，怀四方之志，放弃上海舒适的生活、工作和学习条件，迁来落后封闭的大西北，扎根于黄土高原，成为西部开发的先行者。1957 年，国务院又根据当时的实际和需要，决定将交通大学分设上海、西安两部分。1959 年，两部分分别独立为西安交通大学和上海交通大学。2000 年 4 月，西安交通大学、西安医科大学、陕西财经学院合并组成新的西安交通大学。

据西安交通大学所编《交通大学西迁回忆录》中文载，彭康校长当年对迁校选址作过指示：不要搞到文化区里，不要靠近工业区，尽量靠近市区，学校的环境需要安静些，同时考虑以后的发展。地址选定时，彭康校长亲自察看周围环境，教学区东边隔马路是农村，北面为市政规划中的公园（兴庆公园），西南皆为农田，比较荒凉。学校初建时条件十分艰辛，边建校边上课。

交通大学迁址西安后的临时校门

李鹤林是交通大学内迁西安之时首批面向全国招收的新生。1956年9月6日，交通大学新生2137人，从全国各地来到西安新校址报到。9月10日上午，迁校后的首次开学典礼在西安人民大厦礼堂隆重举行。这两个日子，李鹤林至今仍然记得很清楚。

初建的交通大学，基础设施还很简陋，道路上总是尘土飞扬，一到雨天就泥泞难行，人们形容是"晴天扬灰路，雨天水泥路"。放眼望去，学校周边都是田野，只有几间农舍，当时甚至常有野狼出没。这让从上海等大城市来的师生感到极不适应，更有些害怕，但对于在陕南丘陵地区长大的李鹤林来说，虽有陌生但依然感觉亲切。

在学校，家境困难的他得到了高等级助学金，生活可保无忧，加上一次性发给的棉衣、被褥等，吃穿用住的大问题都基本解决了。

入校不久，在学校展开了一场围绕迁校正确与否的激烈争论，这场争论迫使迁校工作暂停，西安新校区的基建也一度停止。作为迁校首批新生的一员，李鹤林虽然有些不明就里，但他从全校上海、西安两地师生员工的激烈争论中，也上了书本之外的一节新课。

1957年6月初，周恩来总理连续听取各方面意见，于4日在中南海西花厅邀请师生代表及相关方面的领导，反复交换意见，并发表了长篇讲话，统一大家的思想，高瞻远瞩地提出了解决问题的具体办法。周总理十分动情地说："西北是中华民族的发祥地。中国革命发源于东南，成功于西北""太舒服了不能锻炼培养青年，应该去锻炼经得起风霜。西北是苦，不仅有风，而且有大风沙，引导青年克服困难，应该是求之不得，要敢于向学生讲这些话"。他还明确指出，着眼点还是要根据一切有利于社会主义建设，因此，"支援西北的方针不能变""我们的目的是要把交通大学办好"。①

交通大学西迁是我国高等教育史上的一件大事，也是交通大学发展史上的盛举。曾任教育部部长的蒋南翔有过这样的评价："交通大学的迁校，是我国调整高等教育事业战略布局方面的一个成功范例。西安交通大学的建设和发展，促进了我国大西北的经济建设和文化建设，对于实现祖国社会主义现代化具有重要意义。"

实际上，这件事情看似波折，但对于李鹤林这样的新生来说，却是莫大的鼓舞，因为了解到国家对交通大学如此重视和关怀，李鹤林更加确定了当初报考的志愿是正确的，也更加坚定了他遵循家训、齐家报国的决心。很快，李鹤林就完全适应了新的环境，并成为学校的宣传骨干和积极分子。

1957年，开展反右运动，学校是知识分子聚集的地方，自然成了运动的重点、风暴的中心。而在交通大学，反右与迁校之争论被

① 摘自2001年4月西安交通大学出版社出版的《交通大学西迁回忆录》中交通大学党委文《总理关怀励来人，扎根西北展宏图——深切缅怀周总理对交通大学西迁与发展的关怀》；翟博、迈曾《交大西迁——献给交通大学建校100周年暨迁校40周年》。

連在了一起，一些老师、学生就是因为在"大鸣大放"中对迁校发表了不同的看法而被批判，进而被打成右派。

李鹤林是迁校的坚定拥护者。但与此同时，他也深知自己能上大学已属不易，需要格外地珍惜。如不慎言谨行，一旦被批判，被认为是右倾，就极可能被退学处理。那样，岂不辜负了母亲、家人和中学老师们的一片苦心与厚望？十年寒窗、立志报国也可能成为泡影，而且想来也对不起家乡那些政府机关和基层组织对自己多年的关怀培养。

他严格要求自己和约束自己，心无旁骛，一心求学。于是，沉默寡言的性格和好学上进的表现，使他显得比许多同龄人更为成熟和沉稳。尽管表面上平静如水，但在节假日的夜晚，他独自徘徊在还显荒凉的校园，望着天上的一轮明月和星斗，偶尔也会暗自感伤。"独在异乡为异客"，唐人王维的那首思乡念亲的诗句，他不知苦吟过多少遍，独在异乡、佳节思亲的情感不时涌上心头。

男儿有泪不轻弹，只因未到伤心处。李鹤林是个有极强自控力的人，能够很快地复于平静，对知识的渴望，冲淡了他的许多心思，占据了他的大半个心。他立志不做大学的匆匆过客，要做合格的莘莘学子，于是他倍加珍惜时光，苦读发奋。

二、专业调换

李鹤林在交通大学的学习过程并非一帆风顺。由于专业的几经调换，李鹤林的学业亦呈"马鞍形"的走势。

李鹤林填报志愿时，哪有什么专业的概念，也不懂什么是机械制造，至于车钳铣刨，更是闻所未闻、见所未见。当初填报志愿时，李鹤林看到机械制造工艺、金属切削机床及工具专业（简称"机制"）规模很大，有13个班级，于是就选择了它。进校后被排进了机制64班，一年后又调整到机制66班。

在机制64班时全班同学合影（后排左四为李鹤林）

其实，除了水利专业外，对李鹤林来说什么专业都无所谓，他都是白纸一张，但是很快他就明白了机械制造对于国家工业化发展的基础性作用和意义。那么，既来之则安之，他一头扎进去，也渐渐地认定自己从此就要同这个专业打一辈子交道了。

然而仅仅是到了大二那年，事情就又不以他的意志为转移地彻底变了。1958年年初，"大跃进"中轰轰烈烈的全民大炼钢铁运动开始了。"钢铁元帅"升帐，交通大学自然紧跟形势，当即成立了冶金系，下设钢铁冶炼和有色金属两个专业。教师由金属材料及热处理教研室抽调人员担任，学生则由金相和机制两个专业调整过来。由不得自己选择，李鹤林被分配到了有色金属专业。

专业刚刚组建，一节课还未上，就受命与陕西省冶金局合作，开工建设电解铝厂。全班被拉出了学校，送到西安东郊韩森寨的东南边，在一片农田里开始了施工劳动。专业的转换，艰苦的劳动，李鹤林对此都没有多想。这是国家的需要和组织的安排，当然要热烈地响应，坚决地服从。

在电解铝厂工地（左起：兰毓伟、
冯三鼎、李鹤林）

毕竟是年轻人，就像当年在水库工地上一样，李鹤林在劳动中焕发着青春，释放着活力，而有所不同的是，这一次他更是充分地感受到激越跳动的时代脉搏与推动社会滚滚向前的蓬勃热浪。工作之余，他把自己和同学们的热情，用笔记录下来，写成了一篇通讯稿，发表在1958年9月7日《交大》校刊第204期，标题是"是炼铝，也是炼人——记有色金属61班同学炼铝中的共产主义精神"。

1959年1月28日，《陕西日报》发表消息："交大有色金属专业师生干劲冲天，苦战三个月建成西安铝厂，二十三日生产出第一块铝锭。"

在电解铝厂砌电解槽
（左二为李鹤林）

在金相实验室做试验
（后排中为李鹤林）

大干快上，精神固然可嘉，但电解铝厂这样一个在"大跃进"时期仓促上马的项目，终究难以久长为继。短命的电解铝厂很快下马收摊。钢铁冶炼专业也同样命短，只存在了不到一年，便随着形势的变化而被撤销了。李鹤林所在的有色金属61班被改为金相62班，老师也回到金相专业。

专业调换一波三折，李鹤林最终成了金相专业的学生。李鹤林没有想到，正是这一变动，成就了他一生的事业。

他曾经在日记里，梳理了那时的心路历程：

> 刚入大学，硬着头皮读机制，慢慢对机制专业发生了很大兴趣，特别是通过工厂实习，立志献身于机械加工事业。去年"大跃进"，响应祖国号召进入了有色金属专业。今年4月初又服从国家需要，转入金相……刚开始，还常常想念着机制——我的老本行，但后来慢慢淡漠下来了。渐渐对金相专业由生疏到了熟悉，以至于产生了亲密的感情。特别是学了《金属学》，做了几次实验后，更加巩固了我的专业思想。如果现在再填志愿，我可以毫不犹豫写道：第一志愿是金相。我决心把自己的一生贡献给祖国的金属材料事业。

金相专业的全称为金属学、热处理及车间设备，后又改称金属材料及热处理，当时是机械工程系的一个专业。这个专业现在是材料科学与工程一级学科下的材料学二级学科。材料科学与工程一级学科共包括材料学、材料加工工程和材料物理化学三个二级学科。西安交通大学的材料学学科可以追溯到1952年机械工程系的金相热处理教研室（后又改为金属材料及热处理专业）；材料加工工程则是由同期设立的铸造、金属压力加工、焊接专业发展和整合而成的。

金相62班的一个小组，前排左起：李鹤林、汤人杰、郭稚梅、邱守毅、洪汝源，后排左起：高咸熙、崔广福、陈家森、王松青

交通大学的材料学学科一直是很强的。李鹤林入学时，著名化学冶金与物理冶金专家、中国科学院首批学部委员（后改称院士）周志宏教授，是机械工程系主任。他的助手徐祖耀教授于1995年当选为中国科学院院士。1959年，西安交通大学与上海交通大学独立建校后，周惠久教授担任西安交通大学机械工程系主任，于1980年当选为中国科学院学部委员（院士）。周惠久院士的助手涂铭旌教授于1995年当选为中国工程院院士。

中华人民共和国成立后毕业的校友中，金相热处理专业的潘健生（1959年毕业）、李鹤林（1961年毕业）二人当选为中国工程院院士；金属压力加工专业的曹春晓（1956年毕业）、阮雪榆（1953年毕业）分别当选为中国科学院、中国工程院院士。

交通大学的材料学科培养了大批有成就的科技人才。李鹤林也是受益匪浅的一个，他后来事业的进步和成功，起步于此。

三、学 生 记 者

年轻的李鹤林被时代的热潮感染、鼓舞和推动着，课堂学习之余，他以极大的热情，投身到学校的政治宣传和社会活动中去。

交通大学的政治宣传主要有两个阵地：一个是党委宣传部主办的校刊，一个是党委委托校团委领导的交通大学广播台。校团委查阅了李鹤林的高考成绩单，觉得他的语文水平还不错，就把他吸收到广播台做了学生记者。很快，李鹤林就当上了广播台编辑兼记者组组长，后来又同时在校刊做学生记者，成为交通大学通讯报道组的骨干成员。这些，都得益于他扎实的文字功底、敏锐的新闻视角和谦虚勤奋的人品。

交通大学广播台全体人员合影

（站立者左二为李鹤林）

交通大学广播台记者组合影

（前排左三为台长尚一钧，后排左二为李鹤林）

　　这段时间，李鹤林阅读了大量有关新闻采编的图书，经常与通讯组成员一起学习时事政治，讨论如何修改文章，结交了一批有才华的同学，自己的社交采访能力及文笔得到了很大的锻炼与提高。

　　1957年4月27日，《交大》校刊第一次刊登了李鹤林的文章《班级里发生的故事》，那是一篇短篇小说。白纸黑字，印着大名，对于李鹤林来说，这是对他的充分肯定，更是对他莫大的鼓舞。于是，他更加努力，几乎将全部的业余时间都用来采访、写稿、编稿，他用最大的热情反映和歌颂着交通大学的新人、新事、新气象。几乎每期校刊都登有他撰写的通讯、报道、散文或小说，那些刊登着李鹤林文章的校刊，他至今还都保存着。

在1958年3月19日的校刊上，他同时发表了两篇报道，记录了机制专业的学生通过下厂实习劳动一年，巩固和加深了从书本上学到的理论知识，操作技能达到三四级技工水平，力争成为"又红又专"的工人阶级知识分子。在1958年6月14日的校刊上，头版即是他采写的长篇通讯，题目是"校园万紫千红，歌声响彻云霄——我校总路线宣传活动蓬勃展开"。

他在一篇《战斗在麦浪中》的综稿中，记叙了交通大学师生步行30多里下乡支援夏收的情景。文中写道：

这才叫锻炼！我们这批知识分子只有这样，才知道劳动人民的辛苦。女同学说，上海姑娘这次总算被考验过来了。也有的同学深有感触地说，在学校里还嫌这嫌那，下乡一次，才知道我们的生活条件已经太高了。

1959年6月上旬，学校又安排下乡参加夏收。虽为农家子弟，但也有一段时间没有下田干活了。家乡种的是水稻，田是一小块一小块的，而这里种小麦，大片麦田连在一起，看不到边，这倒是让李鹤林觉得新鲜。就在西安市未央区汉城公社楼阁生产大队的一个马棚里——那是他和同学们居住的地方，他写下了一首抒发情怀的诗篇：

东风送来阵阵麦香，

大地犹如金色海洋；

美丽富饶的八百里秦川，

呈现出一片丰收的景象。

......

李鹤林担任校刊学生记者时发表的文章

夏收时，农民最怕的是下雨。他在 6 月 9 日题为"雨过天晴"的日记里欣喜地写道：

> 晨曦中，远处山岭的轮廓在蔚蓝的天幕下，显得更加清晰。地里未收完的小麦，在微风中荡起了波浪。绚丽的朝霞拥出一轮旭日，替原野抹上了一层金色……啊！苍天终于放晴了！同学们心头上的愁云被风吹散了……这不仅是因为今天不致淋得水渐渐的回校，更重要的是地里剩下的庄稼可以马上收回了！

喜农民之喜，忧农民之忧，这可能是来自农村的李鹤林与一些城市同学情感的不同之处。

《愉快度过共产主义的暑假，全校同学精神抖擞地迎接新学年》一文报道了 1958 年暑假全校 6000 多名学生分别支援地方工业、下厂下乡劳动锻炼的情况。其中，机械系、冶金系千余人分 4

批赴延安、榆林、商洛、咸阳、眉县劳动锻炼；动力、电力、电工、无线电、机械等系 2054 人分别在 16 个厂矿企业进行 3 周的实习；等等。

还有《八大决议振奋我校同学》《体育运动跃进、再跃进的号角响了！全校师生员工万人集会誓师》《机制二工农学生集会，控诉资产阶级思想的侵蚀》《扛着红专大旗奋勇前进》《社会主义的歌声响彻了交大校园——文娱工作也来了一个群众性的"大跃进"》《全校同学以实际行动迎接"七一"》……回看这些文章的标题，不能不说有着鲜明的时代印记。或许以今天的观念读来，会有令人不以为然之处。但是，身处那个年代的年轻学子，又怎能脱得开周遭炽热的氤氲氛围，更何况，这些也是李鹤林奔放激昂的青春写照和宣泄。

这些报道不像出自一个 20 岁出头的工科生之手，倒像文科生所写，更像是新闻记者所写。的确，李鹤林对新闻采编也有着较深的思考体会，他曾向党委宣传部提交了一份办好刊物和广播的工作建议，全文达 18 页。

李鹤林写给校刊和校广播台的稿件，从不同侧面清新、生动地反映了交通大学当时的办学方向和社会背景，闪烁着时代主流，至今对教育制度、大学办学也有着启发和参考作用。从这些文字中，能够读出李鹤林作为青年学子关注祖国建设、关注政治形势的满腔热情，更能够看到，这位平日沉默寡言的青年，竟然也有着另一个丰富多彩的内心世界。

在 1959 年元旦的交通大学广播台新年联欢座谈会上，李鹤林第一个被提名表彰。2 月 4 日，陕西人民广播电台送来请柬，邀请他参加在西安人民大厦举办的全省广播爱好者联欢晚会。5 日，广播台播音组的同事贴出了一张大红纸，上写的标题是："我们的好编辑——李鹤林"。几天后，他又作为班里一致推选的两名代表之一，参加了交通大学第十二届学生代表大会。

面对荣誉，他在日记中写道：

> 虚心使人进步，骄傲使人落后，这应该成为自己的座右铭。陶醉于别人的夸奖，这是一个革命青年永远禁忌的。

10月，李鹤林被评为西安交通大学1959年青年积极分子。看过光荣榜后，他的心里久久不能平静，写下一首题为"我伫立在光荣榜前"的诗，抒怀明志：

> 我伫立在光荣榜前，
>
> 光荣的名字金光闪闪；
>
> 这里突然变得人头挤挤，
>
> 映拥着一张张兴奋的笑脸！
>
> 我仔细端详着光荣榜的纸面，
>
> 呵！李鹤林三字也跳入了我的眼帘；
>
> 我的脸突然发红了，
>
> 喜悦和惭愧的心情激荡着我的心田！
>
> 为党的事业做出了应该做的事情，
>
> 这完全是理所当然。
>
> 何况自己身上还有不少缺点，
>
> 怎受得起如此的荣誉和称赞！
>
> 我伫立在光荣榜前，
>
> 心头里翻腾着一条誓言：
>
> "往者不可谏，来者犹可追"，
>
> 一定拿出行动，迎接更大的考验！

青年时期的李鹤林，追求进步，向往理想，志存高远。但是，他也有苦闷。高一时，团支部已开会通过了他的入团申请，但是由于家庭出身和已故父亲的事，几年时间过去了，他还没有被批准入团。

《论语》中所言："吾日三省吾身：为人谋而不忠乎？与朋友交而不信乎？传不习乎？"在日记里，有他从读过的书刊里摘录出的大量名言名句，其中不乏列宁、毛泽东、加里宁和季米特洛夫的，也有高尔基、鲁迅的，还有巴甫洛夫、吴运铎的。他用这些名言名句不断鞭策和警示自己。

例如，加里宁曾说："为要学会很好的做工，就必须迷恋于工作，没有迷恋心是学不会做工的。"巴甫洛夫告诫学生："要循序渐进，循序渐进，循序渐进。你们从一开始工作起，就得在积聚知识方面养成严格循序渐进的习惯。"鲁迅说："什么是路？就是从没有路的地方践踏出来的，从只有荆棘的地方开辟出来的。"

类似这样的警句，李鹤林铭记于心，成了他成长和事业的座右铭。而今天回望李鹤林一生的学习、工作和科研的道路，确实与这些名人警句的核心含义与价值观极为接近，这些教诲对李鹤林的影响至深至切，令其受益终生。事实上，中华人民共和国培养的众多有志向、有成就的知识分子，也都是这样从一点一滴做起，磨炼心智，提高修养，受用一生，奋斗一生。

为校刊积极写稿，李鹤林还另有所图，那就是挣点儿稿费。不多的稿费，连同节省下来的助学金，不时被寄回老家，一元两元，几角几分，对如今绝大多数的大学生来讲，不屑一顾。但在那时，不仅能帮助困苦的家里买点儿必需的日用品，也融有其长子长兄的一片苦心、一份责任、一个承诺。或许能为母亲减轻一些负担，也能为上学的弟弟多凑出一点儿学费。一些亲友来信要给予经济帮助，倔强的他总是一再地婉言谢绝。一是他要自强自立，二是他知道其实他们的负担也不轻。

假期不回家，既省下了路费，他报名参加学校去东北催木料的工作，又能挣点儿差费，还可顺道看望并照顾在哈尔滨工作、长期患病的守智表兄。这位表兄对自己上学曾经给予过资助，知恩图报，宅心仁厚，还是穷学生的李鹤林，依然坚守着做人的良知。

参与社会活动，采写稿件，还给他带来意想不到的收获。一篇人物小通讯，成了他与同学李万玉几十年工作和友谊的最初见证。

初进交通大学，他与陕南商县来的李万玉同班同宿舍，李万玉年长两岁。后来调整专业了，就不在一个班了，但友谊依存，相互关心，彼此了解信任。李鹤林发表在校刊上的文章《关键在于顽强的意志——记李万玉同学在身体锻炼上的坚持精神》这样记叙：

> 李万玉同学的课外锻炼已经坚持有一年了。这一年的坚持，对他讲来，也并不是一件十分容易的事。在中学时代，他是一个死啃书本、从不参加锻炼的同学，因此体质很差，在锻炼技巧上更是一窍不通。入了大学，那紧张的学习生活，使他的身体更显得有些支持不了。精力不足，体质下降使他愈来愈认识到参加锻炼的重要性……

> 每天，他强制自己要早起，从温暖的被窝中来到零度左右的操场上，迎着刺骨的西北风，在跑道上一步一步地跑着……由于坚持锻炼，他身体由虚弱变得健壮了。精力充沛，学习效率也提高了。更重要的是在坚持锻炼过程中，培养了他的克服困难、不怕艰苦的顽强意志。

> 他在锻炼上的坚持精神，受到机制 66 班同学们的一致赞扬，大家都把他当成了自己学习的榜样。

1961 年从西安交通大学毕业后，俩人同时被分配到宝鸡，来到了同属石油工业部、同在一个围墙内的两个单位。李鹤林进了部属研究所，李万玉进了部属机械厂，几年后研究所迁往大庆，李鹤林进入李万玉所在的工厂。他们是校友，也是一对英模。李鹤林搞石油机械用钢，用于研制改进产品；李万玉任分厂厂长（车间主任），负责机械加工和装配；李鹤林是全国先进科技工作者，李万玉后来也被评为能源部劳动模范。

四、诗 情 太 钢

1959 年后，大学的教学秩序逐渐恢复正常。

不论宣传通讯工作如何做得风生水起，李鹤林知道，还是必须认真攻读专业知识，这才是真正的立身之本。没有真才实学，何以立足社会？没有真才实学，实现理想，报效国家，也只能是一句空话。大学前两年参加社会活动，占用了太多的精力和时间，自己的专业学习在一定程度上受到了影响。

西安交通大学广播台台长尚一钧，是一位能干而又热情的中年女性。她看重李鹤林的才华，希望他做半脱产的编辑。半脱产会影响学业，延长毕业一年，李鹤林没有同意。他觉得，学生的首要任务是学习，否则就叫作"不务正业"。不仅如此，他索性力辞了学生记者和编辑的职务，表态说稿件还是会写的。他决定把更多的精力和心思用回到专业学习上。

从李鹤林的日记里，可以看出他勤奋好学的精神。他写道：

不求甚解要不得。有一段顺口溜这样说：读书如吃饭，细嚼又细咽；不宜贪得多，只求嚼得烂。

正如杜甫所写"读书破万卷，下笔如有神"。读书破万卷，关键在于"破"字上，如果不破，读得再多，也不会下笔如有神。

英国历史学家麦考莱有一句名言：把一页书好好消化，胜过匆忙地读完一本书。

重视下厂实习，是西安交通大学办学的一大特色。李鹤林去过多次校办实习工厂和实验室，但收获最大的实习是三次去外地外厂。

1959 年 8 月上旬至 9 月中旬，李鹤林所在的金相专业三年级赴山西太原实习，带队老师是邓增杰、陈子文、黄震中等。太原钢铁公司（以下简称"太钢"）是一个创建于 1932 年的老企业，也是 20 世纪 50 年代国家 156 项重点工程之一，曾分别在 1952 年和 1954 年炼出中国第一炉不锈钢，轧制出中国第一张硅钢片。第一次来到大型钢铁联合企业，李鹤林很是兴奋。他看到了高炉、平炉、钢水包、轧钢机，知道了太钢人如何在刘少奇同志的启发下，创造了当时轰动世界的"三槽出钢"，产量提高一倍。短短的一个多月，李鹤林和他的同学分别在太钢和经纬纺织机械制造厂实习，参观了太原重型机械厂，这些让李鹤林眼界大开，收获颇丰。李鹤林写下了太原实习组诗九章，感性地记录了这段既紧张严肃又愉快充实的实习生活。

出　发

那是八月六日的夜间，
满天星斗，月亮还挂在天边，
我们敏捷地从床上爬起，
摸着黑把一切都清理齐全。
出征前那汹涌澎湃的激情，
赶走了极度的疲倦！

"早安，西安！"
刚刚踏进车站，
依恋的心情突然激荡着我们的心田。
"呜——"
列车徐徐地开动了。
这时，
朝霞还未染红东方，

但，我们的心呀，
早已飞向了太原。

太　钢

烟囱吐着白烟，
白烟和白云相连；
金光万道的火花，
使得人眼花缭乱。
不需问这是什么地方，
这是全国闻名的太钢。
太钢啊，
您是我们久久向往的地方；
来到这里实习，
心情怎不欢畅！

轧钢厂

加热炉吐着火苗，
轧钢机轰轰作响；
英雄们在驯服钢铁，
叫它变成所需的形状。
加热炉如何加热？
轧钢机是何原理？
为什么要退火，
为什么要酸洗，
车间的老师傅，
帮我们解决了这些问题！

三 槽 出 钢

在第二炼钢厂的平台上，

我们全神贯注地端详着平炉出钢。

车间里烟火弥漫，金光闪闪，

人们的表情欢乐而又紧张。

一股红光冲上天空，

然后又散开、下降，

——与美丽的极光极其相仿！

三股钢水汹涌奔入钢水包，

——像三条火龙一样！

下班了，

我们排着队走出了工厂，

出钢时那沸腾动人的场面，

像一曲雄壮的战歌，

在我们的耳际萦绕、回响；

因为，今天我们看见了

轰动世界的三槽出钢！

这组诗充满了一个大学生的激情与浪漫，在与太钢中学的联欢会和实习总结联欢会上，组诗朗诵，都被选作第一个节目。

西安交通大学金相专业三年级赴太原实习共116人，最后评定：1人不及格，12人得了3分，李鹤林得到的是满分（5分），其他同学都获得了4分的良好成绩。

第二次下厂实习是第二年的春天，金相专业62、64两个班的24人，去西安动力机械厂帮助实现工艺"四化"。20多天，李鹤林和同学们一齐努力，运用掌握的技术原理，帮助工厂初步实现钢件处理电气化、铸件处理煤气化、表面火焰淬火机械化和磷化处理自动化。兴奋之余，李鹤林再次写出了十首打油诗，摘录三首如下。

诗　三

大山大河好唱歌，大田垧垧好种禾。
技术革新好干活，一人能顶四人多。

诗　八

自动线，显神通，磷化不再用手工；
工件质量能保证，产量也能往上升。

诗　十

表面淬火热处理，质量性能最出奇；
表面硬，内部韧，坚实耐磨耐冲击。
火焰淬火质量好，设备简单投资少；
大小零件不计较，使用起来很灵巧。

　　这些诗读来很直白，类似于顺口溜、大白话，但却符合当时的倡导，直奔主题，生动具体，朗朗上口，没有喝过多少墨水的工人也能记住，因此不失为普及推广技术革新的一种好的宣传形式。学会跟普通工人打交道，用工人能听得懂的语言去交流，这成为李鹤林后来科技生涯的一大亮点，工人们因此而信任他、尊重他、保护他。

五、饥　寒　兰　州

　　如果说前两次下厂实习是愉快而又相对轻松的，那么1960年11月第三次的实习，则是一次刻骨铭心的经历。这次的实习地有几处，其中兰州的环境最艰苦，任务也最重，李鹤林主动申请去兰州。实习队成员除李鹤林外，还有束鸿宝、王震、陈天顺、肖平、骆竞驰、朱春芳、朱梓亮等共9人，带队老师是黄明志、刘静华。

其时正值我国严重的"三年困难"时期，由于"大跃进"和"左"倾错误，农业生产遭到极大的影响和破坏，而1960年也正是"三年困难"时期的第二年，大饥荒已席卷全国，地处西北偏远的甘肃尤甚。11月9日，李鹤林一行来到了兰州，按学校与相关单位的商定，带着课题进入兰州石油化工机器厂中央实验室进行毕业实习。李鹤林将在这里进行毕业论文的大量实验。他的论文题目是"石油钻井钻头材料及热处理工艺研究——兼论渗碳钢的强度问题"，周惠久、黄明志、邓增杰是他的论文指导老师。

兰州石油化工机器厂是"一五"期间苏联援建156项重点工程中的两项，是我国石油和石化机械制造系统的龙头企业。在这里，李鹤林和他的同学的毕业论文研究课题，被认为是国内外的尖端项目，企业将其列为工作重点和技术关键。

带队的黄明志老师看到设计钻头的技术人员是留苏生，他讲解的有些问题与西安交通大学金相教研室的科研成果相吻合，十分兴奋地对同学们连声说："这次实习大有可为，大有可为！"

按黄明志老师的

与兰州石油化工机器厂中央试验室人员合影
（右六为李鹤林）

安排，第一阶段，小组分兵攻克固体渗碳和膏剂渗碳，这是延长钻头寿命的手段；第二阶段，通力攻克材料代用；第三阶段，全面推翻苏联的技术指标、苏联的材料和工艺规程，建立属于我们自己的一套。计划很大胆，也很鼓舞人心。李鹤林全力投入。

李鹤林平生第一次昼夜连轴转进行实验，膏剂渗碳的第一次开炉，遭遇的却是失败。开炉试验，炉温从 930℃ 一直下降到 320℃，通宵达旦所得前功尽弃。李鹤林懊恼过后，渐渐意识到实验还要解决许多问题，单凭热情和拼体力是不行的，应该做好充分的思想准备。为此他制定了兰州实习期间的"红专奋斗 10 条纲要"。其中第 7 条是"围绕科研工作，抓紧业务学习"，其下有 4 条具体内容：每月阅读与课题有关的书籍 4 本以上，做出摘要；大量阅读各种刊物上的有关文章，做出摘要；抓俄文学习，明年元旦起，借助字典可看参考书；虚心向试验室同志学习实际经验，特别是各种仪器、设备的操作技能，拜郑明瑾为师，决心明年回校前基本掌握试验室的常用设备。

计划明确而且十分具体，学习与实习、理论与实践紧密结合，这也是李鹤林在科研道路上所一直遵循的。

实验失败，环境差，条件恶劣，这些都不算什么。寒冷自不必说，但有冬装尚可坚强抵御；饥饿，却是无法抗拒。兰州的生活比西安苦得多，粮食定量低，而且多是杂粮，极少有副食和蔬菜。食堂 2 两的馒头，个头却只及西安交通大学的 2/3，2 两的稀糊汤也不及西安交通大学给得多，真的填不饱这些 20 多岁青年学生的肚子。李鹤林在这里人生地不熟，得不到任何接济，又正是饭量大的时候，单凭那点清汤寡水的定量，时常饿得胃里难受。李鹤林只好严格控制伙食定量，每天尽量吃 9 两，余下 1 两以备开夜车或劳动之用。他在日记中勉励自己："有人总把艰苦奋斗看作是莫大的苦事，而我们感到艰苦奋斗中有最大的快乐。"

12 月中旬后，李鹤林与另一位同学又领受了新任务，每天去兰州通用机器厂做课题项目。两厂相距很远，没有交通工具，只能步行。冬天的兰州，黄沙漫漫，寒气凛冽，气温 -10℃，来回要走 30 多里，一遇到刮风下雪天，走在外面像掉进了冰窖，冻得直哆嗦。肚里没食，就更扛不住冻，李鹤林回忆说："那可真是叫饥寒交迫。"没过多长时间，就有人出现了浮肿，这是严重营养不良加上过度疲劳所致。李鹤林个子高，块头大，浮肿尤甚，双腿无力，如灌了铅一般。

就是在这样的工作、生活环境和身体条件下，李鹤林和同学们依然是咬牙坚持着做实验，搞分析，做记录，写论文。当时的实习实验笔记本同样也被李鹤林保存至今。那是一个不足32开的厚厚的小方本，封面上印有西安交通大学标记，年代久远，纸已发黄。本子里蝇头小字，密密麻麻，记满了成千上万的实验数据。这些数据都是他以顽强的毅力，忍耐着饥饿和疲乏，长时间盯在实验室里记录下来的。

1961年的元旦是在兰州度过的，李鹤林在日记里记下当时聚会的情形。

> 实习队9人，找木柴，捡砖头，砌炉子，白手起家，自力更生。晚上9人围在火炉旁，辞旧迎新。聚会的食品是：肉罐头1个（半斤，同学捐出），烧饼1块，包子9个，馍卷5个，馒头10数个，发糕10数块，炒菜2盘。这些东西是用两位老师的餐票现买的，大家边吃边谈心。

再简单不过的迎新聚会，仍使大家兴奋不已。李鹤林在日记中说这是"战斗的集体，温暖的家庭"。

已经很久没有工夫写诗了。新年伊始，艰难困苦中的李鹤林，依然坚强乐观，又一次写下了这样火热激情的诗句：

> ——要战胜地球，要建立强国！
> 这是我们向大自然宣战的神圣誓言！
> 用智慧和双手斩断"穷"、"白"的面貌，
> 用麦穗和钢花点缀祖国的大好河山。

学生在兰州患浮肿的消息传回西安，李鹤林的指导教师、时任机械工程系主任的周惠久先生立即向彭康校长作了汇报，随即金相专业党支部书记陈子文连夜赶赴兰州。1月3日，陈子文老师赶到兰州，见情况相当严重，马上打电话向系里紧急汇报，又千方百计

地搞来了十分紧缺的鸡蛋、罐头、牛奶，以及药物，为学生补充营养和治疗。陈子文老师还宣布：生病的同学立即返校。第二天，陈子文老师召开座谈会。李鹤林再三表态不愿提前返校，理由是毕业论文的实验项目正在进行，自己是主动申请来艰苦地方锻炼的，不能退却回校，恳请留下来完成实习任务。而此时，他们收到了一份发自西安的电报，学校决定在兰州的同学全部返校！这是彭康校长亲自下达的命令。陈子文老师解释说，有的班要求提前回校，是灰溜溜地退却，而你们的表现很好。根据劳逸结合政策，需要你们做积极的撤退，这与灰溜溜地退却是不同的。

兰州实习队部分人员返回西安前在兰州火车站合影。后排左起：肖平、朱梓亮、陈天顺、兰州石油化工机器厂送站人员、朱春芳，前排左起：骆竞驰、王震。李鹤林已由束鸿宝陪同提前一天返回西安

1月10日，李鹤林和他的同学离开兰州返回西安。爱学生如子的彭康校长和周惠久先生指示安排同学们住院治疗，在物资供应十分困难的情况下，专为他们特批了营养保健品。根据病情，李鹤林须全休一周，半休一周。

如果说初一辍学时，下田劳作、上山砍柴，那是"劳其筋骨"，那么，这次兰州实习则真正经历了"饿其体肤"。在学校领导的关心

爱护下，李鹤林的身体渐渐恢复了，在校度过了5年中最后一个寒假和春节。李鹤林在日记里写道："是组织挽救了我的生命，我非常感动，永生永世也不会忘记。"

寒假过后，就是李鹤林大学生活的最后一个学期。在老师的指导下，李鹤林对毕业论文进行着精心的修改补充，总结自己在专业领域的提高与收获。正是在这段艰难的岁月中，李鹤林初步地进入、认识和了解了石油工业，与石油机械材料工程和石油管工程的一生情结，由此而生。

此时，国家的大环境也在发生着重要变化，在调整政策、战胜困难中进一步探索，文化教育工作的各个领域也进行了相应的政策调整，强调高校以教学为主，开始纠正生产劳动过多、社会活动过多的现象。李鹤林踏踏实实、平平静静地完成了自己的毕业论文，火热的大学生涯也即将结束。

六、毕 业 论 文

李鹤林的毕业论文《石油钻井钻头材料及热处理工艺研究——兼论渗碳钢的强度问题》所涉及的内容多，科研实验数据也多，实现起来难度不小，并且课题是第一机械工业部兰州石油机械研究所、兰州石油化工机器厂与西安交通大学一项科研合作项目的组成部分。毕业论文凝结了李鹤林攻读专业几年的结晶，是一份有见地、有分量的出色的论文。

他在论文的引言中写道：

高速度发展石油工业，是我国社会主义建设当务之急。尽管1960年我国石油年产已达到新中国成立前最高产量的37倍，但仍然远远不能满足各方面的需要。苏联、美国等先进工业国家钢铁产量和石油产量之比大体上在 1:3 左右，我国则为 3:1。

石油工业的发展速度首先取决于钻探效率，而钻头寿命是提高钻探效率的关键。通常，由于钻头寿命短，钻一眼井换钻头的时间竟占去总时间的 90% 以上。如果略略延长钻头寿命，便会大幅度提高钻井速度。由此可见，研究钻头材料，提高钻头使用寿命，对于我国石油工业具有重大意义。

用以作为石油钻井钻头的材料，苏联和英美等国一般都是镍、铬合金钢。但是，我国的矿产资源铬、镍极为缺乏。而且，即使采用这种昂贵而稀缺的镍铬合金钢，对于达到我国所制定的钻头进尺规划还是远远不够的。例如，按照 1961 年的指标，中硬度地层每只钻头进尺量为 250 米，而我们现在仅仅维持在 20 米 / 只左右（四川）。所有这些，迫不及待地要求我们金属材料工作者，千方百计地寻求符合我国资源情况，又能大大提高钻头使用寿命的中国式的钻头材料。

李鹤林运用大量实验数据，进行对比分析，对苏联规定的钻头强韧性指标和渗碳钢碳含量提出质疑。虽然正值中苏交恶，但一个 23 岁的青年学生，对国外，特别是苏联权威提出挑战，还是需要勇气和胆识的。

李鹤林推荐采用多次冲击试验，研究石油钻头材料服役性能。他写道：

根据兰石所提供的资料，三牙轮钻头其轴头的接触疲劳破损，以及牙齿的频繁打击导致的失效，是两个主要问题。而牙轮牙齿的频繁打击，实际上正是小能量多次重复冲击问题。

一次冲击与多次冲击造成钻头损坏的机理不同。多次冲击是损伤的积累过程，一次冲击则是无损伤的积累，二者没有直接联系。

周惠久、黄明志老师研究认为，决定材料抵抗两种冲击负荷的主导因素不同：一次大能量冲击，是在一定强度要求下，主要取决于塑性；多次重复冲击，则是以强度为主导因素，并根据能量的不同，相应地要求一定塑性。

正是由于石油钻头的实际服役条件与多次冲击实验相当近似，并且基于上面的一些观点，在制定石油钻头材料的机械性能指标时，应把小能量多次冲击实验结果作为一个重要的依据。而苏联指标不可能使材料的潜力充分发挥出来。

这是李鹤林在论文中提出的核心观点之一。而这也是建立在恩师周惠久研究成果的基础上，通过大量的实验验证和数据分析得出的一个基本结论。论文开门见山地对外国权威进行了质疑。随后，他提出了延长钻头使用寿命的新材料和新工艺。李鹤林指出：

从多次冲击的观点出发，选择石油钻头材料及其热处理工艺，极为重要。采用强度高、塑性指标适当的钢材，或者用低中温回火得到高强度和适当的塑性，提高多次冲击抗力，能够大大延长使用寿命。

而在渗碳钢冲击韧性、渗碳钢心部碳含量等关键问题上，李鹤林提出，应以新的实验数据为科学依据，纠正传统的偏见和误区。他认为，解决钻头材料问题，实验研究方案应分三个阶段开展工作：第一步，解决渗碳工艺问题；第二步，将代用材料做不同的处理，以抉择取舍，同时，除沿用苏联规定的几项性能试验外，还在分析钻头的服役条件基础上，设计出几种新的实验予以补充；第三，全面分析苏联规定的工艺规范和性能指标，建立一套新的、适合我国情况的实验方法和性能指标，并以此为据，寻求新的钻头材料和相应的热处理工艺。经过试样准备、实验结果及分析，得出了有依据的结论：

30ХГС（30铬锰硅）渗碳200℃回火处理后，其主要力学性能已达到或接近苏联对20ХН3А（20铬镍3高）的要求，并且优于一直使用的钢材，可以作为钻头材料的代用品。对渗碳钢来说，追求渗碳前的一次冲击值是不必要的。提高心部碳含量，对提高渗碳钢的强度有积极的作用。

几十年后的 2015 年，这篇毕业论文被收入《李鹤林文集（上）》中。李鹤林在附言中说：

我们提前返校（指兰州毕业实习）治病和疗养，致使本课题的实验未及全面完成。鉴于客观条件的制约，这篇论文是有缺憾的。但后来知道，正是由于这篇作者并不觉满意的论文，毕业后我被分配到了位于宝鸡的石油工业部钻采机械研究所。我的石油科技生涯，我的石油用钢情结，我后来在石油用钢和石油管工程方面的科研成果，都与这篇论文有关。

1961 年的秋天，毕业的日子来到了。填完毕业生登记表，李鹤林感慨不已，他用一首 70 行的长诗，向母校、向学生生活、向自己学生诗人的阶段作正式的告别，这也是崭新征程的开启。

我们奔往理想，

我们走向生活，

不挑选顺利的环境，

不找轻松的工作。

阳光普照大地，

歌声响彻云霄，

辽阔自由的国土啊，

何处不是中华儿女施展身手的场所！

……

假若一切条件都已安排好，

假若所有的困难早都解决，

假若只需要轻松地翻翻书，套套公式，拉拉算尺，

那又何必用我？！

或许懦夫会叹惜说我"苦"，

享乐者也会可怜我"寂寞",
然而这也是真正的生活呀!
因为，这一切都包含着我向大自然斗争的成果。
……

再见了，亲爱的母校，
让我最后一次扫净您的地，
擦亮玻璃，掩上门窗，
背起行装，
但愿我生出两只翅膀，
飞向祖国指定的地方。
……

啊，等一等，
让我再看看您的模样，
再把亲手栽下的树木摸一摸，
再听一听师长们熟悉的声音
和留校同学们的祝福。
然后，展翅高飞。
我们奔往理想，
我们走向生活!

第四章

宝鸡结油缘

一、与石油有缘

1961 年伊始，中共中央在北京召开了八届九中全会，会上确立从当年起对国民经济实行"调整、巩固、充实、提高"八字方针。八字方针的提出，标志着党的指导方针的重要转变，表明"大跃进"运动实际上已被停止，国民经济开始转入调整的新轨道。其中所涉工业经济方面的政策核心，是调整国民经济各部门的比例关系，主要是农轻重、工业内部、生产与基建、积累与消费等比例关系，适当控制重工业的发展速度，充实那些以工业品为原料的轻工业和手工业品的生产，发展塑料、化纤等新兴工业，同时适当缩小基本建设规模。这就意味着工业战线将被缩短，实行必要的关停并转。但政策同时要求对采掘、石油、化工及支农产品等薄弱环节予以加强。

这是国家与社会发展的情势，同时，也是与李鹤林毕业分配可能有关的重要背景信息。当年西安交通大学的大部分专业毕业生，就是因国家调整工业布局，被分配到了边远地区，并且大多都进入了中小型企业。

李鹤林对毕业去向只有一个想法：听从党的召唤，任凭国家挑选。他再次以诗抒怀：

> 工厂里，深山中，
> 实验室，讲台上……
> 祖国到处都是家，
> 生活广阔如海洋。

我们美丽的青春，

赛过早晨的朝阳；

我们工作的热情，

就像燃烧的火光。

展开矫健的翅膀，

飞向生活和理想；

为了美好的明天，

献出知识和力量。

不过，李鹤林的工作分配之路却相当顺利，他那篇毕业论文充当了大学毕业工作分配的"红娘"。就在李鹤林毕业的前一年（1960年），石油工业部决定将供应制造局下属的设计处从部机关分离出来，组建石油工业部钻采机械研究所，所址则安排在石油工业部第一机械厂所在地的陕西宝鸡。研究所成立后，在1961年大学生需求报告中，要求有一个"金属材料及热处理"专业名额。李鹤林毕业论文的研究方向和内容，以及其中显现出来的专业素养和能力，与研究所的要求严丝合缝。就这样，李鹤林进入了这所新建的石油工业部直属科研单位。与他一起分到同一单位的西安交通大学毕业生，还有电机专业的杨同鑫、焊接专业的蒋为霖和锻压专业的吴耀华3位同学。

5年前的秋天，他从汉中乘车翻越过秦岭崇山，看见外面的第一个城市便是宝鸡。只是那时匆匆而过，没有留下什么印象，更没有想到过他与这个城市会有更深的交集。5年后，又是这样一个天高云淡、颗粒归仓的秋天，他来到了这个城市，并且停留在这个城市，又一番人生新旅从这里开启。

宝鸡，坐落在八百里秦川的西端，它曾经有着一个鼎鼎大名的称谓——陈仓。《史记·秦本纪》记载此地有神鸡，唐至德二年（757年），肃宗来此巡游，闻鸡啼鸣声传10余里，认为"鸡鸣之瑞"乃是吉祥之兆，遂改"陈仓"为"宝鸡"，沿用至今。宝鸡文脉源远流长，相传炎帝神农氏便生于市区的姜水河畔，也为周秦发祥地，青铜器之乡。境内多有人文胜迹，以姜太公钓鱼台、周公庙、先秦石鼓文、法门寺、五丈原诸葛亮庙等最为声名远播。如今，宝鸡是陕西第二大城市，也是西南、西北交通枢纽，更是西北工业重镇，城市建设日新月异，被命名评定为全国绿化模范城市、中国优秀旅游城市、中国人居环境奖获得城市、全国文明城市等。

李鹤林来这里报到时的20世纪60年代初，宝鸡的城市发展还很落后。当时的石油工业部钻采机械研究所，住宿、办公均在火车站南面东侧的一幢四层简易楼房内。旁边有石油工业部第一机械厂的礼堂、小办公楼、单身宿舍楼、医院、锅炉房、齿轮车间、配件车间、汽车队等。一条长长的大坡上面，还建有铆焊车间、工具车间、钢材库等。一墙之北便是宝鸡火车站。火车站不大，火车道两旁密密麻麻的简易小平房、油毡房，为石油工业部第一机械厂老工人和铁路老工人的家。出厂大门，为经二路、体育场，四周则是农田和村庄。再南行百米，便是一片杂草丛生、荒凉的河滩，黄河的最大支流——渭水穿城而过，沿着八百里秦川，奔流而去。而东行几百米，则还有一条渭水支流金陵河自北向南流淌。远望南端，有巍峨绵延的秦岭，北边是长着稀疏草木苍凉的土塬。

几十年后的今天，这里已是高楼林立的市民聚居之所和商业繁华之处。工厂搬迁后，宝鸡火车站扩建南移，站前广场种满花草树木而成为街心公园；经二路主干线成为市内最正规、宽畅的林荫大道。北塬变成了郁郁葱葱的北坡公园，河滩变成了树木花草成片、宽广整洁的渭河公园。人工新修的金渭湖宽阔平静，成群结队的白鹭水鸟戏水觅食。城在林中，水在城中，人们在这里休闲观景，散步健身。

昔日旧貌，只留在了历史的照片和老年人的记忆中。但对李鹤林来说，无论是旧貌还是新颜，他都没有时间多留意，小时候喜爱山水的性格似乎已大为改变。他的眼里，满满当当全是科研项目，以至于极少关注周围的环境变迁。

宝鸡石油机械厂一角

在宝鸡几十年的时间里，工厂上千名熟知他的人，几乎都没有看见过他在河堤上悠闲散步。倒是一位早已退休的女职工，闲聊时提到李鹤林，忆起当年她在检验科上中班的夜里，常常看见很晚的时候李鹤林的办公室还亮着灯。

二、才 华 初 显

李鹤林的事业，从这里开始。

能够进入一个部直属研究单位，在当年被认为是最好的去向，他也被认为是最幸运的人。毕竟，绝大多数的同学都去了更偏远的地方、更小的企业。但李鹤林初来研究所时并不快乐，他有一些失落，因为此前他已经认定自己的方向和出路是在机械制造行业，而现在进了石油行业，又是一个专业的转换；还有，比起写写画画的研究单位，他更想到企业一线去，和产品、和材料打交道。

不过在研究所，李鹤林还是融进了他一生为之奋斗的事业，这是因为他安分朴实的性格与服从组织的信念，也是因为他还遇到了一生信任他、支持他的好领导，同时也是良师益友的李天相和曾慎达。同为中华人民共和国现代化石油装备制造业的奠基人和开拓者之一的李天相和曾慎达，后来曾分别担任石油工业部副部长和陕西省委副书记。李天相、曾慎达二人关系密切，原先都在石油工业部供应制造局工作。石油钻采机械研究所成立时，曾慎达去了宝鸡，担任设计二室主任；李天相留北京在石油工业部供应制造局新设立的工厂管理处任副处长。

李鹤林被分在设计二室，而且还与曾慎达同一宿舍，两人上下铺。虽然年龄相差 9 岁，但性格却十分相似，都是那种对事业坚定执着、谨言敏行、不尚空谈、注重实干的人。

踏上新的人生之旅，李鹤林慢慢地接近，慢慢地融入。逐渐，失落感消失了，他接受了专业领域的转换，他要在石油行业里干出一番名堂来。

研究所对新来的大学生的安排是：从制图和描图开始，把组装图分拆画成零件图，或把零件图变成组装图。精通制图，是成为一名优秀设计师的第一步和必修课，这无疑是对的。但李鹤林有自己的主见，也善于发现问题，不久后他就有了自己的想法。他在"自述"中这样写道：

> 这样的日子一天天过去，一起分配来的其他三位同学都还在专心画图，而我却心急如焚。因为在画图的过程中，我发现许多很重要的石油机械零件，在材料选择上存在问题，零件的技术要求也有一些错误或不妥当的地方。我试图说服曾主任要重视石油机械的材料设计和石油用钢研究，但几次谈话都是不欢而散。他反复强调，我们单位的名称叫研究所，实际是个设

计单位，设计任务很重，所有的技术人员必须搞设计，必须画图。看起来，曾主任是一个很有性格、很固执的人。但以后接触多了，我慢慢了解了他。他确实很难被说服，但一旦你说服了他，或者他理解了你，他就会全力支持，在所不辞。尽管碰了几次钉子，但我并没有死心，我想我必须说服他，我相信一定会有这样的机会。

涉世不深、年轻气盛的人，遇到自己的主张和建议不被采纳甚至遭到否定时，往往因怨而怒，莽撞对抗；或是因怨而泄，一蹶不振；或是因拒而弃，一味顺从；或是因拒而恨，一走了之。凡此种种皆不可取。李鹤林既不灰心泄气，也不因拒而心生怒气，更不会自怨自艾。他有气度、有韧劲，绝不轻易放弃，而且善于把握机会。在他的一生中，多次重大的转变、抉择，都证明了李鹤林就是这样的一个人。

他继续回忆道：

果然，机会来了。不久之后，石油工业部供应制造局工厂管理处的主任工程师赵宗仁来宝鸡出差。赵工程师虽然是电力出身，但专业知识面广，曾在上海材料试验所从事过石油用钢工作。他知道我是学金属材料的，就特意找我谈了一次话。我如实诉说了我的苦闷，赵工程师表示十分理解，也很赞同我的观点。为此他与曾慎达主任交换了意见，并安排我与同时进所学焊接专业的交大同学蒋为霖，共同搞一项"抽油秆闪光对焊与焊后热处理工艺研究"课题。

我们仅用了一个月时间就完成了任务。成果用于宝鸡石油机械厂，保障了闪光对焊抽油杆的产品质量，赵工程师和曾主任都很满意。

随后的另一件事更让李鹤林所坚持的观点得到了印证，论文"红娘"也又一次展现了她的存在。1963年5月初，上海传来消息，援助阿尔巴尼亚的B型吊钳等石油机械产品在出厂负荷试验时，出现了关键零部件断裂等严重质量问题。国家对援外一向十分重视，更何况中国与阿尔巴尼亚关系十分密切。石油工业部责成宝鸡钻采机械研究所调查处理。由陆天安副总工程师带队的 5 人工作组立即启程奔赴上海。年轻的大学毕业生李鹤林，也是工作组的一员。

经过一番缜密的调查和分析，得出的结论是事故与设计无关，主要是热处理工艺问题。于是，5 人工作组中的 4 人返回了宝鸡，李鹤林作为金属材料及热处理的专业人员被独自留了下来。6 个月的时间里，他充当了上海东风机器厂的热处理技术员，承担了改进 B 型吊钳钳头和牙板等关键零件的热处理质量的任务。

与上海东风机器厂热处理工艺人员合影（前排左三为李鹤林）

初出茅庐就独当一面，而且又是在一个陌生的环境里，李鹤林竟然毫无畏惧和生疏之感。扎实的专业功底，令他得以如同一个工作多年的老技术员一样，全身心地投入吊钳热处理改进试验之中，夜以继日，埋头攻关。这个年轻的技术员使上海东风机器厂的热处理质量水平上了一个台阶，B 型吊钳出厂负荷试验合格率由 30% 上升到了 100%。

上海，中国最繁华的大都市之一，但李鹤林对周围的景致没有丝毫的兴致，几个月中，仅因为同事代购光顾过一两次闹市区的商店，其他时间几乎都是在车间里度过的。他既没有时间，也没有钱去购买什么东西。刚参加工作发的微薄的工资，一半要寄给老家的母亲，留给自己的，除吃喝用度之外，已所剩无几。

任务出色完成，对李鹤林的后续影响也是很大的。李鹤林这样总结道：

> 通过这两件事，曾慎达主任对我要求进行石油机械用钢及热处理研究完全认同了。他对我工作上的支持和帮助，一直贯穿于我以后的研制新钢种和轻型"三吊"（吊钳、吊环、吊卡）的整个过程。

这些事也给李鹤林带来了一些启示：如果希望上级能够认可并采纳自己的技术主张，那么首先你的主张必须是经过深思熟虑的，有充分依据的。在这里最重要的并不是语言的说服，因为在专业领域里，语言往往是苍白无力的。只有用事实、用成果去证明，那才是最有说服力的。

李鹤林的表现获得好评，当选为研究所里评选的4名"五好青年"之一。1963年年初他按期转正，年底又成为全所年度评功授奖8人之一，戴上了大红花。

李鹤林在岗位上逐渐成长、成熟，而要掌握的技术太多，工作太忙了。到这时，他才中断了写日记的习惯，学生时代写诗寄情言志的浪漫也渐渐远去了。他脚踏实地地从事科研和生产实践，在专业领域之外，他很少再有涉猎。

三、赴京编书

从上海回到宝鸡，李鹤林想趁热打铁，再把工厂里的实践经验反馈到材料研究之中，或可取得事半功倍的成效。哪知还没来得及休整，新的任务就到了，这回是到北京石油工业部编写《石油机械用钢手册》。

《石油机械用钢手册》是一本专业性很强的工具书，规划200万字，分为上下两卷。上卷是性能数据卷，要求按钢号编排，尽量搜集齐全石油机械常用钢号的数据；下卷为材料设计（选材）卷。手册这类指导性工具书，对于编写者的要求非常高，他需要在宏观和微观两个层面对行业和专业都有很深的了解，同时也要有一定的文字功底。谁能担此重任？时任供应制造局工厂管理处副处长的李天相和主任工程师赵宗仁，颇费了一番心思之后，不约而同地想到了一个人——李鹤林。因而，编写手册的千斤重担就落在了年轻的李鹤林身上。

在石油工业部编写《石油机械用钢手册》时留影

李鹤林怀着既兴奋又忐忑的心情来到了北京。仅仅是来一趟首都北京，就足够令人兴奋的，何况又是来参与编写手册这样一件大事。但如此之大的一部工具书，要编成、编好又何其难也！李鹤林虽已崭露头角，但毕竟还年轻，能否担起这副重担，也有些底气不足。

在办公室,李天相和赵宗仁向他布置了具体任务。经过商量,李鹤林很快就拿出了一个手册编写的初步方案。随后,赵宗仁和李鹤林到冶金工业部钢铁研究总院,拜访了钢顾问室主任孙珍宝教授。孙珍宝是我国著名的物理冶金与合金钢专家,长期从事钢材质量仲裁、机械零件失效分析和金属材料物理检验等技术基础工作。他曾参与领导制定中国第一部十大钢类的部颁技术标准,主编《合金钢手册》,培养了一批冶金科技人才,为创建中国合金钢系统、促进冶金科技发展做出了重要贡献。

李鹤林的虚心求教打动了孙珍宝。同时,李鹤林如此年轻并且只身一人扛起如此繁重的任务,孙珍宝对其能力、勇气和自信感到惊讶。在仔细阅读了编写方案之后,孙珍宝很赞赏李鹤林的思路,并且提出了一些建议。

北京的寒冬,滴水成冰。每天清晨,李鹤林早早起床,在招待所买上几个馒头和一些咸菜,就冒着严寒匆匆赶往北京图书馆,在阅览室里一待就是一整天,馒头、咸菜权当午餐、晚餐。查资料,摘目录,编词条,抄数据,记满了厚厚的几十个大本,晚上回招待所还要再做整理工作。在图书馆里,李鹤林总共查阅了140多册合金钢方面的图书、期刊,从而对我国和世界各主要工业国的合金钢状况、特点及发展动向有了全面、系统的了解。从六铺炕到文津街,路程不算很远,很长一段时间,李鹤林的日子就是在这样的两点一线中度过的。

在知识的海洋里,李鹤林如鱼得水,涉海采珠,书稿一页一页地变得很厚了。

1964年国庆前,李鹤林急匆匆从北京赶回西安。10月1日,那是他与相恋两年的女友梅秀芬结婚的日子,新房就临时设在西安的岳父岳母家里。没有特别的婚礼仪式,只是家人和亲友一起在西安饭庄吃了顿饭,简朴却温馨。李鹤林惦记正在编写的书稿,在三天以后的10月4日,他便告别了新婚妻子,匆匆返回北京。

1965 年 5～12 月，《石油机械用钢手册》上卷四个分册由中国工业出版社陆续出版发行了。这是凝结着李鹤林无数心血和汗水的中国第一部石油机械制造材料工具书。不过，这样一部具有历史性地位的图书并没有最终完成，因为李鹤林被赋予新的任务而中断了编写。

李鹤林在后来为张冠军主编的《石油钻采装备金属材料手册》作序时写道：

上世纪 60 年代，中国石油工业方兴未艾，许多方面需要建立自己的标准规范。对于品种繁杂的石油机械产品，这一点尤为重要。为确保石油机械产品的质量性能，其制造用钢急需一套具有专业指导性的手册。1963 年，我大学毕业参加工作刚两年，石油工业部供应制造局即安排我承担《石油机械用钢手册》一书的编写任务。当时的规划是 200 万字，分上下两卷。上卷是性能数据篇，下卷是材料设计（选材）篇。上卷包括碳素结构钢、低合金高强度钢、合金结构钢、弹簧钢、轴承钢、不锈耐酸钢、耐热不起皮钢等七大类钢铁材料。鉴于当时石油工业下游装备（炼油和石油化工装备）的材料问题比较复杂，对相关手册的需求很迫切，编写工作是从不锈耐酸钢和耐热不起皮钢开始的。接着完成了弹簧钢和轴承钢的编写，并开始合金结构钢的编写。为满足生产一线的急需，采用了出版单行本的形式。至 1965 年底，由当时的中国工业出版社陆续出版了《石油机械用钢手册：不锈耐酸钢与耐热不起皮钢》、《石油机械用钢手册：弹簧钢与轴承钢》、《石油机械用钢手册：合金结构钢之铬钢与铬钼钢》、《石油机械用钢手册：优质碳素结构钢》。1965年，因工作安排变动，编写工作中断。尽管如此，在随后的几十年里，并不算完整的《石油机械用钢手册》对我国石油装备的发展也起到了一定的作用。

四、石油工业部的"钢铁发言人"

《石油机械用钢手册》编写工作中断，与李鹤林参加的一次重要的全国性会议有关。

中华人民共和国成立初期，我国的合金结构钢一直照搬以铬、镍为主的苏联钢种。但是铬、镍等元素国内矿藏不多，特别是到了20世纪60年代初中苏关系破裂，从苏联进口铬、镍受到限制。另外，在研究开发和推广低合金高强度钢方面，我国也大大落后于西方国家。

在这样的大背景下，1966年1月5～12日，国家经济委员会（国家经济贸易委员会前身）和冶金工业部召开了普通低合金钢与合金钢生产使用革命会议。这次会议的主要精神是号召全国各工业领域充分利用我国富有元素取代和节约铬镍元素，研究和大力推广低合金高强度钢。会议在天桥饭店举行，25个行业的700多人出席了会议。李鹤林被指派代表石油工业部参加了会议。

这次会议之后，"钢铁革命"在全国风起云涌。国家经济委员会也提出要求，各部门、各行业要层层贯彻落实会议精神，都要拿出自己的钢铁革命规划。于是，以冶金系统为主，包括机械、石油在内的多个行业都在研究开发不用铬、镍或少用铬、镍的新钢种。

作为金属材料专业人员、《石油机械用钢手册》的主编者，在一段时间里，李鹤林几乎成了石油工业部参加相关会议的"钢铁代表"和发言人。顺理成章，他也被李天相、赵宗仁两位领导要求起草《石油工业钢铁革命规划》，并参与筹备召开"石油工业部钢铁革命会议"。《石油机械用钢手册》的编纂工作就这样被中断，而后又因其他各种原因彻底地终结了。

1966年3月，石油工业部钢铁革命会议在北京召开，李鹤林除在会上宣讲了《石油工业钢铁革命规划》外，还作了题为"机械设计中选择钢材的一些问题"①的特邀报告。这个报告是他根据自己几年来协助或审核设计人员选材的经验和体会整理出来的。报告开门见山地指出：

> 我国石油机械一般比较笨重而寿命不长，性能不高，与某些工业先进的国家有很大差距。其主要原因之一，是由于我们石油机械设计人员过去对选择材料的重视还不够，在设计机件时，不大考虑或很少考虑正确选用材料及如何发挥材料的强度潜力问题。

李鹤林在报告里还点明了当时普遍存在的两大问题：

> 一是设计时不注意钢的力学性能随截面变化的规律，因此选择需要经过热处理的钢号时，不考虑或很少考虑钢的淬透性；二是设计时对钢的强韧性随热处理状态不同而变化的规律注意不够，确定图纸上的技术要求时，不能针对零件的实际服役条件，选择出最合理的组织状态。

然后，他举出了7个例子加以具体详细的解释说明。对选择材料的一般概念，他则作了这样的解释：

> 各种机器上的不同零件，具有不同的外在服役条件……这些不同的外在服役条件，对机件起着不同的损害作用。另一方面，制造机器零件的各种材料，内在本性也是变化的。不同的材料具有不同的性能。同一牌号的材料，采用不同的强化工艺，从而得到完全不同的性能。实际上，任何一种特定服役条件下工作的机件，总会找到一种最合理的材料状态，满足其特殊要求。因此，所谓选材料，就是使机件的各种服役条件，与材料的各种内在性能对应起来。

---

① 收录于机械工业出版社出版的《李鹤林文集（上）》，2016年11月出版。

李鹤林传

机械设计中，选择材料的出发点是，正确地、合理地、经济地使用材料，应综合考虑5个因素，即机件实际运转时的服役条件、有效使用寿命、使用时的安全因素、工艺性能和经济性。

李鹤林从存在的问题出发，提出选择钢材的一般步骤应为：进行零件最弱点的力学分析；研究相同或类似零件的失效情况；确定或建立失效抗力指标及其测定试验方法；运用建立起来的失效抗力指标，并考虑尺寸因素，设想出几种可能的方案（成分和组织状态），从中选出最优方案；考虑工艺因素、经济性等作最后选择；规定技术条件。

他在报告中特别指出，一般手册所列合金结构钢厂家保证的力学性能标准，不可误认为就是各钢号能达到的水平，而直接把它用于设计计算中，更不能直接列入零件的技术要求。因为合金结构钢随着热处理状态和截面尺寸的不同，各种性能指标在一个很大的范围内变化。

李鹤林想得比较远，也很诚恳。他在报告里告诉大家：

材料选择是机械设计的一个重要组成部分，和考虑机器结构和零件的几何形状一样，也是一件很细致、很复杂的工作。限于时间，本文仅仅针对在选择钢材时普遍存在的一些较突出、较明显的问题，一般地谈谈选择钢材的基本原则，其目的在于引起人们重视这个问题，以便尽快使我国石油机械在性能、重量、寿命和制造成本等几个方面，赶上世界先进水平。

相比一些泛泛空谈、慷慨陈词的报告，李鹤林的专题发言有科学根据的论述，有具体的事例分析，有可操作的步骤，具体而明确，受到了与会代表的欢迎。

一个刚刚工作了几年的大学生，也并未担任任何一级职务，却能够一针见血地揭示问题的本质，真知灼见地分析问题，高屋建瓴地总结问题，思考业内赶超世界先进水平的长远规划，没有自信和担当是不行的。石油工业部的"钢铁发言人"，并非空有虚名。

李鹤林没有想到，正是这场钢铁革命，最终确定了他的专业走向和事业走向，在以后的几十年里，他咬定青山，为之奋斗不息。

五、走进宝石厂

在北京的这段时间，李鹤林很忙，但日子过得很平顺。而宝鸡那边，却发生了重大的变故。1964年1月，石油工业部一道命令，将设在宝鸡的石油钻采机械研究所迁往大庆油田，与从北京迁往大庆的石油科学研究院机械研究室合并，组建大庆矿机研究所。

李天相着急了。在宝鸡，研究所依托工厂，可以进行大量新开发产品的试制，同时也能大大提升企业的技术能力，两者相辅相成，互为助力。研究所全部迁走，对专攻石油机械制造的这个石油工业部"长子"企业，无疑是个重大损失。他找到了主管副部长康世恩，建议留下研究所部分骨干进入石油工业部第一机械厂。李天相的理由很充分，康世恩同意了。于是，李鹤林与室主任曾慎达及设计人员程瑞文、朱绍曾、苏文选、蒋为霖、李功义、张忠印、杨本安、李金果等，调入石油工业部第一机械厂，组建工厂设计科，曾慎达为科长，第二年升为工厂的副总工程师。

这批优秀人才，除陆续调出的5人外，其余5人长期在该厂工作。其中，长期担任企业技术和生产负责人的曾慎达，成为改革开放后的首任厂长；1983年，朱绍曾、李鹤林出任副总工程师，后来蒋为霖亦担任副总工程师，程瑞文担任产品主设计。他们均为工厂的发展做出了积极贡献，留名于工厂厂史。

为适应石油工业大发展的形势，20世纪60年代初期，工厂在金陵河以东选址新建，称为东厂区，主要部分陆续搬迁来此。80年代又于相距不远的渭河北岸建成南厂生产区。李鹤林原来工作过的地方称为西厂区，仅保留了很小一部分。

李鹤林回宝鸡后是在东厂区工作,妻子在西安。他仍过着"单身"生活,住职工宿舍,吃职工食堂。直至妻子下放宝鸡,他们才在厂区以北三四里的店子街东山石油工房,分得了一间不足30平方米的平房。

石油工业部第一机械厂,后来更名为宝鸡石油机械厂,现为中国石油天然气集团公司所属宝鸡石油机械有限责任公司,是我国早期的国有企业,创建于1937年,李鹤林与之同岁。

这或许又是一种命运的巧合与相随,在国难和抗日战争中同年诞生,又一同为中国石油工业的崛起而奋斗,企业和个人都书写了极为精彩的历史篇章。2007年9月陕西人民出版社出版的《宝石七十年》一书中,翔实地记录了宝鸡石油机械厂一路走来的艰难和取得的辉煌。

宝石二字,既是企业名称的缩写,也是企业真实历史之写照。

翻开她七十年的画卷,阅读她的艰难与成就,历史无欺,这确是一个有着宝石般品质和充满传奇色彩的企业。

她的诞生之日,正是中华民族的危难之时。1937年,日本侵略者再次举起屠刀,全面侵我国土。中华大地充斥着腥风血雨和刀光剑影。炮火中,一群爱国的热血汉子,奉政府之令,将一批陈旧而又宝贵的物资装备,紧急撤离战区,沿陇海线由东向西,一路辗转搬迁到宝鸡,在荒坡上安营扎寨,与几十个内迁的工厂一起,共赴国难,使宝鸡成为抗战的后方基地。宝石,那时叫陇海机车修理厂。

1944年,因抗战维护交通运输有功,工厂受到国民政府的嘉奖。

沧海横流,桑田巨变,宝石的真正兴起,是与中国石油工业的兴起息息相关的。1953年之春,又是国家一声令下,还是那些抗战中留下来的员工,和一批从前线凯旋的转业士兵,组成了新的队伍，开始了石油机械制造的创业之路。艰苦岁月，白手起家，从修理到制造，从仿制到创新，从单件到整机配套，宝石为西北老矿区和东部的大开发，送去了几十万吨急需的装备和近 2000 名技术骨干。宝石，此时的全称——石油工业部第一机械厂。第一机厂，名副其实，几十年里，作为先行者，为中国的石油机械工业，创造了数以百计的第一。

……

改革开放后的二十多年，宝石经历了凤凰涅槃般的蜕变，不再单单是业内一颗闪亮的明珠，更像是民族工业百花园中一朵经久绽放的绚丽花朵。

早在上个世纪八十年代，新华社一位资深记者采访后，独具匠心地给他的长篇报道起了这样的标题，四个字，美妙而又高雅，叫作《宝石开花》。

宝石花首次含苞怒放，当数 1980 年至 1986 年。当时虽是乍暖还寒，但也春风习习。宝石小荷初露，便显勃勃生机。年产值从几千万打拼到上亿元，敢闯资金禁区，巨资重新武装工厂，率先向超级大国出口装备。产品勇夺业内首枚金牌，管理荣获全国十佳。区区数千人、默默无闻的宝石，声名鹊起，两任厂长，一位选拔做了主管工业的副省长（先任省委副书记），一位被邀列席国务院例会，获得五一劳动奖章。

李鹤林没有随研究所去大庆投入会战，而是继续留在宝鸡这座历史悠久的城市，进入一个具有光荣传统的企业，开始了真正意义上的科技生涯，成为企业技术进步、产品升级换代的主要创制和创新者之一，成为宝石开花的辛勤园丁。

从毕业分配到宝鸡，5 年时间里，半年在沪，3 年在京，李鹤林对宝鸡这座新兴工业城市和所去的企业，不能说没有一点儿印象，但细想又极不熟悉。他面临的是一个全新的环境。

直至今天，李鹤林都没有仔细想过，当时自己是否愿意留在北京，是否可以留在部机关，也没问过李天相他们有没有把他留下的念头。或许那可能是一次命运的转弯，他或者能够以行业管理人员的身份，重新书写自己的历史。

似乎除了最早的水利专业之外，李鹤林很少表达过自己真正的专业和职业的喜好。本分的他只知服从国家的需要、组织的安排，但在内心深处，他还是有所向往的，向往能与炽热钢铁走得更近，能够更深地走进火红的生活最前沿。

无论如何，李鹤林都会感激在北京的那段经历，通过编纂手册，他的理论基础变得更加坚实和厚重，同时也积累了一定的人脉资源。这些都让他所得匪浅，受益终生。

第五章

"铁人"的嘱托

一、大庆精神大庆人

一个人事业上的成功，往往是有机缘的。关键在于机缘到来时，敢不敢迎难而上，执着追求，坚定不移，一年、两年，甚至数年，不懈地探索、改进、完善……有志者事竟成。

李鹤林便是这样的一位有志者！

1960 年年底，当他忍受着饥饿在兰州实习，艰难地完成与石油钻井钻头材料相关的毕业论文时，中国石油工业发展史上的一个重要里程碑——大庆石油会战，已于上年年初在东北松辽平原拉开了序幕。恰逢中华人民共和国成立十周年。所以，中华人民共和国第一大油田便取名为"大庆"。

追溯关于石油的记载，最早见于东汉班固《汉书·地理志》："高奴县有洧水，肥可燃。"高奴，即今陕西省延长县。宋人沈括在《梦溪笔谈》中又说：此"境中有石油，旧说高奴县出脂水，即此也"。沈括在世界上首命"石油"之名，并预言"此物后必大行于世"。只可惜漫漫历史长河，直至中华人民共和国成立之后，才开始了真正意义上的石油"大行于世"。石油被誉为"工业的血液"。天上飞的、地上跑的、水上行的，离了石油都寸步难行。

在 1988 年出版的"当代中国"丛书之《当代中国的石油工业》中，长期领导石油工业的康世恩总结道：

> 50 年代初期，中国石油工业基础薄弱，我们对于石油知之甚少，面临着"茫茫大地，何处找油"的严重困难。广大石油职工和科技人员就是从这个起点上，沿着前人的足迹，在中国

的戈壁、沙漠、草原、海滩，开始了 30 多年的探寻石油宝藏的战斗历程。这支队伍有一股革命加拼命的精神和"三老四严"的作风，不怕艰险，不怕困难，以苦为荣，长年奋战在荒原野外，为找油、找气奉献自己的青春。这支队伍有很强的组织纪律性，服从命令听指挥，指到哪里，打到哪里。即便在"十年动乱"中，仍然成功地实施了几次大的石油勘探开发会战。这支队伍善于在实践中学习并吸收国外先进的勘探、开发技术，坚持技术人员、工人、领导干部的三结合，解决了一系列难题，使石油工业的科学技术提高到一个新的水平。

"铁人"王进喜和石油工程材料专家李鹤林，便是这支石油勘探开发及科技队伍的代表性人物。

中华人民共和国成立后的 10 年，石油工业有了很大的发展，但仍远不能满足需求。1959 年全国石油产量 373.3 万吨，自给率仅为 40.6%，不得不耗用大量外汇进口石油。而此时，"大跃进"、"三年困难"时期，以及苏联单方面撕毁合同中断援助造成的恶果，使得国民经济雪上加霜。大庆油田的会战，正是在这样困难的时候、困难的地区、困难的条件下打响的。

大庆油田发现于 1959 年。1960 年 1 月，石油工业部党组召开扩大会议，准备加快松辽地区石油勘探和油田开发进程，集中石油系统力量，"来一个声势浩大的大会战"。2 月 20 日，中共中央批准了石油工业部的报告。随后，石油系统 37 个厂矿、院校由主要领导干部带队，组织人员，并自带设备参加会战，当年退伍的 3 万名解放军战士和 3000 名转业军官，也分别从沈阳部队、南京部队和济南部队来到大庆。

1960 年 4 月 29 日，万人誓师大会在萨尔图草原上隆重举行，一场千军万马战大庆的艰苦创业历史，从这一天开始谱写。大庆石油会战三年半的时间，探明了面积达 860 多平方千米的特大油田，年产原油 500 万吨，生产原油 1166.2 万吨，占全国同期原油产量的

51.3%。共完成财政上缴 10.6 亿元，除回收投资外，为国家积累资金 3.5 亿元，从根本上改变了中国石油工业的面貌。

油田初创，地处北国荒原，露天作业，环境极其艰苦。盛夏酷暑蚊虫叮咬，严冬冰雪茫茫，一旦开钻零下十几摄氏度也不能停钻，当班工人工作服上结满了冰碴子。陕西秦腔剧团北上慰问西北去的"老石油"，演员爬上钻井平台，见此情景，忍不住一个个流着眼泪，跪下来用手为钻井工人扒掉衣裤上的冰碴子。这是当年参战的原石油工业部副部长阎敦实讲过的一个故事。

1963 年 4 月 29 日，人民日报社记者撰文《大庆精神大庆人》，描述了"王铁人"等艰苦创业的事迹。大庆，也从此成为中国人民自力更生精神的榜样。

1963 年 12 月 3 日，在全国人大二届四次会议闭幕会上，周恩来同志向世人庄严宣布大庆油田建成，"我国需要的石油，现在可以基本自给了"。20 多天之后的 12 月 26 日，《人民日报》也发布重大消息："我国过去一直是依靠国外进口洋油，现在随着我国石油工业的建立和迅速发展，中国人民使用洋油的时代，即将一去不复返了！"

从报纸上，李鹤林读到了这段艰苦奋斗的历史，也读到了这些激动人心的消息。

二、约见"铁人"

1965 年年底，尽管此时北京已进入隆冬季节，但李鹤林却沉浸在《石油机械用钢手册》上卷四个分册出版、犹如秋天收获般的喜悦中。他起草的《石油机械钢铁革命规划》也已完成，但下一步怎样实施，心里并没有底。此时的他并不知道，一个重大的使命正不期而至。

1966年2月的一天，石油工业部供应制造局主任工程师赵宗仁走进李鹤林的办公室，兴致勃勃地告诉他："'王铁人'来北京啦，你去听听他对试验新钢种、改进石油机械的意见吧！"

"铁人"王进喜，这在当时是一个响当当的名字，大庆油田艰苦创业的代表人物，全国著名劳动模范，其事迹广为传颂。作为石油勘探开发行业的一名新兵，李鹤林对这位传奇般的钻井队队长的大名如雷贯耳，充满敬佩并带有好奇。

王进喜何以被称为"铁人"？翻阅当时的报纸，或者阅读《当代中国的石油工业》，其中有这样的叙述：

1959年王进喜参加全国群英会，看到北京公共汽车上背个庞大的煤气包，感到很难过，心里憋足了一股气，要拼命为国家多找石油，多生产石油。1960年，他率1205钻井队从玉门千里迢迢来到大庆。王进喜一不问吃，二不问住，下车先问三句话："钻机运到了没有？""钻井的井位在哪里？""这里的钻井记录是多少？"钻机运来了，缺少装卸的设备，他带着大伙人拉肩扛，把五六十吨的钻机部件卸下火车，运到井场竖立起了井架。

从安装钻机到第一口井完钻，他吃在井场，饿了啃几口干粮，困了枕着钻头眯一会儿，一连七天七夜不下火线。一次为防止井喷，必须紧急加大压井的泥浆比重，危险时刻，他奋不顾身带头跳进泥浆池，用身体搅拌泥浆。井喷重大事故避免了，但他和两个工人的身上被碱性很强的泥浆烧了许多大泡。当地的老乡感动地说："王队长可真是个铁人啊！"

"宁肯少活二十年，拼命也要拿下大油田！""石油工人一声吼，地球也要抖三抖！"这些鼓舞人心的豪迈誓言，据记载也是"王铁人"首先喊出来的。时任石油工业部部长兼大庆会战总指挥的"独臂将军"余秋里，在会战大会上带头高呼："向铁人学习，人人争做铁人！"

王进喜同志在井场

李鹤林（右）与王进喜亲切交谈
（转载自陕西人民出版社《延安画刊》1978年
第7期《集群智敢破世上关》一文）

毛泽东、周恩来等党和国家领导人多次接见了王进喜。1969
年，王进喜出席了中国共产党第九次全国代表大会并当选为中央委员。中华人民共和国成立 40 周年之际，他与雷锋、焦裕禄、史来贺、钱学森一起，被中共中央组织部命名为"建国以来在群众中享有崇高威望的共产党员优秀代表"。后来，大庆建起了"铁人王进喜纪念馆"，为他树立了塑像。

能够与"铁人"相见，李鹤林心中充满着激动。王进喜此时已提升为大庆钻井指挥部副指挥，兼任钻井大队大队长。冒着刺骨的寒风，李鹤林急匆匆地赶到位于安定门外的石油工业部地兴居招待所，找到了王进喜住的房间。一进屋，李鹤林便自报家门，说明来意，两人的手紧紧握在了一起。钻井大队长与研究钻井工具的技术人员的一次握手，推动了中华人民共和国石油钻井工具重大的技术革新，创出了享誉行业的国家级的金牌产品，也成就了一个人的志向和事业。用李鹤林的话说："我人生一次历史性见面，就这样发生了。"

两人整整交谈了 3 个小时。李鹤林详细介绍了《石油机械钢铁革命规划》，王进喜听了非常高兴，认为这正是广大石油工人所期盼的，他特别强调要把吊环、吊卡的重量降下来，吊钳应安全可靠。

说起"三吊"，"铁人"打开了话匣子。从玉门到大庆，他一直都是钻井工，换一个井队，他都必须带走的一个"宝贝"家什，就是形状像眼镜一样的美式单臂吊环。他说，那家伙比较轻，用起来顺手。到最后，他用浓厚的西北口音兴奋地说："搞新钢种，研制轻型'三吊'，我举双手赞成！"

李鹤林与"铁人"所讨论的"三吊"，就是钻井时钻井工人使用的重要工具：吊环、吊卡、吊钳。吊环用于钻井过程的起下钻、接单根和油井打捞，与吊卡配合使用，承受几十吨至几百吨的重量。吊钳是用于拧紧或松开钻杆接头、套管接箍螺纹的工具。"三吊"对钻井工人而言，就好比钳工的榔头、扳手。榔头、扳手充其量只有几千克重，而一个苏式吊环、吊卡少说也重上百千克。钻井工人天天搬上抬下，劳动强度极大，据说有的钻井工一顿饭能吃上 10 个馒头。这么重的工具，不拼命干，钻井速度哪能上去？

俩人的谈话结束了，临别时"铁人"又一次紧紧握住李鹤林的手，动情地嘱托道："李技术员，石油机械产品必须大幅度减轻重量，比如现在我们用的'三吊'还是外国货，一个个肥头大耳，钻井工人凭体力进行操作和搬动，30多岁就干不动了。希望你们怀着对钻井工人深厚的感情，赶紧造出我们自己的东西，把那些傻大笨粗的洋玩意儿赶下我们的钻台！"

返回的路上寒气依然逼人，但李鹤林的心里却烧起了一团火。"铁人"的话重重敲打在他的心上，这些话不是代表王进喜一个人的，而是成千上万名钻井工人的共同心愿，激励着他尽快回到宝鸡生产科研一线，推动和参加石油工业的钢铁革命。沉甸甸的责任，人生的重大挑战，该付诸行动和实践了。他决定了，中断编书尽快回宝鸡，一定要造出中国的新"三吊"。

抽调北京忙了快两年，没有回过远方的家。新婚的妻子分别太久了，儿子快过周岁了，还没有见过他这个爸爸。

李天相、赵宗仁理解李鹤林的心情和志向，同意他的请求，并亲自向工厂打了电话，支持他回厂搞"钢铁革命"，研制轻型"三吊"。

三、离京回厂造"三吊"

1966年3月底，李鹤林怀着急切的心情赶回宝鸡，成了石油工业部第一机械厂的一名技术员，在曾慎达任科长的设计科工作。工厂主要领导听了李鹤林的汇报，对落实"钢铁革命"和"王铁人"迫切希望研制轻型"三吊"的建议高度重视。李鹤林感觉找到了人生事业的准确方向，急待策马扬鞭了。

石油工业部第一机械厂设计科综合组合影（1966 年）
前排左起：蔡聿霞、李鹤林、苏文选、张中江、李宝珍；
后排左二起：宋桂芬、张志义、张维浩、王素娥

　　前行之路漫长而曲折，有过上百次的失败和挫折，甚至可以说经历了惊涛骇浪，大起大落，"王铁人"嘱托的轻型"三吊"研制，先后历经 17 个年头，终于取得重大成果。其中吊环共有四代产品，实现了"王铁人"和广大钻井工人的心愿。

　　第一批吊环是专为王进喜所在的 1205 钻井队研制的 50 吨轻型吊环。

　　减轻吊环、吊卡重量，关键在于材料，在于材料的强度水平。这时，李鹤林几乎是本能地首先想起了他在西安交通大学求学时的恩师周惠久和王笑天。

　　在机械制造行业，国内外一直大量沿用中碳钢淬火高温回火。这种所谓"调质钢"固然有较好的塑性韧性，但使用强度水平较低，屈服强度一般不超过 800 兆帕。20 世纪 50 年代开始，人们在中碳调质钢的基础上，略调整合金元素，变高温回火为低温回火，屈服强度达到 1500 兆帕以上，称为低合金超高强度钢。此种钢的问世，对大幅度减轻某些机械产品的重量和延长使用寿命起了一定的作用。但这类钢大都以镍、铬为主要合金元素，而且冶金质量、成形加工处理要求比较严格，当时仅在航空、国防产品中使用。对于一般机械制造，由于经济、技术等因素，大量推广使用超高强度钢既不现实也无必要。为了发挥一般中碳结构钢（包括碳钢和合金钢）的强

度潜力，根据周惠久、黄明志老师的研究结果，可以针对不同服役条件，采取适当降低回火温度的热处理工艺（中温回火），以提高使用强度水平，像 1200 兆帕屈服强度水平是不难达到的，而且在实际生产中也得到运用，效果良好。

但对于另一些使用条件，如需要在零摄氏度以下低温长时期运转的机件，形状复杂、应力状态较"硬"、应力集中系数较高（如带有螺纹缺口）的零件，以及承受巨大冲击载荷、产生塑性变形积累的零件，中碳结构钢中温回火虽然强度较高，而塑性韧性的配合则显得不足，断裂韧性较低，特别是对较大截面和需要焊接的零件，难以保证安全与寿命。

在这种使用条件下，要减轻重量、延长使用寿命，就要求有较高的塑性、韧性相配合的高强度材料。含有适当合金元素的中碳结构钢可以采用等温淬火工艺，获得下贝氏体组织，从而得到较高强度与较大塑性韧性的配合。但因截面的限制和工艺复杂，在实际生产中应用困难较多。

自 1958 年起，李鹤林的老师周惠久、王笑天开展了低碳马氏体强化及其综合力学性能的研究，突破了对低碳钢选材用材的传统观念，发现低碳钢淬火后得到具有优越性能的板条马氏体，抗拉强度可达 1500 兆帕，屈服强度 1200 兆帕，夏比冲击功 100 焦耳以上，为发挥常用的低碳钢的强度潜力开辟了新途径，从而得到了广泛应用，其课题研究达到国际领先水平，于 1987 年获国家科学技术进步奖一等奖。1988 年在美国召开的第六届国际热处理会上，周惠久被特邀在开幕式上作了主旨报告。

"低碳马氏体强化理论和应用研究"取得成果之时，李鹤林正是金相专业的学生，师从周惠久，对此成果李鹤林自然印象深刻。现在，他的思路正是被老师的研究成果所打开。

工厂原先生产的 50 吨吊环，是仿苏的双臂吊环，采用 35CrMo（35 铬钼）调质，屈服强度 800 兆帕。李鹤林的方案是：参照美国

BJ 公司单臂吊环的结构、形状，采用屈服强度 1200 兆帕的低碳马氏体钢，相应缩小吊环相关尺寸，以期大幅度减轻吊环的自重。

厂里有个规模很大的齿轮车间，大量使用低碳合金渗碳钢。李鹤林走进工厂的钢材库，找到了不含铬镍的 20SiMnVB（20 硅锰钒硼）圆钢。通过锻造（环部为模锻，杆部为自由锻）和淬火、低温回火，负荷 50 吨的第一代轻型吊环很快研制出来了。

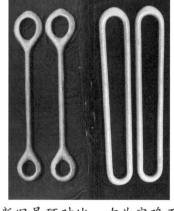

新旧吊环对比。右为宝鸡石油机械厂原先生产的仿苏双臂式吊环，左为李鹤林团队研制的新型单臂吊环

测试的结果完全合乎希望和想象，吊环实物心部抗拉强度 1500 兆帕，屈服强度 1250 兆帕，冲击韧性 100 焦耳；吊环单根重量只有 16 千克，而美式吊环有 27 千克，苏式吊环有 52 千克。

数千里之外的大庆油田，王进喜和著名的 1205 钻井队收到了李鹤林他们寄来的两副 50 吨轻型吊环。"铁人"笑了。原来同样型号的吊环，要两个人抬，现在新的吊环很轻巧，40 多岁的王进喜，一手就拎起来了。

第一代吊环试制虽说技术上顺利，但也曾经历过风雨和波折，李鹤林遭受到了参加工作后的第一次强烈的政治冲击。试制吊环的同时，"四清"运动在工厂里已经层层展开，天天学习、开会，干部人人自危，《石油工业钢铁革命规划》已经很难全力实施。

厂里最早从事材料研究的只有李鹤林一人。此时的他又想到了母校，再次回到西安交通大学寻求支持。西安交通大学很快决定，由沈铁平老师每年挑选几名应届毕业生，到宝鸡进行毕业实习，李鹤林则负责安排课题并指导学生们完成毕业论文。

1966 年上半年进厂实习的首批几名交通大学学生，刚开始时工作热情很高。然而好景不长，风云骤变。"文化大革命"的急风暴雨吹遍了全国几乎所有的角落。这几名应届生难免受其影响，扔下手头的实验项目，毕业论文也不写了，直奔与工厂一墙之隔的火车站，欲登火车返校"串联"，被正在值班的一名党委副书记带人拦截劝回。听说这几名学生是李鹤林从西安交通大学带来的，加上他进厂不久，很多人对他并不熟悉，有的领导便产生了误会，认为他支持学生"串联"。曾慎达闻听此言，便立即在党委召开的紧急会议上反复解释此事，为李鹤林打了包票。

但在当时那种狂热的气氛之中，那几名毕业实习生又岂能听从劝阻，他们还是走了。没想到几天之后，几名学生又回到厂里，先是写了一张大字报，贴在了李鹤林办公室所在的楼梯口墙上，然后拿起东西离开工厂，兴冲冲地"大串联"去了，从此再也没有回来。再看那张大字报，大大的标题赫然写着：李鹤林——只专不红的典型。

李鹤林在"自述"中写道：

> 这张大字报的篇幅并不算大，与一些老知识分子遭受的大字报围攻相比，是微不足道的，但我步入社会不久，这件事仍然使我受到很大刺激。
>
> 我性格比较内向，一向埋头工作，老老实实做人，从不掉转头听别人议论什么。这种性格不仅仅保护了我在这场运动中未遭受更大的灾难，而且避开了许多人为的矛盾，为实施钢铁革命规划赢得了宝贵时间。"躲进小楼成一统，管他春夏与秋冬"……

大字报给李鹤林带来的心理阴影犹在，但试制吊环的步伐没有停止。1966年年底，第二代轻型吊环的研制工作开始启动。

第一代吊环仅限于像"王铁人"所在的1205钻井队打探井、浅井所用。而新疆、四川等油田打中深井的钻机，需要匹配负荷150吨、250吨的大吨位轻型吊环。

一个新的课题摆在李鹤林和小组成员面前。相比第一代小吨位吊环，第二代大吨位吊环的试制难度很大，甚至发生了几次危险。

用 20SiMnVB（20 硅锰钒硼）钢制造的小吨位吊环，因其截面尺寸较小，材料的淬透性可以满足生产要求。而对于截面更大，负荷要达到 150 吨、250 吨、350 吨的吊环，20SiMnVB 这样的钢淬透性严重不足。

李鹤林多方查询，获悉北京钢铁研究总院开发了一种新钢种，可以满足大吨位吊环的技术要求。在北京，他找到钢铁研究总院商谈合作，接待他的蒋文理强烈推荐采用他们新研制的低合金超高强度钢。李鹤林仔细询问了钢的性能指标，表示担忧强度如此高，塑性韧性如何保证？蒋文理的回答十分肯定，因为军工产品已经在用了。

北京钢铁研究总院的钢锭很快发到了宝鸡，是不含铬、镍的低合金超高强度钢 45SiMn2MoVA（45 硅锰 2 钼钒高）。制成 150 吨吊环后，取样测定，屈服强度达到 1500 兆帕。人们大喜过望，制成的 150 吨吊环进入负荷试验场地。

这一天，老西厂区的铆焊车间，吊环装上了拉力试验机，李鹤林几人盯在旁边，急切地期盼试验成功。与此同时，厂外马路对面的宝鸡市体育场，高高围起的灯光球场，黑压压地坐满了几千名职工。工厂正在这里召开大会，其重头戏就是大吨位轻型吊环试验成功的报捷。

车间里，人们的目光齐刷刷地聚焦在拉力机上，急切，希望，又夹杂着忐忑。灯光球场上，大红纸喜报已经用毛笔工工整整写好了，锣鼓家什放在了旁边。万事俱备，只待喜信传来。

150 吨吊环的单根额定负荷是 75 吨，试验负荷是 112.5 吨。随着压力的加大，拉力机的指针徐徐向前移动：50 吨、60 吨、70 吨……当指到 72 吨时，"嘣"的一声，吊环断了，一节钢棒像出膛的子弹，贴着李鹤林的头皮呼啸而过。真险啊！哪怕再偏一分一毫，恐怕李鹤林自己都不知道他如今在哪儿了。每每想起这件事来，他总庆幸自己捡回了一条命。

那边的会场里，人们还在兴奋地期待着报喜的锣鼓声敲响，主席台上接到的却是试验失败的消息，当时的尴尬场面可想而知。一时间全厂上下议论纷纷，试验小组深感沮丧。头一次遇到如此的失败，对李鹤林的打击是沉重的。

党委书记纪祥仁，一位中华人民共和国成立初期的老大学生，后曾留学苏联，调到厂里刚刚一年。他是搞技术出身的，自然理解试验的艰辛过程。当天晚上9点多，纪祥仁书记摸黑来到厂检验科的那间小房子，找到了还在闷坐的李鹤林，两人谈了近一个小时。

纪祥仁书记鼓励他说："干任何科研，很难做到一次成功，可能有许多失败。你应当信任党，相信群众，大家都会支持你的。我就是支持你的！"党委书记说的话让他很暖心。他也知道，在当时政治风暴的席卷之下，纪祥仁书记肩上的压力肯定不小。

党委坚定支持李鹤林他们把"三吊"试制工作搞下去。

工厂地处城市，远离油田，参加"三吊"试制的人员绝大多数未到过油田井队，对"王铁人"所说的情况没有亲身体验过，对油田艰苦的作业条件听过但没有见过。为使大伙身感同受，激发紧迫感和责任心，党委听从建议，专门从千里外的油田调运来了几副苏式吊环、吊卡，召开现场动员会。

纪祥仁书记指着实物说："这就是'铁人'要我们改革的东西，今天先请同志们抬一抬，体验体验钻井工人的劳动强度。"大家伙儿轮番上阵，试了之后有人感慨地说："咱们使上浑身的劲都抬不动，钻井工人们几分钟就要抬一次啊！"要知道，那副苏式250吨吊环，自重380千克，难怪现场的人抬不动，另一个负荷150吨吊卡，也有126千克重。

此时，又有东风吹来。远在大庆并已担任领导职务的王进喜，为首先试制成功的小吊环，向工厂和李鹤林亲笔写来了一封热情洋溢的祝贺与感谢信。感谢信被抄录在一张大红纸上，全厂几千名工人络绎不绝地纷纷前来观看，很多人都禁不住念出了声。

工人们受到了很大的鼓舞，李鹤林也逐字逐句地读着信，如释重负。向"铁人"和钻井工人们的承诺，终于成功地交出去了第一份答卷，李鹤林心中积压的阴霾一时消去了大半，他又多了几分自信和坚定。

油田钻井工人急待的第二代大吨位吊环何时可成？望着一堆拉断的试棒，李鹤林陷入沉思：必须另辟新径，寻找出路……

经反复测定，45SiMn2MoVA（45硅锰2钼钒高）的屈服强度为1500兆帕，但吊环试压时72吨就断裂了，断口处的应力水平低于材料的屈服强度，这是典型的低应力脆断。李鹤林和从北京赶来的蒋文理都认为钢的碳含量过高，大家商量决定由北京钢铁研究总院再炼一炉40SiMn2MoVA。

蒋文理回京快一个月了，工厂还没有收到新钢锭，李鹤林不断发电报催促。1968年1月18日，蒋文理终于回信了，他无奈地告诉李鹤林："……我们院目前科研工作基本上瘫痪了，准备给你们厂的40SiMn2MoVA至今也未炼出来……如果这一局面继续下去，很难说什么时候能炼钢。"

但是，李鹤林绝不是轻言放弃的人，只要还有一丝希望，就会坚持到底。他专程去了一趟北京，一个一个地去说服有关人员。终于，春节期间，工厂收到了40SiMn2MoVA钢锭。夜以继日的锻造、热处理、负荷试验，结果仍然是低应力脆断。此时，与北京钢铁研究总院的大吨位轻型吊环用钢的科研合作彻底中断了。

李鹤林决定自力更生，曾慎达批准了他的方案：在已进行的含碳0.45%、0.40%SiMnMoV钢的基础上，先在小炉子里系统试验碳对综合力学性能的影响，包括进一步把碳含量降低到0.35%、0.30%、0.25%、0.20%，得出初步结果后在本厂3吨电弧炉进行工业化试验，再找一家炉外精炼或电渣重熔比较完善的钢厂试制、定型。

热处理车间有台高频炉，原本只是用于一些工件的表面淬火处理，李鹤林知道高频炉可用来炼钢，如获至宝。他们日夜守在这台高频炉前，配料，投料，出炉，浇注，化验，记录。

开始尚还顺利。有一次炼钢时，高频炉突然被击穿，1600 多摄氏度的钢水像猛兽一样扑来，一场后果难料的重大事故瞬时就要发生。李鹤林什么都来不及想，立即和几位老师傅冲上前去投入灭火的战斗。衣服烤糊了，他顿时感到浑身火辣辣地疼，低头一看，两腿已是伤痕累累。他咬紧牙关，没有退缩，和工人们一起排除了险情。

这次事故后，曾慎达安排他们在精密铸造车间的中频炼钢炉继续试验，这里有健全的安全操作制度和熟练的炼钢工人，试验任务进展得很迅速也很顺利。后续试验的电弧炉炼钢、铸锭、锻造、热处理，也都是在东厂相应车间规范进行。只是吊环拉力负荷试验，还得去三四里外的西厂大坡上去做。

于是，人们常常看见李鹤林当起了拉架子车的搬运工，东西两厂来回跑。一次，在路上李鹤林碰巧与纪祥仁书记打了个照面，书记很诧异，就问明了情况。分手后，纪祥仁书记进了厂，径直找到当时调度室的负责人说道：咱们搬运工多的是，缺的是李鹤林那样的技术人员，以后要派人帮着拉架子车，再不能让技术人员当搬运工了！不过虽然增派了人手，但往往还是李鹤林抢先拉起架子车。

试验持续不断地进行着，大量数据表明，当碳含量降至 0.25% 及更低时，可以得到良好的综合力学性能。

1968 年初秋，李鹤林拿着试验结果去了大冶钢厂。技术员余柏海毕业于北京钢铁学院，对远道而来的李鹤林十分热情。两人把大量试验数据进行了分析，进一步优化了化学成分，采用 5 吨电弧炉冶炼并进行电渣重熔，对 20SiMn2MoVA（20 硅锰 2 钼钒高）和 25SiMn2MoVA（25 硅锰 2 钼钒高）两个钢种进行工业性试验。试验结果表明，上述两个钢种都完全满足吊环用钢的技术要求，李鹤林的自主研发取得了成功。这两种钢从 1969 年起被正式用于生产 75 吨、150 吨、250 吨吊环。

经过材料和热处理工艺的变革，多种型号的吊环，同苏联同类老式吊环相比，重量减轻了一半还多，比美国的吊环也轻一些。例如，负荷 150 吨的吊环，每副自重只有 98 千克，而苏式吊环为 296 千克，美式吊环为 108 千克。

1969 年春，李鹤林亲自把首批 150 吨轻型吊环送到四川遂宁的川中油矿。钻井平台上挤满了人，那些看惯了老式笨重吊环的钻井工人，一见这小巧玩意儿，个个爱不释手。红绸扎制的大红花披戴在吊环上，空旷的井场响起了庆祝的锣鼓声。平日粗犷豪爽的石油工人，用他们最喜爱的方式表达心中的喜悦。送去的十几副吊环，被几个钻井队一抢而空。

至此，第二代轻型吊环完全获得肯定，可以正式批量投产了。

宝鸡石油机械厂即将出厂的吊环

生性沉默寡言的李鹤林无比激动，心里泛起阵阵暖流。但他什么也没有说，"行百里者半九十"，后面的道路更漫长更艰巨。

吊环用钢，实际上又回到低碳马氏体的技术路线，这是国内外首次研制的大截面低碳马氏体钢。自 1971 年起，李鹤林主持对 20SiMn2MoVA 钢的成分、组织和性能进行了系统的试验研究，完成了 20SiMn2MoVA 钢的技术总结报告《高强度高韧性结构钢 20SiMn2MoVA》。其内容包括：引言；钢的成分和组织；钢的冶金生产；钢的基本性能（临界点、等温转变曲线、淬透性、不同热处理状态的基本力学性能、疲劳强度、多次冲击抗力、断裂韧性）；工艺性能（锻造、焊接、热处理、切削加工）；钢的特点；钢的实际应用；结语。

其中"钢的特点"一节包括了与中碳合金结构钢淬火中温回火（PCrNi3Mo）、中碳合金结构钢等温淬火（30CrMnSi）、中碳合金结构钢调质（35CrMo）及低合金超高强度钢（40CrNiMo）进行的对比试验和分析。

试验室试验和生产实践证明，20SiMn2MoVA 钢有较高的淬透性，可以使大截面零部件淬火后得到低碳马氏体，从而获得良好的综合力学性能。与国内外迄今大量使用的中碳合金调质钢相比，20SiMn2MoVA 的断裂韧性和常规塑性、韧性指标与之相当，在静载和动载下的缺口敏感度、过载敏感性也不相上下，而强度则高 50% 左右，冷脆倾向也显著低。与低温回火的中碳超高强度钢相比，20SiMn2MoVA 的强度指标较低，但断裂韧性和常规塑韧性指标都高得多，静载与动载缺口敏感度和过载敏感性也显著低。至于和 20SiMn2MoVA 等强度的中碳合金结构钢淬火中温回火，其常规塑性指标（δ_5、δ_{10}、ψ_B、ψ_K）并不算低，但断裂韧性、冲击值低得多，静载与动载缺口敏感度和过载敏感性则比较高。中碳合金结构钢贝氏体等温淬火，虽然也能得到较好的综合力学性能，但与低碳马氏体状态的 20SiMn2MoVA 相比则有逊色。由此可见，20SiMn2MoVA 不仅具有高强度与大塑性、韧性相结合的特点，而且在静载、动载下有低的缺口敏感度和过载敏感性、低的冷脆倾向、较高的断裂韧性。

该报告于 1974 年完成，计 5 万字，包括图 24 幅，已收录于 2016 年 11 月出版的《李鹤林文集（上）》中。报告的大部分内容是李鹤林执笔撰写的。参与试验与撰稿的人员还有宝鸡石油机械厂的张桂林、李健鹏、谢学坤、石康才，西安交通大学的金达曾、邓增杰、陈黄浦，大冶钢厂的余柏海。

后来，李鹤林、张毅又撰写了《大截面低碳马氏体钢及合金化、热处理对其强韧性的影响》，在中国机械工程学会材料学会第一届年会上宣读，也收录于《李鹤林文集（上）》中。

1969 年年底，在北京召开的石油工业工作会议上，王进喜听到宝鸡石油机械厂汇报大吨位轻型吊环已经试制成功，站起来大声幽默地说："我过去和许多戴眼镜的同志说过，请他们做出像眼镜[①]一样的吊环，多少年没见做出来，现在你们不声不响地试验成功了，太好了！"

1970 年 11 月 15 日，"铁人"王进喜积劳成疾，在北京病逝，年仅 47 岁，践行了他"宁肯少活二十年，拼命也要拿下大油田"的铮铮誓言。听到"铁人"中年病逝，李鹤林感到心痛不已，北京一别，才过了短短的几年，这位人生难得的知己就失去了。不久，他从赴大庆的同事那里得知，王进喜收到寄去的吊环后，在 1205 钻井队现场还感慨地说过一句话："如果'三吊一卡'都能像吊环一样，改得轻巧，那我们 50 岁的人还能在井队干了！"从玉门开会回来的同事，也传递着同样的话。

1923 年出生的"铁人"王进喜是甘肃玉门人，15 岁到玉门油矿做苦工，1950 年春通过考试成为中华人民共和国第一代钻井工人。这次病重时他回了一次老玉门，离开时，听说宝鸡石油机械厂有人来，还十分关心吊卡和吊钳的试制工作。他说："我等待着你们的好消息，全国钻井工人等待着你们的好消息！"

---

① 比喻单臂吊环的形状。

"铁人"临终又一次的嘱托,既悲壮又激励。熟读古诗的李鹤林,心头闪过两句千古传颂的诗:风萧萧兮易水寒,壮士一去兮不复还;出师未捷身先死,长使英雄泪满襟。他再次暗下决心,一定要把"铁人"叮嘱之事干好,干到底!

宝鸡石油机械厂、李鹤林和他所在的攻关小组研制"三吊"的事迹,为陕西工业战线吹来了一股清新的风。而这股清新之风,也被一些踏实认真的新闻工作者敏锐地捕捉到了,报道真实和生动地反映了"三吊"试制过程中李鹤林等人艰辛的付出。

1972年,陕西人民出版社主办的《延安画刊》,以"学铁人精神,创铁人业绩"为题,创作了16幅连环画,反映叙述这一事迹。1974年11月13日,《陕西日报》第二版以半版的篇幅发表长篇通讯《自力更生的战歌——记宝鸡石油机械厂职工试制成功新型轻便石油钻井工具的事迹》。通讯由新华社记者采写,其中的《在斗争中培养锻炼职工队伍》一节,描写了"三结合小组"的三个典型人物:负责技术的党委副书记曾慎达、老工人高志清,而技术人员的代表就是李鹤林。文章是这样写的:

> 青年技术员李鹤林参加了试制新的"三吊"工作,他把整个试制过程当作改造自己世界观的过程,多次同工人师傅一起,冒着酷暑严寒,跋山涉水,深入油田调查研究,接受工人阶级再教育。有一次,他在井场上,正巧碰上一场大雷雨,他看到钻井工人们在雷雨中奋不顾身地坚持生产的场面,十分感动,赶忙登上钻台参加劳动。虽然他用尽了全身力气想抬起吊卡,但沉重的吊卡却一动不动。这时,一位老钻工关切地对他说:抬不动不要紧,你们能下来就好,一个人多接触接触实际,脑子就实在了。老工人的话使李鹤林受到很深刻的教育,他决心坚定不移地走毛主席指引的同工农相结合的道路,在实践中努力学习,和工人们一起探索、研究,攻克了许多技术难关,连续几年被评为厂里的先进工作者。工人们高兴地说:我们工人就喜欢这样的知识分子!

四、十年磨一剑

时间进入 20 世纪 70 年代，第二代吊环已大量在油田一线使用。李鹤林带领试验小组，对第二代吊环在井队的使用进行了长时间的跟踪。在实际使用中，第二代吊环的质量还不是十分稳定，断裂的情况也有所发生。这令李鹤林心有不安，也心有不甘，第三代吊环的研发试制随即展开。他在 1975 年调研形成的《关于吊环断裂问题》[①] 中写道：

最近几年，吊环在现场使用过程中接连发生断裂事故。为查清断裂原因，进一步提高产品质量，工厂先后 6 次派出调查组，分别到大庆、大港、胜利、辽河等油田及江西省 915 地质大队、江苏省第五普查大队进行了调查，共召开座谈会 23 次，走访井队 13 个，查明了断裂原因，提出了改进意见。

1959 年到 1974 年，吊环断裂发生 42 起。其中采用低碳马氏体钢的轻型单臂吊环 8 起，老式双臂吊环 34 起。调研和对断口分析，确认吊环的断裂普遍是疲劳破坏。

尽管还会遇到断裂等问题，但井队对宝鸡石油机械厂单臂轻型吊环依然寄予了深情和希望。江西 915 地质大队 32216 井队的工人，指着断裂的轻型吊环说："虽然这副吊环断了，但我们还是迫切希望能用上这样的吊环。"江苏普 5001 井队队长介绍说："全队同志对这副吊环有很深的感情，吊环断后都很惋

---

① 收录于《李鹤林文集（上）》。

惜。"这些话不是客套，虽然直白却十分真切。已经甩掉了笨重的旧工具，他们当然期望自己手中的新吊环能够完美。

李鹤林通过调查分析得出了两大结论：研制的轻型单臂吊环的断裂失效率远低于旧型吊环；单臂吊环的环部是薄弱环节。作为轻型吊环的研制者，李鹤林等迅速提出了四条改进措施：设计上加强吊环的环部（特别是小环部），降低危险截面应力水平；选材要采用综合力学性能更加优良的 20SiMn2MoVA 钢制造单臂吊环；改进锻造工艺，提高锻造表面质量；加强原材料入厂和成品出厂检验。

同时，他还建议所有使用单位要对正在使用的吊环进行一次普查，一经发现裂纹，无论是肉眼可以观察到的，还是通过检测发现有微细裂纹的，都应按报废处理，不得"带病上岗"，以免发生重大事故。他还通过查阅国外资料，向用户推荐了一种简单有效的着色探伤法。这种严肃认真的科学态度赢得了普遍赞誉。

就在第三代吊环开始研制的 1971 年，李鹤林的恩师周惠久被下放到宝鸡石油机械厂劳动锻炼。当时周先生已年届六旬，被安排在生产车间，经常要干繁重的体力活。李鹤林想，如果能把周先生调到身边，一来可以改善先生的境遇，二来对科研工作会有极大的帮助。李鹤林三番五次找到厂"革命委员会"，拿"王铁人"的贺信、石油工业部的表扬，以及油田现场事故情况进行沟通，终于把周惠久调了过来。在试制小组中，周惠久名义上是干一些力学性能试验等比较轻的体力劳动，而实际上，他直接参与了第三代吊环等产品的科研工作。

与恩师并肩作战，李鹤林心里更有底了。他们在系统试验研究中，测定材料的 C 曲线，优化热处理工艺；进行吊环实验应力分析，改进吊环结构；实施喷丸强化，大幅度提高吊环使用寿命。

1978 年，李鹤林研究吊环已经到了第 12 个年头，第三代吊环趋于完美。

1978 年第 7 期《延安画刊》，创作了 8 幅图画和文字，用"集群智，敢破世上关"生动地概括了试制"三吊"过程中的艰辛与感动。

第三代吊环的主要研究成果，被写成两万字的论文《确保吊环安全，延长吊环寿命的实验研究》，发表在《陕西机械》1978年第3～4期上，后又收录于《李鹤林文集（上）》。文中称该项研究是由宝鸡石油机械厂与西安交通大学合作完成的。主要完成人除李鹤林外，还有西安交通大学老师金达曾、周惠久、贾凤和、邓增杰、陈黄浦等，以及工厂的同事李轰仁、李健鹏、张毅等。论文附有详尽的图表数据。在研究吊环服役条件和失效分析的基础上，运用断裂力学方法，从设计、材料和制造工艺等方面，对吊环的安全可靠性进行了系统的实验研究，同时对延长吊环疲劳寿命的强化途径进行了探索。

1978年3月，李鹤林光荣地出席了全国科学大会，李鹤林主持及参与的"轻型三吊"和另外3项成果均获全国科学大会成果奖。这不仅是李鹤林个人的莫大荣耀，亦是宝鸡石油机械厂这个具有40年历史老企业前所未有的重大荣誉。

然而世事难料，当李鹤林从北京载誉归来后没几天，一个电话打到厂里，电话的那一端是正在新疆油田视察的石油工业部副部长李天相。"出了这么大的事，你们是要负责任的！赶快查，限期查出原因，解决问题！"李天相的声音非常急促，也极为严厉。原来，李鹤林他们研制的大吨位轻型吊环在青海和新疆油田相继断裂，不仅造成了重大经济损失，而且还导致一名工人死亡。而事发当时，李天相就在出事的新疆油田。

"我感到脑子里'轰'的一声。人生如梦，我突然从一个高高的峰巅重重地跌入一个深深的谷底。"30多年后，70多岁的李鹤林仍然能够清晰地回忆起他当时的感受和心情。

工厂会议室里，20多名技术人员挤在一起，七嘴八舌，说什么的都有，但归结起来就一点，断裂导致人员伤亡就意味着研制失败，"轻型吊环"几乎被全盘否定。在会场，李鹤林突然发现，自己是如此的孤立，几乎所有的人都站到了他的对立面。唯有吊环设计者李轰仁大声说道：先别忙着下结论，是骡子是马拉出来遛遛再说！

李鹤林想说点什么，他觉得自己有权利争辩，事件本身也有争辩的余地与空间。他感激地望着李轰仁，嘴唇张了几下，尽管内心有无限波澜，但终于没发出声音。"我只要查明断裂原因，我要用最后的事实说话。"李鹤林强压着情感，把话说给了自己的内心。

被否定是件痛苦的事。后来，李鹤林说那段时间是他最难熬的一段日子。他几天几夜没合眼，本来就是寡言少语的人，现在就更加沉默了。"我觉得自己仿佛一个被打得鼻青脸肿的拳击手，被对手重重地击倒在地，头昏眼花，满耳都是观众的嘲笑。我感到自己简直不想爬起来了，已经没有气力爬起来了。"

但实际上，李鹤林并没有太多可做的事情。他只能在沉默中坚持和忍耐，等待来自事故现场的调查结论。

吊环断裂原因终于查明了，一处是用户违反操作规程，一处是工厂出厂漏检，原因均不在材质和设计上。压在心口的如山一般的大石头终于被搬开了，李鹤林从压抑中解脱了出来。他在回忆中庆幸地说："我从被否定中重新寻求到肯定。"

吊环断裂事故在工厂里引起的化学反应还在泛着余波，参加过讨论的一些人觉得没法儿面对李鹤林。倒是李鹤林什么都没往心里去，他理解参加会议人员当时的沉重心情。虽说大多数都未参加吊环的试制，但都是工厂技术方面的专家，厂里的产品出了那么大的事情，谁能不急！

在大家眼里出了名的"沉默者"和"老好人"的李鹤林，是个胸襟坦荡、大度的人。他跟谁都没计较，事情就这样过去了，他们仍然保持着良好的关系。对工厂而言，吸取教训，举一反三，坏事也可以变成好事。

五、金牌吊环

青海和新疆油田两次吊环断裂恶性事故的原因已彻底查清，李鹤林及第三代吊环也从被否定中重新获得了肯定。轻型吊环的研制持续了十几年，李鹤林已经尽力了。但李鹤林并未止步于此，有两件事他执意还要去做：一是，他要进行一次大范围的模拟吊环实际服役条件的全尺寸实物疲劳试验，拿我们研制的宝石牌轻型吊环与美国 BJ 公司吊环、仿苏吊环和其他材料所制吊环来比较一下疲劳寿命，并且展示吊环表面打磨和喷丸强化对其寿命的影响；二是，进一步研究杜绝吊环断裂的技术措施。

从 1978 年年底开始，李鹤林主持开展"吊环用钢的选择与评定"试验研究项目，历时 3 年多，先后对 6 个有代表性的钢种和处理状态进行了全面、细致的试验和评定，共计试验了 1200 多根试棒和 27 根吊环实物，取得了包括实物疲劳试验结果的大量数据。项目由他和张毅、罗宝怀承担，参加人员还有李健鹏、李爱萍、杨丽萍、徐瑛、王小春等。该项目的总结报告共 1.6 万余字，图 24 幅，由李鹤林、张毅、罗宝怀执笔，李鹤林修改定稿，收录于《李鹤林文集（上）》中。

这是一次持久的专业比赛，甚至在心里，李鹤林把它看作是一场吊环及其用钢的奥林匹克。

为取得更加科学的数据，李鹤林还把试验地点安排在机械工业部郑州机械研究所，因为那里有国内少有的大功率疲劳试验设备。把一切都安排妥当，李鹤林赶回了宝鸡，项目小组其他成员则留在郑州开始了紧张的测试。

时值一年中最热的 8 月，未装空调的、封闭的实验室像个大蒸笼，他们汗流浃背地闷在里面轮班加紧测试。整整一个月的试验，最后一周是由张毅和罗宝怀坚持做完的。为保证进度，他俩无论白天还是晚上都守在试验机旁，罗宝怀开始发高烧，张毅半边脸肿得变了形。

吊环实物疲劳试验

　　郑州试验圆满完成了，人也都病倒了。返回的那天，李鹤林组织同事和医护人员，带着担架直接进到宝鸡火车站站台，连搀带抬，把他们几个送进了职工医院的病房。此情此景，与当年李鹤林在兰州实习患浮肿被母校老师接回学校住院的情况，何其相似！

　　这次实验评定，参与人多，用时长，规模大，过程细，结果也鼓舞人心。

　　其一，6 种钢对比试验表明：工厂单臂吊环现用钢 20SiMn2MoVA，无论是力学性能、工艺性能试验，还是吊环实物疲劳试验，各项数据均优于其他钢种，性能指标排第一位，具有高强度与大塑性韧性相结合的特点，而且缺口敏感度低、过载敏感性小、断裂韧性高。模拟吊环服役条件的全尺寸实物试验，其疲劳寿命高出其他钢种吊环几倍至十几倍，相当于美国 BJ 公司 4140 钢吊环的 3 倍以上。

　　其二，表面质量对吊环寿命有极大影响。表面存在的脱碳、裂纹、折叠等，大大缩短了疲劳无裂纹寿命，吊环总寿命大幅度缩短。吊环系锻造毛坯状态使用，不经机械加工，表面缺陷和脱碳很难避免，这是导致吊环早期断裂的重要原因。

从第二代吊环开始，李鹤林一直主张对吊环进行通体打磨处理。吊环长而重，人工砂轮打磨劳动强度极大，火花粉尘四处飞溅，加上刺耳的噪声，使得生产环境极为恶劣，所以这项工艺措施一直没有实施。

郑州实验结束后不久，厂长曾慎达访美，他特意安排到全球最先进的吊环生产企业美国 BJ 公司考察，发现美国人对吊环逐件进行手工砂轮打磨。如此，曾慎达更加相信，李鹤林的主张是对的。回国后，他立即采用计件奖励和改善现场作业条件的办法，要求对每件吊环都用砂轮打磨，确保吊环质量。与此同时，他还从漏检抓起，把被一度搞乱搞散的规章制度，下大工夫重新恢复建立起来。坚持全厂开展岗位基本功大练兵活动，人人争当岗位技术能手，每季度搞一次岗位责任制大检查，全厂大会讲评，奖罚分明，管理很快步入正轨，更上了一层楼。1980 年被国家经济委员会授予"全国企业管理先进单位"。

1981 年 9 月，李鹤林和张毅在中国机械工程学会表面强化、残余应力与疲劳强度学术讨论会上作了题为"喷丸强化、残余应力对吊环疲劳寿命的影响——表面存在脱碳层的机件喷丸后疲劳性能的评定"的学术报告。

什么是喷丸处理？最简单的解释就是，使用高速丸粒轰击工件表面，并植入残余压应力，提升工件疲劳强度的冷加工工艺。吊环承受的最大拉应力位于表面，因此，表面是薄弱环节。在对早期吊环断裂认真分析的基础上，选择喷丸强化作为一项解决措施，进行了带有脱碳层试样的疲劳试验和吊环实物疲劳试验，证明吊环经喷丸强化后，可以大幅度延长使用寿命，达到一顶二乃至一顶几的效果。这种工艺值得大力推广使用。他们建议吊环的生产工艺流程为锻造—打磨吊环表面（整体打磨）—热处理—打磨吊环危险截面附近—预拉—喷丸强化—探伤—涂漆。

在李鹤林的论文中，人们总能读到对生产工艺和操作流程的具体建议。这正是所谓科研指导生产的典范。

同年 10 月，宝鸡石油机械厂与西安交通大学再次合作，完成了"断裂力学用于预测吊环剩余寿命的初步探讨"项目。工厂的主要成员为李鹤林、李轰仁、张毅，西安交通大学的主要成员为金达曾、邓增杰、贾凤和、陈黄浦等。该论文现收录于《李鹤林文集（上）》中。

李鹤林比较喜欢将研究论文题目写成"×××初步探讨"，这源自于他在生活中、在科研上谨慎的性格和态度，他觉得每一次的研究结论和成果，都不一定能下断言拍胸脯打包票，说这就是终点。科学无止境。随着技术的进步，一个在当下看来还十分先进的成果，有可能很快被更先进的成果所替代。石油机械产品，虽不会像电子产品那样，几年就更新换代一次，但其改进的进程是不会停止的。

该论文在中国机械工程学会失效分析技术讨论会上宣读。文章在吊环断裂调查、失效分析的基础上，讨论了把断裂力学的实验、分析和计算方法，用于预测吊环剩余寿命的问题，测定了吊环用钢的基本力学性能和断裂韧性、疲劳裂纹扩展速率。根据应力强度因子和能量释放率的关系，采用二维折算厚度有限元程序，计算吊环小环部危险断面的应力强度因子。采用实物疲劳试验，进行了吊环危险截面有限元应力强度因子和吊环剩余寿命的试验校核。最后用现场实际断裂的 150 吨吊环，对各项结果做进一步验证。结果表明，临界裂纹尺寸和剩余寿命的实测结果与计算结果吻合，能够满足工程实际应用的精度要求。

为了吊环的安全性和可靠性，李鹤林团队用有限元法计算了小环部危险断面的应力强度因子随裂纹长度变化数值，还计算了吊环出现一定裂纹后的剩余寿命。定量地回答了产生裂纹后，吊环是否能继续安全使用，以及还能使用多久的问题，从而杜绝吊环断裂。

经过十多年的努力，李鹤林等从失效分析出发，把结构强度与材料强度相结合，把强度与强化相结合，把变革材料与改进结构相结合，突破了国外用磨损量控制寿命的设计思想。第三代吊环与第二代吊环相比，结构、材料、强化工艺都有重大变革。第二代吊环的主要特点是自重轻，而第三代吊环除保持这一优点外，大幅度延长了使用寿命，主要技术指标全面超过国际同类产品的先进水平。

第四代吊环又在第三代吊环的基础上，增加了三项技术措施：①打磨吊环表面，除锻造后对吊环全部表面进行打磨外，热处理后、喷丸强化前，对吊环几个危险截面附近进行第二次打磨；②向用户提供采用断裂力学预测在用吊环剩余寿命的方法和基础数据；③严格规定吊环用钢的冶金质量要求。这些措施除进一步延长吊环使用寿命外，还能杜绝恶性事故的发生。

李鹤林单独或以第一作者撰写的关于吊环用钢及强化方面的代表性论文共有9篇，均收录于《李鹤林文集（上）》中。

各种轻型吊环自重只有仿苏吊环的1/3左右，寿命则比号称王牌的美国BJ公司同类产品延长50%，夺得了我国石油机械的第一块质量金牌，也是我国第一个（1982年3月1日）获得美国石油学会会标使用权的产品。

吊环两次获国家金质奖，同时是我国第一个
获美国石油学会会标使用权的产品

凝结着李鹤林和团队心血智慧、由相关高校和钢厂参与、用时17年的创新科技成果，国内外同类产品中的顶尖产品吊环，获得了广大钻井工人的喜爱和高度评价。在报奖时，依照1985年国家首次科技奖评选规定，像吊环这样在1978年全国科学大会已经获奖的项目，不能再次报奖。鉴于第三代、第四代吊环的大量新的创新成果，国家奖励办同意破例再次申报，但只能按推广项目对待，而推广项目需要巨大的经济效益支持，吊环这样的小批量、小型产品，按推广项目报获高等级奖项是很难的。最终仅获三等奖，十分遗憾。

六、美哉"三吊"

在此期间，"三吊"中的另外两种——吊卡和吊钳，也先后完成了试制，投入批量生产。

吊卡与吊环一样，承受的是一种变动应力幅的低频随机疲劳负荷。起下钻时，特别是在处理事故过程中，由于猛提猛刹，承受着较大的冲击负荷，往往引起吊卡瞬时超载。同时，北方油田冬季零下几十摄氏度的气温，材料的冷脆倾向也应考虑。

通常吊卡有变形、疲劳断裂、磨损三种失效方式，总体上都表现为材料强度不够。减轻其重量和防止过早失效，不但要提高材料强度，还必须保证材料有较好的塑性韧性、较低的缺口敏感度、过载敏感性和冷脆倾向。据此，李鹤林进行了多种吊卡的选材试验，选定20SiMn2MoVA作为吊卡用钢。该钢淬火、低温回火后，得到低碳马氏体（板条马氏体）组织，具有高强度、大塑性韧性相结合的综合力学性能，适应吊卡的服役条件。此外，吊卡的结构亦做了大的改进，用实验应力测试方法，测出吊卡零件的应力分布，再用电解加工除去低应力部位的金属，使吊卡接近等应力分布。轻型吊卡的研制由宝鸡石油机械厂与西安交通大学合作进行。宝鸡石油机械厂的主要完成人员为李鹤林、李轰仁、张桂林、李一澄、华为棠、石康才等，西安交通大学的主要完成人员为周惠久、金达曾、杨鸿森、邓增杰、苏启生等。

试制出的两种吊卡，重量比国外同类吊卡轻得多。载荷150吨外平钻杆吊卡，苏式自重126千克，美式自重97.3千克，工厂当时研制的轻型吊卡自重只有60千克；250吨外平钻杆吊卡，苏式自重187千克，工厂当时研制的轻型吊卡自重只有83千克。

"三吊"的另一种产品吊钳，于1973年开始批量投产。在李鹤林1963年帮助上海东风机器厂改进的B型吊钳基础上，钳头、钳柄采用了新研制的ZG18CrMnSiMoVA（铸钢18铬锰硅钼钒高）高强度、高韧性铸钢。其负荷能力比油田大量使用的B型吊钳提高1倍，

李鹤林（右）、张桂林在测试吊卡应力分布

额定工作负荷10吨，试验负荷达到15吨，自重比同类的美式吊钳减轻了100千克。负荷仅有5吨的仿美B型吊钳，自重却比新研制的10吨级D-Q吊钳还要多出75千克。

吊钳的易损件——牙板的改进，也颇费了一番精力。牙板是吊钳的组成部分，是石油矿场机械较易损坏的零件之一。据调查，国产B型吊钳的平均使用寿命约为半年左右，而牙板寿命只有吊钳整体寿命的1/10，每生产一副吊钳，至少需要另附80块牙板作为备件。不仅制造厂家消耗很多原材料和人力、设备，而且钻井工人也迫切要求延长牙板的使用寿命，以减少更换之烦。

李鹤林首先进行了牙板的失效分析，精心拟订了试验方案及试样准备。第一阶段是力学性能试验，第二阶段是牙板实物试验。得出的结论是：在拧紧或松开钻杆、套管及其接头的螺纹时，牙板齿

部嵌入接头外表面，承受很大的弯曲、多向不等压应力及磨损。过去的国产吊钳牙板，采用20CrMo（20

吊卡（左为新型吊卡）　　　　　　　　B型吊钳

铬钼）渗碳淬火处理。据调查，这种牙板的主要失效模式是：牙板齿部脆断，占损坏总数的90%左右；牙板齿部磨损，占损坏总数的10%左右。若把牙板的失效模式和受力情况联系起来，则牙板齿部的抗弯抗压强度和表面硬度，是牙板的主要失效抗力指标。

大吨位轻型吊环、吊卡在宝鸡石油机械厂
进行工业性试验。右二为李鹤林

　　通过对苏式牙板和美式牙板的分析，李鹤林认为，牙板对塑性、韧性要求不高，不必采用工艺复杂的渗碳处理。他们选择滚动轴承钢 GCr15（滚铬 15）进行试验，以正火和球化退火为预先热处理，并在淬火后经 230～260℃回火，其硬度与 20CrMo 渗碳牙板相当，而抗弯强度提高 50% 以上，现场试用，新牙板比旧牙板寿命提高 3 倍以上。这项成果发表于《石油钻采机械情报》1976 年第 1 期上，题目是"提高吊钳牙板使用寿命的试验"。

　　如此经年努力，致力研究改进一类产品，使之趋于完善完美，这是一种值得推崇的科学态度。在实践的过程中总结、提高，把实践归纳上升为理论，以理论再次指导实践，李鹤林对此尤为重视。李鹤林感慨万分地回忆说："没想到当年王进喜的一席话，竟使我们干了整整 17 年的'三吊'！"

第六章

惊世之举

一、全面实施"钢铁革命"规划

时间再拉回到 20 世纪 60 年代，李鹤林拟订的《石油机械钢铁革命规划》涉及他所在石油工业部第一机械厂 60% 以上的产品，研制轻型"三吊"是其中的重要目标，但远不是规划的全部内容。

机械产品的主要质量指标是效能、寿命、重量／容量比等。其中，效能当属首要的，但在保证效能以后，接着就要提出寿命、重量等质量问题。当时，我国石油钻采机械产品普遍粗大笨重、寿命不长，部分产品效能较差。

在减轻石油机械重量方面，李鹤林首选重点是吊环、吊卡，同时大幅度减轻整台钻机的重量；在延长使用寿命方面，重点是射孔器、公母锥、泥浆泵配件、钻机刹车鼓等，使其寿命提高一倍以上；在改善效能方面，重点解决电测绞车相关零部件的磁化干扰问题，以及井口装置和防喷器抗硫化氢腐蚀等。林林总总，方案涵盖了工厂当时生产的大部分产品。很难想象，刚刚从研究所转入工厂的李鹤林，对工厂的产品品种及存在的问题竟是如此熟悉，规划目标远大而又十分具体。

1968 年，在研制第二代轻型吊环的同时，开始启动其他项目。

此时，工厂"革命委员会"设立了与生产组并列的检验组（后改为检验科）。与李鹤林同时从钻采机械研究所调入工厂设计科的李功义任检验组副组长（副科长）。研制轻型吊环时成立的"三结合"小组的技术人员调入检验组，成为下属的金属材料试验研究组，李鹤林任组长。后又陆续调入冯振强、张桂林、李健鹏、梁梅生、谢学坤、郭萍、蔡定之、孟卫红等。后来从工人中破格提拔张毅、冯祖德等为技术员。

1977年11月22日，工厂在检验科金属材料试验研究组的基础上组建了工厂直属的研究室。1978年4月，工厂的研究所成立，先期建立的研究室并入研究所，成为研究所的材料研究室，李鹤林任主任。其中，材料研究室一度改称冶金研究所。1981年2月，材料研究室从研究所划出，成为独立的中心试验室，李鹤林任主任。本章所述李鹤林在"钢铁革命"中的一系列成果大都是从检验科金属材料试验研究组建立到中心试验室成立的13年中完成的。

材料与能源、信息并列为现代文明的三大支柱。新材料是新技术革命的基础和先导。当今世界各主要工业国，都把材料科学技术列为21世纪优先发展的领域之一。李鹤林对材料的重要作用和意义认识深刻，其研究之决心也极为迫切。他认为，石油钻采机械的质量、性能、安全可靠性和使用寿命，在很大程度上取决于材料，主要是钢铁材料，它是石油工业的基础。

1966年发起的这场"钢铁革命"，以冶金系统为主，各行各业都在研发不用或少用铬镍的新钢种。但当时的合金元素使用政策有些绝对化，把节约镍、铬与满足零件的服役性能对立了起来。一些单位主要立足于"瓜菜代"，而代用钢的综合力学性能仅仅是接近原钢种，缺乏生命力。因此，20世纪六七十年代研发的众多无铬、镍钢种，大多中途夭折。有的技术人员因产品质量事故受到处分，甚至被抓或被关。

李鹤林没有走这条路。他的基本思路是，从服役条件出发，研究确定产品的失效抗力指标（服役性能），有针对性地变革材料和工艺，把节约镍、铬与提升产品质量和延长产品寿命结合起来，把研究开发新钢种和发挥现有钢铁材料的潜力结合起来。

宝鸡石油机械厂电炉炼钢车间

李鹤林认为，每一种特定机器的特定零件，均具有特定的外在服役条件（负荷种类、应力状态、工作温度、加载速度、接触介质等）。就负荷种类而言，有的零件承受静负荷，有的是交变负荷（疲劳），还有急加负荷（冲击）、局部压入负荷（接触应力）、接触滑动负荷（摩擦咬蚀）等。假若都是疲劳负荷，还有应力变化幅度的不同，以及应力变化频率、工作应力高低、有效寿命内应力变化周次等的不同。就加载速度而言，有缓慢加载、瞬时加载、长时加载的区别。

就零件危险点的应力状态来讲，有的零件是单纯的拉、压、弯、扭、剪切，有的则是复合的；有的表现为硬性（极端情况如三向等拉伸），有的则表现为软性（极端情况如三向压缩）。此外，零件的工作温度（常温、高温、超高温、低温、超低温）和接触介质（空气、原油、海水……）也都有很大差异。

这些外在服役条件都对零件起着不同程度、不同方式的损害作用。而这些损害可单独进行，也可联合起来作用，后者所造成的损伤程度比前者更为严重。

例如，石油机械中常见的几种情况：腐蚀疲劳（抽油杆、钻杆）——脆性断裂；高温瞬时冲击（射孔器）——过量塑性变形至开裂；热疲劳、磨损（钻机刹车鼓）——龟裂、磨损；应力腐蚀（含硫油气田井口装置）——脆性断裂；磨损、冲刷、疲劳（泥浆泵活塞杆）——磨损、脆断；接触疲劳、多次冲击、磨损（钻井钻头）——脆性断裂、磨损。

另外，制造零部件的各种材料的内在性能也各不相同。标准的和非标准的材料及新研发的材料至少在千种以上，其性能彼此不同。即使是同一钢号，采用不同的强化工艺，也能通过改变材料的组织、结构及内应力的种类、方向、大小等提高性能。

总之，不同零件的外在服役条件是不同的，而制造零件的不同材料和不同热处理状态的内在因素（化学成分、组织状态、冶金质量、残余应力等）也是不同的。因此，在相同的使用条件下，不同材料和热处理状态的失效方式可能不同；同一材料和热处理状态，在不同的使用条件下，也表现为不同的失效模式。

这就需要把不同零件所要求的不同性能，与不同材料、不同热处理工艺所提供的不同性能结合对应起来，充分发挥其潜在能力。要达到这一点，一般应采取如下措施：

一是根据零件的服役条件，通过典型失效分析，找出造成早期失效的主导因素。

二是根据其失效特点和主导因素，找出失效与材料性能之间的关系，弄清材料哪方面的性能不足。

这两个环节必须全力抓主要矛盾。同时要认识到，主要矛盾和次要矛盾是互相转化的。主要矛盾已解决，原认为是次要矛盾的可能上升为主要矛盾。

三是根据失效判据（服役性能指标），有针对性地选择材料、组织状态，制定相应的强化工艺。除整体强化外，还要考虑对薄弱环节进行局部强化。

对于重要的和服役条件复杂的零件，通过上述途径选出材料和热处理工艺后，还应进一步验证。最直接可靠的是现场实物试验。为缩短时间和节约费用，可在实验室做基本性能试验的基础上，进行模拟零件服役条件的全尺寸实物台架试验，取得初步结果后，再运至现场试用。

上述石油机械基础零部件攻关的思路，是李鹤林传承恩师周惠久"从服役条件出发"的学术思想，从理论到实践，再从实践到理论的相对完整的总结。按照这个思路，他和团队摘取了一项又一项非凡的成果，让灿烂鲜艳的钢花，照亮着企业科技进步的脚步。新钢种（包括节约镍、铬的钢种）、新工艺，在石油机械产品更新换代中发挥了巨大作用，深受油田用户的欢迎，取得了可喜的成就和可观的效益。

二、钻机"减重瘦身"

对于减轻产品自重，最典型的自然是完成"铁人"王进喜的嘱托，大幅度减轻吊环、吊卡重量，而整部设备的"瘦身"，则在钻机上进行了可喜的尝试。

到过油田的人，都可以看到一部部钻机高高耸立，直插蓝天，机器轰鸣，声震原野，蔚为壮观。钻机是个庞然大物，重量可达几十吨至几百吨。老式钻机十分笨重，耗材量大，成本高，拆卸、运输和安装既费时又费力。

1965 年，宝鸡石油机械厂由著名石油机械专家、时任总工程师温之蓴挂帅，朱绍曾、程瑞文、肖文焕等负责设计，开始试制我国第一部 5000 米直流电驱动钻机。

"文化大革命"初期，温之蓴总工程师因早年留学美国而受到批判，技术人员被下放或被调走，钻机试制工作一度被迫中断。等到钻机试制恢复以后，李鹤林一连多次去找朱绍曾。李鹤林说，既然这是宝鸡石油机械厂研制的第一台新钻机，就应该有新思路、新特点。

朱绍曾年长李鹤林两岁，曾就读于北京石油学院与罗马尼亚蒂米什瓦石油天然气学院矿场机械专业，是一个有作为的技术专家。后来他们两人同年被陕西省石油化工厅任命为宝鸡石油机械厂副总工程师。为企业的产品升级换代，俩人经常一起交换意见。

按原设计，钻机又粗又重的 4 根轴，由中碳合金结构钢调质制造，屈服强度为 700 兆帕。李鹤林指出，这 4 根轴是钻机瘦身的关键部件。

中碳合金钢淬火高温回火（调质），是机械制造最常用的材料热处理方式。按照苏联的框框，钻机较重要的零件大都采用中碳合金结构钢调质，其布氏硬度要求一般为 HB207～HB241 或 HB227～HB269。

5000 米轻型直流电驱动钻机

李鹤林详细分析了钻机 4 根大轴与其他调质零件的服役条件，他认为绝大多数零部件都不是经受像一次摆锤那样的大能量冲击，而是较小能量的多次重复冲击。建议 5000 米新型钻机（以及随后试制的 1800 米中型钻机）设计时，针对不同零件的服役条件，普遍把调质硬度提高到布氏硬度 HB241～HB285 或 HB269～HB302，个别零件采用 HB285～HB321，提高使用强度水平。

4 根大轴采用李鹤林等新研

制成功的大截面低碳贝氏体钢，屈服强度达到 1000 兆帕以上，增强了 50%。井架和底座则由普通碳素钢 A3 变更为低合金高强度钢 16Mn，屈服强度由 235 兆帕提高到 345 兆帕，提高 47%。这样算下来，这部 5000 米钻机的重量，只相当于一般 3200 米钻机的重量。随后，1800 米中型钻机总重量减轻自重 15% 左右。

1970 年试制成功的新钻机，翌年在五七油田（现江汉油田）试钻，钻井深度达 5163 米，达到设计能力。

1973 年 4 月 30 日，《陕西日报》头版刊登了宝鸡市委和宝鸡石油机械厂通讯组联合写的长篇通讯《总路线精神的凯歌：记宝鸡石油机械厂试制成功我国第一台大型深井直流电驱动钻机的事迹》，并配发了评论："靠的是人的觉悟和干劲"。在通讯中，李鹤林就是这样一位有觉悟、有干劲的技术人员。

2007 年 9 月，李鹤林应邀回到已改制更名为宝鸡石油机械有限责任公司的母厂参加建厂 70 周年活动。此时的宝鸡石油机械有限责任公司，已发展成为全球最大的钻机制造企业和出口基地之一，能够大批量制造 9000 米超深井钻机等各种型号的先进高端钻机，并试制成功 12 000 米钻机。离开宝鸡石油机械厂已近 20 年的李鹤林，依然心系公司发展，积极建言献策，为大家作了题为"石油钻采机械用钢的现状与展望"的学术报告。由报告 PPT 整理的同名文章收录于《李鹤林文集（上）》中。

在报告中，李鹤林介绍了国外钻机提升系统部件、井架和底座等一批石油钻采机械零部件用钢的现状，分析了我们的差距，阐述了高性能钢铁材料研究开发的方向和发挥现有钢铁材料潜力的途径，提出了一批重大石油钻采机械用钢的变革设想和建议。在谈到井架和底座用钢时，他指出，国产井架和底座迄今仍采用 A3 或 16Mn 工、槽、角钢，国外已开始采用微合金化控轧控冷高强度钢，屈服强度达到 485 兆帕以上，与国外相比，国内同类产品重 30% 以上。为此，他建议将已在西气东输管道工程中成功应用、综合力学性能优异的

X70 管线钢（屈服强度 ≥ 485 兆帕，夏比冲击功平均值 297 焦耳）用于井架和底座，并采用 H 形钢及矩形和方形截面钢管取代工、槽、角钢，在保证安全性的同时，可大大减轻重量。

三、产品寿命"一顶几"

除了吊环、吊卡和钻机整机减重瘦身外，李鹤林在石油机械零部件的延寿方面也做了大量工作，效果十分显著。吊环、吊卡是既减重瘦身又大幅度延长使用寿命的典型案例。

射孔器用于油井建成后的射孔作业，是一种承受火药爆炸大能量瞬时冲击的工具，类似于枪炮。此前，我国油田使用的射孔器，都是按照苏联的工艺规范，采用高级炮筒钢 PCrNi3Mo（炮铬镍 3 钼）制造的，经淬火中温回火，寿命很短，每枪至多发射十几炮就会报废。后来也曾改进工艺，采用电渣重熔钢制造，但平均寿命也不过 14～15 炮，并且这种钢含有较高的镍、铬等稀缺元素，是比较贵重的国防用钢，使用受到很大限制。还有，由于射孔器在井下十分狭小的空间里作业，对钢的综合性能要求比某些军工产品还要高。尽管钢厂采用很多措施，严格控制冶金质量，又经电渣重熔，但产品合格率仍只有 50% 左右。废品率如此之高，成为一个令相关钢厂头疼的问题。

1969 年，射孔器生产任务转由宝鸡石油机械厂承担。李鹤林和石康才通过调研，搞清射孔器的失效主因还是材料问题：当材料塑性容量不足时，出现早期开裂；若塑性储备足够大而强度较低时，则因孔径扩张到极限尺寸或喷火口过量塑性变形、密封性不够而失效。

为选用合适材料，李鹤林等又把整个合金结构钢全系列理了一遍，改用吊环、吊卡采用的高强度高韧性低碳马氏体钢20SiMn2MoVA。该钢具有高强度、大韧性等良好性能，有效地克服了枪体早期开裂和孔径扩张问题，每支射孔器使用寿命提高到28炮以上，比老式枪翻了一番，一支能顶两支用。制造成本和采购费降低了2/3。当时计算，每生产1000只射孔器，可节约材料费15万元，并节省镍2.7吨、铬铁1.8吨。射孔器的选材情况，《李鹤林文集（上）》之《高强度高韧性结构钢20SiMn2MoVA》一文有详细论述。

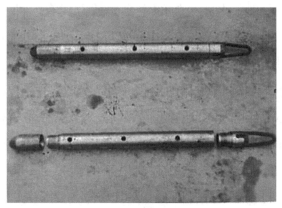

射孔器

宝鸡石油机械厂生产制造的产品有几百种，有许多是单件小批量，工艺复杂。工厂还时常要充当油田事故救火队的角色，一个电话、一封电报，救急的专用工具就要立即送到。使用新钢种制造的多种专用工具，在多次的事故和排险中发挥了重要的作用。

在钻井过程中，最让人担心、头疼的事情就是卡钻和钻杆断裂。一旦发生这种情况，钻井就得停下来。这时，就需要使用公母锥，尽快把断在油井内的钻具打捞上来。钻井工人将断在油井内的钻具称为"落鱼"。打捞"落鱼"，其原理是钻机通过方钻杆的旋转，使安装在钻杆下方的公锥在钻杆断裂处的内壁造扣，令公锥与"落鱼"连成一体，将其缓缓提出。"落鱼"出井，事故即算排除，可以重新继续打井。

20 世纪 60 年代至 80 年代初，油田普遍使用的打捞公锥寿命较短。据调查，原使用 20CrMo 制造的公锥，一般只能下井打捞一次，有的甚至一次打捞也不能完成。

打捞作业中公锥的受力很复杂。在寻找"落鱼"时，公锥（尤其是打捞扣部分）承受一定的冲击负荷。造扣时，公锥整体承受扭转或弯扭复合应力，而打捞扣则受到很大的切向剪切应力、多向不等压应力，以及强烈的磨损。造扣后，公锥又要承受全部"落鱼"重量及井壁阻力，打捞扣则相应承受轴向剪切应力。

现场调查发现，老式公锥的主要失效方式有三种：打捞扣剪断、压陷和磨损。因此，许多公锥经一次打捞后，造扣部位就会变成光杆。李鹤林判断公锥的失效首先是强度不够。除打捞扣要求有较高的剪切强度外，心部强度和硬度也很重要。这主要取决于公锥用钢的淬透性和心部碳含量。通过反复试验，李鹤林主持研制了公母锥专用钢 27SiMn2WVA（27 硅锰 2 钨钒高），并采用表面渗碳处理，渗碳后淬火、低温回火。这样制造出来的新公锥，寿命比旧公锥提高一倍以上，打捞普通钻杆时，平均寿命为 2.5 次，基本上满足了打捞"落鱼"的技术要求。

1969 年年底，江汉油田井深 1590 米的黄 6 井，因事故停钻 16 天，399 米以下的钻杆全部被倒塌的泥沙包住、卡死，钻杆内径也被大量泥沙堵塞，井下情况相当恶劣。3 只 27SiMn2WVA 的 4.5 英寸 [①] 反扣公锥就在这口井中，进行了第一次工业性试验。

不负众望，"落鱼"打捞成功，井队召集了工人、干部和技术人员参加会议，对使用的公锥下了一个非常积极的结论：造扣能力强，无粘扣现象；使用寿命比原来的公锥高 5 倍。

首次实验成功，给李鹤林以极大的鼓舞。紧接着，宝鸡石油机械厂又用 27SiMn2WVA 制造出反扣、正扣公锥 30 多只，送往江汉

① 1 英寸 =0.0254 米。

油田浩 8 井。第二次工业性试验长达一个月。鉴定意见是：所实验的新钢种公锥，比旧公锥的性能大幅度提高，经受了井下恶劣状况的严重考验，具备了大量投产的条件。

但这两次实验打捞的是普通钻杆。随着各油田普遍使用无细扣高强度钻杆，原使用的公锥在打捞"落鱼"时常常无能为力。大港油田某井队在一次打捞时，连续使用了 37 只公锥，也未捞起"落鱼"。研发更高性能的公锥刻不容缓，迫在眉睫。

1971 年 12 月，新研制的公锥在大港油田 3516 钻井队进行了第三次工业性试验。这次实验的公锥，除采用新钢种外，还采用渗碳 + 渗硼工艺。其中的渗硼工艺是机械工业部武汉材料保护研究所潘崑协助完成的。

大港油田指挥部十分重视，召开了鉴定会，结论是：这种公锥性能优异，能够打捞无细扣高强度钻杆。钻井工人称之为"高强度公锥"。

高强度公锥

1976 年 8 月，华北油田任 45 井，钻杆飞转，机声隆隆，这口井是当时拿下高产油田的关键井，全油田寄予厚望，却不料就在井深接近油层时，突然发生了卡钻事故，一连用了十几只公锥，"落鱼"就是深藏在井里，怎么都打捞不上来。指挥部闻听李鹤林等研究出了新的公锥，紧急调运到现场，一举捞起井下 2000 多米的钻杆，排除了事故，轰动了油田。按照老传统，钻井工人给这只公锥戴上了红花。

1978 年 10 月，我国第一口 7000 米超深井四川关基井发生钻杆断裂事故，当时井深达 7069 米，"落鱼" 2280 米，重 51 吨，井队用高强度公锥一次打捞成功。而且使用后，公锥造扣部位依然完整无损。据测量，向上提钻具时，不足两米长、自重仅有 20 多千克的公锥，承受的最大负荷达到 148 吨。这真可称得上是神奇的"大力士"！

小小的公锥，也有很高的科技含量，研制人员花费了很多的心血和智慧。新的公锥从 1969 年试制，经过多次工业试验、改良，到 1978 年，可按油田用户需求，提供不同规格、型号和性能的公锥，整整花费了近 10 年时间。

作为一种打捞工具，公、母锥为企业带不来多大的经济效益，却可以为油田开发排忧解难，往往使故障油井迅速复苏，甚至起死回生，发挥了"一剑定乾坤"的大作用。李鹤林写成论文《钻杆打捞公锥用钢和表面强化工艺及其对使用寿命的影响》发表于《热处理》1975 年第 3 期。

泥浆泵是在钻井过程中循环泥浆、提高钻井效率的关键设备。钻井时，泥浆泵输送的是一种含砂多、黏度大、密度高，并且有一定腐蚀性的泥浆，其含砂量有时高达 5%～10%。泥浆泵液力端的活塞杆和缸套等与泥浆接触的零件，承受强烈的磨料磨损，致使这些零件寿命极低。据调查，活塞杆使用寿命只有 50～100 小时，不仅消耗很大，并且严重影响钻井效率。李鹤林现场调查发现，活塞杆疲劳断裂事故很少见，失效方式大多为磨损。

钻井泥浆泵

最初制造活塞杆采用低碳合金钢渗碳，但活塞杆是细长的杆类零件，直径为50～70毫米，长1400～1700毫米，渗碳后整体淬火，变形严重，废品率高，而且工艺周期很长。曾经有一段时间通过加大磨量解决变形问题，但又导致表面硬度不均匀，影响使用寿命。后来国内一般都改为中碳钢表面淬火，使变形问题得到了解决，生产效率也提高了，但使用寿命远不及低碳合金钢渗碳。

李鹤林在研究活塞杆服役条件和失效分析的基础上，设计研究方案，对活塞杆材料和热处理工艺进行了系统的试验和研究，最佳方案为70V（70钒）钢表面淬火。70V活塞杆保持了中碳钢表面淬火变形小、成本低的优点，而寿命达到了渗碳钢活塞杆的水平。使用两年后，油田现场实测，70V活塞杆使用7天近百小时，磨损量只有老产品的1/8，使用寿命大大延长。李鹤林写成论文《提高泥浆泵活塞杆使用寿命的试验研究》，发表于《石油钻采机械情报》1976年第2期。

与活塞杆相似，泥浆泵缸套的寿命也很短。钻井作业中途频繁停机更换缸套，既造成人力、物力的浪费，又影响工作效率和工程进度。当时在国外已经有了高铬耐磨铸铁为衬里的双金属缸套，它的寿命是普通缸套的数倍，而国内还没有厂家生产，部分井队使用的是进口产品，不但价格昂贵，而且供货渠道不畅通。

高铬耐磨铸铁是一种耐磨合金白口铁，它具有很高的抗磨料磨损性能和一定的韧性，并且在退火状态能够进行切削加工，越来越引起工程技术界的重视。

李鹤林、王季青、朱万林、梁梅生、陈绍元组成的研发小组，在分析国外技术资料和实物解剖分析的基础上，对高铬耐磨铸铁的成分、组织和性能进行了系统的试验研究，确定了装配式双金属

双金属缸套

缸套内衬材料的化学成分和热处理工艺。宝鸡石油机械厂研制的双金属缸套内衬硬度为 HRC66 以上，超过了国外同类产品的水平，其耐磨性能相当于 45 钢经碳、氮、硼三元共渗 3 倍以上。1978 年在华北油田和长庆油田进行了批量试用，双金属缸套的寿命相当于中碳钢中频淬火缸套的 4 倍以上。李鹤林写成论文《高铬耐磨铸铁及其在双金属缸套中的应用》，发表于《石油钻采机械通讯》1980 年第 1 期。

1981 年，双金属缸套被评为石油工业部优秀科技成果。1985 年，双金属缸套荣获国家科学技术进步奖三等奖。

李鹤林还研究分析了钻机绞车部件刹车鼓。他了解到，当时国内大量使用的乌德钻机刹车鼓可靠性差，现场经常发生断裂。如对硬地层打一口 3800 米的井，一般就要损坏两三个刹车鼓。每更换一次，往往需要停钻几天，对钻井效率影响很大。与汽车行驶过程刹车原理相似，钻机绞车刹车时，刹带与刹车鼓工作表面强烈摩擦，使接触处的温度急剧上升到 900℃左右，随后又迅速冷却到室温（有时是喷水冷却）。反复急冷急热，使刹车鼓表面产生裂纹，并逐渐发展到断裂。过去曾一度认为是材料耐磨性不够，因此改来改去，还是改不好。

李鹤林主持对刹车鼓进行失效分析，包括电镜断口分析，查明刹车鼓是典型的热疲劳破坏。几种材料热疲劳试验的结果显示，ZGl8Cr3MoWVA（铸钢 18 铬 3 钼钨钒高）的热疲劳寿命是 ZG35CrMo（铸钢 35 铬钼）的 3 倍。四川石油沟气矿 32515 钻井队把这两种钢的刹车鼓放在同一绞车进行了对比试验，前一种刹车鼓经受了比较恶劣条件的考验，完钻后仍可继续使用；后一种刹车鼓则先后断了 2 只，一共用了 3 只才打完井，第 3 只已严重开裂，不能再用。李鹤林执笔写成《石油钻机刹车鼓失效分析》一文，刊载于《石油矿场机械》1981 年第 3 期，合作者为李健鹏、杨丽萍。

钻杆接头和转换接头是石油钻柱的重要构件，也是钻井过程直接大量使用的重要易损件。20世纪80年代，我国各油田国产接头断裂事故频发，其中1984～1986年国产接头断裂事故达上百起，损失严重。某油田一个中外合作钻井队1986年4月发生的转换接头断裂事故，直接损失40多万美元。

钻机绞车（刹车鼓）

接头使用中要承受拉伸、扭转、弯曲、振动、冲击等，要求具有较高的强韧性。但当时国内接头用钢十分混乱，除一些专业厂采用35CrMo外，一些地方的小工厂甚至采用45Mn（45锰）等淬透性很差的钢种，有时不经热处理直接供给油田。

李鹤林主持对从各油田收集的近百件接头断裂样品进行失效分析，查明绝大多数属于低应力脆断，主因是选材及热处理不当所致。按他推荐的材料及工艺，宝鸡石油机械厂生产36CrNiMo4（36铬镍钼4）和40CrNiMo（40铬镍钼）接头1万余只，在油田使用时未发生过断裂事故。据有关资料统计估算，采用这项研究成果，国产接头质量大大提高，断裂事故从原来每年上百起减少至约10起。按每起事故直接损失50万元计算，则年可减损4500万元。按年需3万只接头计，以新钢种、新工艺生产，每只可省成本900元，年节约2700万元。这就是新技术的巨大效益。

1992年，李鹤林与冯耀荣、李京川、安丙尧合作，将多年研究成果写成论文《钻杆接头和转换接头材料及热处理工艺研究》，发表于《石油机械》第20卷第3期。

四、研制 5 种防磁钢

李鹤林的另一成就，就是解决了特殊服役条件下的石油机械使用性能。

在石油勘探开发中，测油井深层自然电位十分重要，使用的设备为电测绞车。过去使用的电测绞车的主要部件，受到强大的磁场影响后，造成磁化干扰，严重影响测试结果的准确性。

李鹤林所在的宝鸡石油机械厂，为西安石油勘探仪器厂配套生产电测绞车。这种苏联设计的电测绞车，用的是高镍、铬的奥氏体不锈钢，不仅耗费大量稀缺的镍、铬，而且磁导率不稳定，测井过程磁化干扰严重。

试制防磁抗干扰的电测绞车，成了李鹤林的又一攻克目标。他的第一步还是从钢的成分设计开始，研制专用的无镍低铬无磁钢——一种可在磁场中不产生磁感应的钢。为摸索出较合理的合金元素含量，他设计了十余种不同的化学成分。第一组为无钒、固定锰、铬，变更碳；第二组为固定碳、锰、铬，变更钒；第三组为固定钒、锰、铬，变更碳。后来他又补充了固定碳、锰、铬，变更铝的易切削无磁钢组。

系统分析十余种化学成分、力学性能、磁导率等之后，他确定了三个钢种：ZG25Mn18Cr4（铸钢 25 锰 18 铬 4），用于浇注滚筒、刹车鼓、左右短轴及轴承座等铸件；42Mn14Cr2Al3（42 锰 14 铬 2 铝 3），用于拉紧螺栓及螺帽等难加工锻件；40Mn18Cr4V（40 锰 18 铬 4 钒），用于链轮及抗剪套等高强度锻件。后来，又研制了

35Mn8Ni9Cr4V（35锰8镍9铬4钒），由上海大隆机械厂用以试制无磁链条；与钢铁研究总院合作研制了无磁轴承钢70Mn18Cr4V2MoWN（70锰18铬4钒2钼钨氮），由洛阳轴承厂试制3516P无磁轴承。上述五个钢号，先后用于宝鸡石油机械厂生产的无磁电测绞车。

（a）电测绞车

（b）绞车滚筒

电测绞车及绞车滚筒

　　在试制第一炉防磁钢时差点失败了。当时，出炉的防磁钢水马上就要浇注了，不料运送钢包的平车突然坏了，盛满钢水的钢包即将出现冰结的危险。而人工去推，1600℃的钢水难免会溅出来伤人。但情势已容不得他们有更多的考虑，工人们不顾危险，手推杠撬，迅速把钢包推到了浇注处。钢水停留时间太长，造成了塞头烧断，浇不出来。眼看一包钢水就要报废了，浇铸工杨振歧挺身而上，用铁棍将水口捅开，完成了浇注。这是一件有历史意义的事件，我国第一炉防磁钢铸件，就这样完成了浇注。放在现在，如此的冒险作业是不允许的。但在尚处一穷二白的困难时期，"革命加拼命"成了石油工人队伍的精神支柱，"铁人"的榜样力量无处不在。

　　1969年10～11月，宝鸡石油机械厂与西安石油勘探仪器厂共同完成无磁钢电测绞车地面试验，性能完全适应于测自然电位的要求。1971年春节后，李鹤林亲自带人去了923厂（现胜利油田），调查工厂两年前交付的第一台防磁电测绞车的使用情况。923厂的技术人员告诉他，这台车的防磁性能大大超过不锈钢电测绞车和进口产品，使用两年未出现磁化现象。听到这些，他放心了。

1972年元月上旬，李鹤林亲赴上海大隆厂，参加指导电测车防磁链条等关键件的试制。在4个项目中，套管内孔加工成了"拦路虎"。该厂进行了十几次试验均告失败，失去信心，不愿再继续了。李鹤林反复做工作，承担任务的车间才同意继续试下去。他在向单位的汇报信中写道："我这次来上海，由于工作比较单纯一些，就参加了厂里（大隆厂）的集体学习和一些政治活动，这样，和车间的人员也就逐渐比较熟了，相互了解了，开展工作方便多了。"

内孔加工最大的问题是没有特种高速钢刀具，李鹤林与大隆厂郭根红俩人跑了上海多家单位都未找到。上海工具厂中心试验室有30千克此种钢，可他们将其视为珍宝，坚决不肯给。幸好该厂的领导是大学同学张福成，最后协调了15千克，还答应给一些硬质合金钻头与绞刀，解了燃眉之急。

参与无镍低铬无磁钢试验研究的人员还有冯振强、李健鹏、梁梅生、蔡定之、谢学坤等。李鹤林撰写的《无镍低铬无磁钢的研究》一文发表于《铸工》1971年第11期。"无镍低铬防磁钢"项目于1978年获全国科学大会成果奖。

此外，李鹤林还研制了高强度防硫钢，用于防硫井口装置和液压防喷器，液压防喷器获得全国科学大会成果奖。

防喷器

五、钢 花 怒 放

李鹤林在科研实践中不断总结,在学术上进行了深层次的探索,梳理出了一些带有普遍性和规律性的问题。

(1)发挥现有金属材料潜力与研制新材料并重,但优先考虑前者。为了解决机械产品对金属材料提出的性能要求与材料本身所能提供的性能之间的矛盾,可以通过发挥现有金属材料的潜力与研制新材料两个途径来实现。前述吊环、吊卡、射孔器、公锥、刹车鼓等都是通过采用新钢种减轻了自重、延长了使用寿命。而钻机零部件则从服役条件出发,通过提高大量调质钢零件的硬度要求(降低回火温度),提高材料使用强度水平,使整部钻机的重量降低 20% 左右;泥浆泵活塞杆用中高碳钢(70V)高频淬火代替原来采用的 18CrMnTi(18 铬锰钛)渗碳钢,可以保证产品质量、降低成本;吊钳牙板则打破钢材按照用途分类的框框,用滚动轴承钢 GCr15(滚铬 15)淬火低中温回火代替 20CrMo(20 铬钼)渗碳淬火,寿命提高 3 倍以上。

这说明,由于一些传统观念的影响,材料使用不当或没有充分挖掘出材料潜力的问题是相当普遍的。看来,对发挥现有金属材料潜力与研制新材料两者都要重视,而应首先考虑发挥现有金属材料的潜力。

(2)正确认识冶金质量和失效抗力的关系。早期对损坏的零件失效分析,一般容易忽视冶金质量的影响,特别是微量杂质元素显微偏聚的危害作用。现代研究已经指出,钢中存在的磷、硫、砷、锑、锡、铋、铅等微量杂质元素,富集于原奥氏体晶界,使晶界能降低，导致钢材脆化。因此，失效分析如找不出别的原因，应检查冶金质量，特别是微量杂质元素含量，分析失效抗力是否与此有关。

（3）正确处理试验室性能试验与实物模拟试验的关系。在很多情况下，两种试验结果是一致的，但有时也会有很大出入，所以基础件攻关时，不仅要做试验室内的小试棒试验，而且要尽可能地做模拟服役条件的全尺寸实物试验。

（4）关于强度与塑性、韧性的合理配合。大量事实说明，绝大多数零件对材料的塑、韧性要求并不高，如石油钻采机械的一般零部件，提高材料的强度水平后，塑、韧性虽有所降低，但仍是富裕的。而有些零件，如前面提到的射孔器、吊环、吊卡等，它们的应力状态较"硬"，对塑、韧性要求高，若不提高材质的强度，就达不到减轻重量、延长寿命的目的；若没有较高的塑、韧性，安全可靠性就不能保证。因此，各种不同的零件，由于其结构特点和工作条件各有不同，对强度与塑性、韧性的配合，要作具体分析，不能一概而论。

（5）关于结构、材料、工艺的综合考虑。一个机械产品服役性能的高低取决于三个因素：结构设计（结构强度）、材料、制造工艺。三个因素互相渗透、互相依赖，所以要综合考虑。在某些情况下，通过改变零件的形状、尺寸提高其失效抗力，较之改革材料和工艺更为有效。而当设计结构的改变受到限制时，零件的应力水平、应力分布和应力状态，又要求制造零件的材料和工艺与之相适应。

在一般人看来枯燥、寂寞、繁杂、漫长的科研之路上，李鹤林和他的团队，不断完成着他本人进厂时起草的《石油工业钢铁革命规划》之使命。李鹤林在"自述"里回忆道：

> 那几年，我们做了多少次试验，记录了多少个数据，熬了多少夜，加了多少班，有多少休息日、节假日搭了进去，谁也记不清楚了。但有一个大数还记得，那就是一个拉伸试验棒大

致只有几十克重，而我们做实验整整用了五六吨材料。在无数次失败后终于获得了最后的成功。

把李鹤林回忆的数据换算一下，就可看出试制工作量之大。假若一根试棒为 50 克，试验钢材为 5 吨，则计算出 5 吨钢材可加工试棒约为 10 万根。一根一根人工去试，要试 10 万次。由此可知，取得一项科研成果是多么的不易。

20 世纪 60 年代，李鹤林在西安交通大学当学生记者时，撰写了师生在东郊建铝厂的通讯，他说："炼铝，也是炼人。"同样地，10 年后，他主持了新钢种的试验研究，炼钢，亦是炼人。

炼钢，炼钢，百炼才能成钢。在千锤百炼中，李鹤林也锤炼了自己。多年的努力和付出，他顶着"文化大革命"掀起的阵阵恶浪，毫不退缩，迎难而上，勇创攻关路，敢为天下先，率领团队取得了石油机械用钢方面的丰硕成果。

（1）研制了 12 个牌号的新型钢铁材料，包括 20SiMn2MoVA、25SiMn2MoVA、20CrMnSiMoA、ZG18CrMnSiMoVA、27SiMn2WVA、ZG25Mn18Cr4、35Mn8Ni9Cr4V、40Mn18Cr4V、42Mn14Cr2Al3、70Mn18Cr4V2MoWNA、70V 及高铬耐磨铸铁等。这些材料大都不含镍、铬元素，或者节约了镍、铬元素，但性能优良，把节约镍、铬与提升机械产品的质量和寿命结合了起来。

（2）对几百个调质钢零件的硬度要求，根据服役条件进行了调整，发挥了现有钢铁材料的潜力。

（3）对宝鸡石油机械厂 50 多个典型基础零部件进行了科研攻关，减轻了重量，延长了寿命，提高了效能。

1983 年 10 月，根据自己多年的研究，李鹤林在中国石油学会石油工程专业委员会学术年会上，作了题为"从国外石油钻采机械用钢情况谈对石油机械材料技术工作的建议"的报告。李鹤林将国外的情况归纳为四个特点：形成了石油钻采机械用钢系列；在材料选择上有主有从，宽严分明；打破了按钢种用途分类进行选材的框框；普遍采用综合强化和仿应力强化。他指出，国内存在的主要问题表现在三个方面：钢种太少，没有形成我们自己的石油机械用钢体系；引进设备及技术中的材料问题亟待解决；基础零部件寿命不长，可靠性不高。

李鹤林紧盯国外同行的先进水平，为推进国内同业的发展，提出了具有可操作性的几点建议。

其一，尽快建立我国石油机械用钢系列。应总结经验教训，在权衡得失的基础上，制定科学、合理的合金元素使用政策。其总的原则是：把钢的性能要求摆在首位，该用什么元素就用什么元素；在满足性能要求的前提下，再按经济性取舍合金元素，以降低成本。建议直接引用一批国外成熟的钢种，并对国内自行研制的新钢种整理筛选，以尽快建立起我国石油机械用钢系列。

其二，开展石油钻采机械的材料设计，用科学的方法选材，做到材尽其用。他综合周惠久、王笑天、涂铭旌老师的相关论述，列出了材料设计的九个程序。①分析零件的服役条件、尺寸形状和应力状态。②通过分析试验，结合同类零件失效分析的结果，找出实际运转中零件的主要和次要失效抗力指标，作为选材的依据。③根据主要失效抗力指标，正确选择钢种。首先选择合适的碳含量，然后根据技术要求，利用有关图表，根据淬透性（端淬曲线）选材。考虑延长使用寿命、减轻重量和节约成本等因素，分析是否可能以低碳马氏体代调质钢，以碳钢或低合金钢代高合金钢，以弹簧钢、轴承钢或工具钢制造结构零件，以高频淬火钢代渗碳钢，等等。④考虑对零件的薄弱处进行局部强化，使材料的等强度设计与零件结构上的等强度设计结合起来。⑤综合考虑钢种满足次要失效抗力指标的可能性和必要的工艺措施。⑥审核所选钢种是否满足工艺性要求。⑦审核所选钢种在保证实现先进工艺和现代生产组织的可能性。⑧考虑所选钢种的经济性、技术政策性和热处理的生产成本。⑨提出所选钢种在供应状态下的技术要求。

其三，加强失效分析，建立石油钻采机械失效分析中心。坚持对关键零部件进行失效分析，并把失效分析结果反馈到生产实践中去，有针对性地改进结构设计、材料设计和制造工艺，从而有效地提高零件的质量和寿命。

其四，加强材料技术的基础性研究。列出了 10 个重点研究方向：材料技术的发展方向；材料应用技术政策；基础零部件的失效分析及防止；疲劳与断裂规律；磨损规律；硫化物及海水腐蚀规律；环境温度与材料强韧化关系；钢的强韧化规律；冷热加工工艺与材料使用性能关系；无损检测技术。

最后，李鹤林建议组织测试和搜集石油钻采工程材料性能数据，建立数据库。

六、绩惊业界

对于李鹤林在那个特殊年代的创新成果，业界专家深感佩服，高度评价。

涂铭旌，我国著名金属材料与材料强度专家，1951 年毕业于同济大学机械系，1955 年北京钢铁研究院研究生毕业，先后在同济大学、交通大学和四川大学任教，长期从事材料强度与断裂及失效分析的研究，成绩卓著，1995 年当选为中国工程院院士。李鹤林曾师从涂铭旌教授，涂铭旌教授对自己的这位高足也十分了解。在为《李鹤林文集（上）》撰写的序言中，他评价说：

> 李鹤林在研制无镍低铬新钢种和轻型"三吊"的工作实践中，打破了许多传统观念的束缚，创造了大幅度减轻石油机械重

量、改变傻大笨粗面貌的惊世奇绩，并且使大批产品寿命延长，达到一顶几。1976 年召开的全国热处理大会的报告引起轰动。

涂铭旌院士用"惊世奇绩"来评价李鹤林的功绩，客观、真实地反映了李鹤林无私无畏的惊世之举。

1975 年 9 月，金秋季节，饱受风霜摧残的中国机械行业，终于迎来了一次曙光。西北工业重镇兰州，是李鹤林曾经刻骨铭心的实习之地，机械工业部和石油化学工业部在此联合召开了石油钻采机械基础零部件科技攻关经验交流会。李鹤林在会上介绍了经验，回顾和总结了工厂 10 年来历尽艰辛、心系油田所取得的成果和做法体会，获得满场掌声。发言刚结束，会议主持人就通知他，国家计划委员会调研组找他谈话，时间就约在当晚。

来谈话的人是一位干练的中年女性，是调研组组长、机械科学研究院处长于恒。李鹤林记得，整个谈话的气氛诚恳而亲切，于恒处长话语里充满热情，传递着令人振奋的消息。她告诉李鹤林，小平同志要大力整顿国民经济，狠抓产品质量。小平同志在最近一次谈话中说，"质量是一个重大政策""质量好就等于数量多"。国家计划委员会和机械工业部打算召开一次全国热处理大会，作为抓机械产品质量的突破口。

于恒处长最后说："您今天会上的发言很典型，体现了小平同志讲的'质量好就等于数量多'的论断，很感人，很有说服力，被我们选中了。不需要做什么修改，只要求把热处理适当突出一下，题目可考虑改为'搞好热处理，产品一顶几'，先在机械工业部的会上讲，再上全国热处理大会。"

1976 年 1 月 9 日，机械工业部热处理行业在中华人民共和国成立以后的第一次技术工作会议在北京友谊宾馆举行，参会的代表来自各省市，超过 300 人。

李鹤林十分清楚地记着这一天，是因为那是敬爱的周恩来总理逝世的第二天，全国人民都沉浸在悲痛之中。在李鹤林的记忆中，那天早晨，北京的天阴沉沉的，广播里传来阵阵哀乐。当然，他还清楚地记得，来自石油系统的他，作为特邀代表，被安排第一个发言。

会场一片寂静。这个在特殊日子里召开的会议，气氛显得格外沉重。作为第一个发言者，李鹤林缓慢而又清晰地向代表们作了一次不寻常的特邀报告。报告的题目是"提高石油机械的质量和寿命，是多快好省发展石油工业的重要条件"。他向与会代表讲述了"铁人"王进喜代表一线石油钻井工人提出的迫切要求，又多次去油田调研，亲眼看到和听到产品质量不高造成的后果：大量消耗原材料；零件寿命短，备件需求多，国家不得不分出很大一部分设备和工时来生产备件；有些设备的关键零件寿命不长，常使设备停工检修，更换零件，影响了钻井速度；一些重要工具由于质量低劣甚至造成重大事故。报告提出，通过积极开展金属材料和热处理科研攻关，提高了石油机械质量和寿命。几年的艰苦努力，取得了四个方面的成果：减轻了产品的重量；延长了使用寿命；改善了产品效能；提高了生产效率，降低了生产成本。

不久，全国热处理大会在春城昆明召开。李鹤林因故未能出席，他的发言稿由工厂热处理车间的一名书记代为宣读，同样博得热烈掌声。

三次会议，三次发言，观点鲜明，事例具体，生动感人，令与会代表耳目一新，感悟到力抓产品质量和热处理，确为重振工业经济的重大措施，是大有可为的兴国之举。宝鸡石油机械厂由此声名大振。李鹤林和他的同事们用心血浇注出的一批先进产品、材料和热处理工艺，也作为典型案例出现在一些高校的教科书里。时至今日，几十年过去了，李鹤林等创出的业绩，在全国热处理界的影响依在。

李鹤林的学弟，西安交通大学金属材料及热处理专业 1967 年毕业的研究生石康才，进厂不久即任热处理车间主任，当选为中国机械工程学会热处理分会副理事长，后进入企业高层，被评为陕西省有突出贡献的专家。

1982 年毕业于合肥工业大学金属材料及热处理专业的张冠军，从李鹤林所在的中心试验室干起，升任宝鸡石油机械厂热处理分厂厂长，也成为中国机械工程学会热处理分会副理事长，后进入企业高层，升任厂长、总经理，荣获全国五一劳动奖章。

重视热处理，重视科技进步，重视产品质量和产品更新换代的传统，就这么一茬接一茬地得到传承和发扬，李鹤林为之感到自豪和欣慰。

以李鹤林为先进典型的宝鸡石油机械厂，在"文化大革命"期间排除干扰，不等不靠，自力更生，凭着科学和勤奋，试制成功新钢种的事迹，被多家新闻单位重点报道，吸引了许多文化团体的注意。

当时的宝鸡市文学艺术界联合会主席、导演兼编剧贾康曲，带领宝鸡市话剧团最强阵容来到了企业，边劳动边体验，几个月来同李鹤林等生活在一起、劳动在一起，创作演出以试验冶炼成功防磁钢为基本素材的大型话剧《志气歌》。剧中以李鹤林为原型的知识分子由国家一级演员纪向荣扮演。另外，后来成为著名话剧导演的由二群，也在《志气歌》中扮演了角色。

之后，八一电影制片厂、西安电影制片厂都打算以《志气歌》为基础，改编拍成电影。八一电影制片厂对此题材尤其重视，著名编剧王军被派到宝鸡体验生活，负责剧本的改编。作为剧中主角的原型，李鹤林成了王军采访的重点，两人也因此成了无话不谈的朋友。当年 10 月工厂采访结束，次年 3 月 3 日和 13 日，王军两次亲笔写信给李鹤林，讲述剧本创作中的心情。他在 3 月 3 日信的开头这样写道：

　　鹤林同志：长安别后，十分想念。四五个月来，一直想给你写信，但一直又有另一个想法，即想等剧本搞得差不多了，或者有了较大的进展时再给你去信，这样才不会使你和所有关心这件工作的同志们失望。但事与愿违，剧本的改编工作，至今没有质的飞跃，所以提起笔来不知向你和其他同志们说什么是好，就这样，拖到了现在……

这样几变，整个剧本已是个新的构思了，我想写写看，也作为一次尝试，准备失败。在这种情况下，你定会可以想象到，我是多么需要与你详尽而透彻的交谈啊！遗憾的是，目前我不可能重返宝鸡，只能苦苦地往外"挤"剧本。如果你能在三月份内或四月中间有机会出差来京或到大庆、胜利等油田去，我将带着剧本和你一起活动一段时间（至少个把月）。

王军在信中表达迫切需要与李鹤林进行详尽而透彻的交谈，是由于在宝鸡采访结束时，李鹤林对剧本的改编提出了三条意见：《志气歌》的题材背景建议由冶炼研制防磁钢改为研制轻型"三吊"；剧本应充分反映石油机械厂的工人、干部和技术人员对"铁人"王进喜和广大石油钻井工人的深厚感情，以及为国争光的志气；不同意原剧本把阶级敌人的破坏贯穿全剧始终。李鹤林的这些意见，王军原则上都是同意的，但剧组内部争议较大。

在3月13日的信里，王军对剧组内部出现的分歧意见评论道：

搞来搞去，还是含含糊糊，似是而非，想当然，糊弄人，没有准确而深刻地反映出"三吊"改革的斗争实践。今后，我认为应当毫不动摇地按照你总结出那三条意见为准绳，从整体上来改变剧本的面貌。新吊钳诞生了，我非常高兴。希望你们尽快安排试验，届时我定随你们到现场采访体验。试验点最好是选在胜利油田，到那里去，还可以了解油田向海上伸展的远景。另外，那里接近我的故乡，二十多年前我在那一带行过军打过仗。再早一点，我在类似那样的海滩上度过了童年生活。今天，看到记忆中的海滩上出现了雄伟壮丽的油田，心情是会格外激动的。我们在油田共同生活中间，可以详细讨论剧本的构思和人物的塑造问题。

从上述来信的内容可以看出，王军这位八一电影制片厂的著名编剧对李鹤林所取得的成就，是多么赞赏；对他所谈的剧本意见，也是十分重视和肯定的。其中缘由，可能出自交往中李鹤林做人做事的品行，以及对事物深刻的见解和生动的叙述。也让王军看到了他人生的另一面，即曾经的文学功底。

《志气歌》最终未能开拍。有人认为是剧组对李鹤林的"三条意见"未达成共识，也有人分析是因为上海电影制片厂已拍成一部题材相似的电影《火红的年代》，两者撞车了。

这件事李鹤林一直记着，但并不看重。熟悉他的人，从未见他因此而流露出沾沾自喜。有人问起来，他付之一笑，淡淡地聊上两句。他只是把这件事作为科研之路上的一件趣事，生活当中的一味小佐料而已。几十年了，几番搬家，王军先生写给他的信却一直珍藏着。秀气流畅的用笔，个性化的竖写风格及坦诚的交流，见证了两人的友谊与互信。

但无论如何这件事情也从旁证明，自己追求的目标有成果了，他和团队的努力正在不断转化为油田急需的新型产品。正是如此，已获得巨大成功的李鹤林，对石油用钢的研究依然情有独钟，锲而不舍。

"宝剑锋从磨砺出，梅花香自苦寒来。"在科研道路上，需要的不仅是知识和激情，更重要的是坚持探索，滴水穿石，以柔克刚，厚积薄发，永不止步。

李鹤林说：我自己头脑谈不上多少聪明，但我干一件事，就一定要坚持到成功，绝不半途而废。

第七章

走进科学的春天

一、出席全国科学大会

1978 年 3 月，春归大地，万木复苏。3 月 18 日，北京人民大会堂，鱼贯而入的 5000 余名代表，满心的欣喜和兴奋溢于言表，他们几乎是那个时代国家全部的科技精英。

全国科学大会，是一次由党中央筹备了 9 个月的大会，一次在国家百废待兴的形势下召开的重要会议，一次中国科技发展史上具有里程碑意义的盛会。科学技术，这一关系到中华民族命运与生存的历史命题，从来没有被如此庄严地列入党和国家的重要议程。

李鹤林从来没有想到，他能够与当代中国顶级的科学家一同参加顶级的科学盛会，能够亲耳聆听国家领导人发出的拨乱反正、向科学进军的时代强音，更想不到，他能有幸见证和参与中国科技跨越腾飞的一次历史性契机。

曾几何时，知识分子的头上被长期戴上紧箍咒，"臭老九"成了知识分子的称谓。那些年代，科技工作长时间处于混乱状态，全社会对科学、对知识的态度也是扭曲的，"读书无用论"甚嚣尘上。在这种历史背景下召开的全国科学大会，无论于科技事业本身还是于科技人员，都如春风送暖，扫去寒冷阴霾，带给了千千万万知识分子以阳光。

由于全国科学大会的最高规格，来自基层的科技人员代表，条件自然很严格。李鹤林经层层选拔，脱颖而出，他是带着四项重大科技成果，作为全国先进科技工作者中的一员来参加大会的。同样，由于大会的高规格，代表受到的尊重和待遇也是前所未有的。陕西代表团在当时省内规格最高的丈八沟宾馆集中，当时的省委主要领导李瑞山、于明涛、章泽、付子和等，都前来看望并提出希望和要求。就连乘坐进京的火车卧铺车厢里，也都更换一新。列车停靠在北京丰台站，会议文件当即送到每位代表的手中。在下榻的宾馆，他们也受到了工作人员夹道欢迎。

3月18日15点整，世人瞩目的全国科学大会隆重开幕。庄严宏伟的人民大会堂，端坐着30个省（自治区、直辖市）、中直和国家机关，以及解放军和国防工业部门共32个代表团5600多人，其中有3478名科技人员代表、820个先进集体代表和1189名先进个人，可谓群贤毕至，才俊纷呈。

李鹤林的心情既兴奋又紧张，不仅是因为自己能有幸参加盛会，也为会场里时刻涌动的亢奋氛围所感染。他强迫着自己要冷静淡定，却又不时地打量和环顾，他这是想把会场里的一切细节都深深地记住。

主席台后并排悬挂着领袖画像，画像两侧是十面红旗，头顶中央是时任中国科学院院长郭沫若手书的"全国科学大会"的横幅。两条红色巨幅标语横贯大会会场，一幅写着"高举毛主席的伟大旗帜，为在本世纪内把我国建设成为社会主义的现代化强国而奋斗！"另一幅写着"树雄心，立壮志，向科学技术现代化进军！"。

主席台上，坐着马大猷、王大珩、叶笃正、朱光亚、华罗庚、严济慈、苏步青、吴征镒、汪德昭、张光斗、茅以升、林巧稚、周惠久、侯祥麟、钱三强、钱学森、高士其、黄昆、童第周等名扬四海的著名科学家，他们是中国科学界最杰出的代表。对他们，除来自石化系统的侯祥麟和他的恩师周惠久外，李鹤林大多只是知道名字，听说过他们的成就，有的名字甚至闻所未闻。在台下，他敬重地注视着他们，希望从他们的身上得到启迪，获得力量。

时任中共中央副主席、国务院副总理的邓小平，在开幕式上作了划时代的重要讲话。邓小平的讲话，提纲挈领、开门见山："四个现代化，关键是科学技术的现代化。"进而，他阐述了科学技术与生产力关系的著名论断："科学技术是生产力，这是马克思主义历来的观点，科学技术作为生产力，越来越显示出巨大的作用。"

遭受"文化大革命"的中国经济已到了崩溃的边缘，科学教育领域落后的严重性尤甚。邓小平以深邃的历史目光把握了时代潮流，以振聋发聩的声音和巨大的力量力挽狂澜。

李鹤林目不转睛地盯着主席台，支着耳朵仔细听着邓小平的讲话，生怕错过哪怕一个字、一句话。

邓小平进而说道："承认科学技术是生产力，就连带要答复一个问题：怎么看待科学研究这种脑力劳动？……他们（知识分子）与体力劳动者的区别，只是社会分工的不同。从事体力劳动的，从事脑力劳动的，都是社会主义社会的劳动者……正确认识科学技术是生产力，正确认识为社会主义服务的脑力劳动者是劳动人民的一部分，这对于迅速发展我们的科学事业有极其密切的关系。"

"知识分子是工人阶级的一部分"，这是一个划时代的提法，是中国共产党对知识分子及其地位的认知与知识分子政策的历史突破。听到这一阐述，现场掌声雷动，群情激奋。李鹤林和每个人都一样，激动不已，兴奋不已，拍红了手，润湿了眼。多年来内心深处的阴影和块垒或许就此一扫而光。

邓小平还指出，对又红又专要有正确的理解、合理的要求。各行各业的同志在坚持社会主义的政治立场的条件下，努力做好自己的岗位工作，这不但不是脱离政治，而且正是为无产阶级政治服务的具体表现，是有社会主义觉悟的表现。我们向科学技术现代化进军，要有一支浩浩荡荡的工人阶级的"又红又专"的科学技术大军，要有一大批世界第一流的科学家、工程技术专家，要打破常规去发现、选拔和培养杰出人才。

这篇讲话针对和回应了当时政治界和社会上热烈争论的问题，提出了知识分子政策的新变化，指明了我国科学教育新的发展方向，在神州大地引发了深远而持久的历史回响。

李鹤林回想起自己长期在企业一线从事科技工作的经历，以及和普通的工人师傅、油田的钻井工人结下的深厚情谊，对邓小平讲话中有关知识分子地位、"又红又专"的阐述，有着刻骨铭心的感受，发自肺腑地赞同。

大会整整开了两周。会上，李鹤林听到了不少老科学家"穷且弥坚，不坠青云之志"的感人事迹。他见到了许多已入古稀或耄耋之年的老朋友，相隔多年之后，会上重逢，恍如隔世，百感交集，时而声泪俱下，时而又开怀大笑。他见到了不少老科学家桃李满天下、师生同赴盛会的动人场景，这其中也包括西安交通大学教授周惠久和李鹤林自己。师生两代在这样一个特殊的历史时刻和场合相聚，他倍感自豪。

出席全国科学大会人员合影（局部，前排左三为周惠久，
第六排右七为李鹤林）

陕西代表团总共有192人。大会期间，按照议程安排进行分团座谈讨论。李鹤林来自基层，且年纪尚轻，不免有些拘谨，代表团团长、陕西省委常委周吉一爽朗地对他说，敞开心扉，畅所欲言，

没有时间限制。

李鹤林结合这次的获奖项目，详细介绍了在提高石油机械产品质量和寿命的科技攻关中他提出的"以失效判据为依据，结构强度和材料强度相结合"的学术观点，并用这一思路对石油机械用钢进行了系统研究，取得一批重要成果。

自 1966 年起，李鹤林从石油机械的实际服役条件出发，研究确定了一批典型产品的失效判据。在充分发挥现有钢种性能潜力的基础上，研究开发 10 余种新型材料，并改变产品的结构设计，使一批石油机械的质量和寿命达到国际先进水平。其中，高强度、高韧性结构钢解决了强度、韧性和淬透性难以兼备的难题，已被列入国家标准。1977 年起用于吊环、吊卡、射孔器等 7 种产品后，使这些产品的质量和寿命有了很大提高。例如，吊环采用此钢并改进结构设计和进行综合强化后，突破了国外用磨损量确定寿命的设计准则，质量指标居国际领先水平。其自重只有苏式吊环的 1/3，寿命是美国 BJ 公司同类产品的 1.5 倍。是首批荣获国家质量金质奖的产品，也是我国首次取得美国石油学会会标使用权的产品。又如，无镍低铬等 5 种无磁钢用于各型电测车后，解决了油田长期存在的测井磁化干扰问题；高铬耐磨铸铁使泥浆泵缸套寿命提高 5 倍；高强度铸钢提高吊钳和防喷器承载能力 80% 以上；高强度公锥用钢使公锥寿命提高 2～4 倍……这些新型材料及经优化组合的老材料，形成了我国自己的石油机械用钢系列。仅吊环一种产品，就累计新增产值 6 亿元。

李鹤林的发言足足进行了 1 个小时，生动具体，言之有物，引发了阵阵掌声和热烈反应。后来，他的汇报发言经整理后冠以"开展金属材料强度的研究——提高石油钻采机械质量和寿命"的标题，登载于《石油钻采机械通讯》1979 年第 3 期，并收录于《李鹤林文集（上）》中。

大会期间的 3 月 29 日，李鹤林还参加了石油、化工系统代表的座谈会，两部部长宋振明、孙敬文，以及两部所有在京的副部长一同参加，听取了代表们的意见和建议。

3月31日，大会举行了隆重的授奖仪式和闭幕式。胸戴大红花的李鹤林，坐在了会场最前面的中心区，作为为中国石油机械工业做出突出贡献的一员，被授予全国先进科技工作者称号，受到隆重表彰。与此同时，他主持完成的高强度高韧性结构钢、轻型吊环吊卡吊钳、无镍低铬无磁钢、液压防喷器等四项成果，荣获全国科技大会成果奖。

全国科学大会澄清了长期束缚科学技术发展的重大理论是非问题，打开了长期禁锢知识分子的桎梏，大会还通过了《1978—1985年全国科学技术发展规划纲要（草案）》，这是我国第三个科学技术发展长远规划。

《人民日报》在大会闭幕当天发表了"神州九亿争飞跃"的社论，再一次唱响了科学的春天之歌。全国科学大会召开以后，全国上下形成奋起直追、争分夺秒的热潮，誓言"学习陈景润，为实现四个现代化攀登科学高峰"，"把被'文革'耽误的时间抢回来！"，全国科技报纸和科普版面增加，有的地方科技报的发行量甚至超过了百万份。

一篇《哥德巴赫猜想》，唤醒了一代人；一次科学大会，开创了一个科技发展的崭新时代。"科学的春天"也成为许多老一辈科研人员最温暖的记忆，成为中华人民共和国科技发展史上最具有转折意义的标志性符号。

二、载 誉 归 来

参加全国科学大会的李鹤林，比起那些老科学家来，年纪轻，经历也相对简单，所以，那种春天来了的解放感，他的感受并不是

李鹤林在全国科学大会的获奖项目

最深刻的。实际上，在他的心底，感受最强烈的，是向科技现代化进军的紧迫感、使命感和责任感。他要百尺竿头更进一步，为石油机械事业贡献出自己的全部。

全国科学大会给李鹤林的成果带来了褒扬，也给他个人带来了崇高荣誉。带着全套奖状的李鹤林，载誉归来。已经升任厂长的曾慎达，还有党委书记姚亮，带人到宝鸡火车站迎接，亲手为李鹤林戴上了用红绸被面做成的特大红花，敲锣打鼓地送他回家。

李鹤林获"在我国科学技术工作中作出重大贡献的先进工作者"奖状

李鹤林放下行装，只是稍作休息，就立即回到厂里。第一件事就是把研究小组的人召集在一起，大家坐着小板凳围成一圈，说说参加全国科学大会的事，与自己艰苦奋斗的伙伴们分享荣誉和喜悦。

为向工厂和兄弟单位传达贯彻好全国科学大会精神，李鹤林编写了40多页2万多字的传达汇报材料。材料打印出来了，李鹤林仔细看了又看，改了又改，大大小小的增删粘贴达60多处。全文分为三个方面内容：全国科学大会的盛况和自己参加会议的几点感受；大会的主要精神和方毅的重要报告；简要汇报自己近年的工作情况。

在谈到自己参加会议的感受时，他首先向大家汇报了一些报纸上没有报道的细节。他说：党中央对全国科学大会和我国科学技术现代化的重视程度，远远超出了我们之前的想象。3月17日晚的预备会议，方毅同志讲，去年向中央汇报时，还不敢提出开这个会。中央主要领导听了汇报后，提出要开这样的会。我们提出3000人规模，主要领导说少了，开6000人的会，传达后引起强烈反响。中央慎重地讨论了关于召开全国科学大会的通知，指示五届人大会议闭幕后10天左右安排科学大会。中共中央政治局讨论了邓小平副主席将在大会上的讲话和方毅的报告。为开全国科学大会，中央把几十个重要会议都暂停了。全国科学大会的几次大会，中共中央政治局成员都参加了。李先念副主席23日晚出访回国，24日即赶来参加大会。中央领导同志分别参加小组的学习讨论并作了指示。

第二个感受是，会议组织严密，接待热情、周到。

第三个感受是，代表的情绪高涨，一直沉浸在幸福和激动之中。讨论会提前开，发言十分热烈，直至深夜。许多代表热泪盈眶，一般的语言不能表达了，便赋诗作词，共写诗2000余首。陕西代表团写了70多首诗。代表们迫不及待地投入了新的长征，利用休息时间写论文，研讨技术，房间彻夜灯火，很多人放弃了去看文艺节目的机会。

第四个感受是，全国科学大会的召开，引起了国内外的震动，全国人民非常关注这次盛会。开会期间，各地发来了数千封热情洋溢的贺信，寄送了大批科学论文、实物模型等科研成果和锦旗、诗画、雕刻等礼品，有的还献来了祖传中医秘方。仅3月18日大会开幕当天，就收到信、电、邮件700件，这充分表达了全国各族人民对祖国科学事业发展的赤诚心意和对全国科学大会寄予的厚望。

他讲道，从27日到30日，连续在人民大会堂组织了4次大会，15位代表的发言，获得雷鸣般的掌声。著名数学家陈景润说：1976年，中国科学院有人又对我施加压力，逼迫我写所谓的批判文章来诬陷邓小平副主席。我顶住了他们的压力，就是不理他们那一套。全体与会人员热烈鼓掌。中国农林科学院院长金善宝在发言中讲道："我今年虽然八十二岁了，但此时此刻我的心中却充满着青春的活力。在实现四个现代化的长征路上，我要把八十二岁当成二十八岁过。"这一段话激起了大家的强烈共鸣。

李鹤林说，大会发言丰富感人，很受启发，开阔了眼界，思考着自己应该怎么做。不仅要把大会精神带回来，还要把先进个人和先进集体的好思想、好经验带回来，落实到行动中去。

在传达会议的主要精神时，李鹤林向大家讲述了分组讨论关于科学技术是生产力的问题，代表们达成的几点共识和体会："科学是生产力"是马克思主义的基本论点；大量事例说明这个论断不单纯是一个理论问题，也是一个提高和统一全党、全国人民的思想，争取四个现代化主动权的重要前提；其伟大作用，不仅限于经济范畴，实际上科学技术还是一种推动历史前进的革命力量。

要实现科学技术现代化，必须建设宏大的又红又专的科学技术队伍。不少老教授、老专家感慨地说：过去我们搞教学、搞科研，被扣上"白专""反动权威"等帽子，压得我们直不起腰，喘不过气，心想这一辈子红不了啦，只求不犯错误平平安安就行了。听了邓小平副主席的讲话，思想解放了，精神振作了，要把有生之年，献给祖国的科学和教育事业。许多代表强调，明确了红与专的标准，确保科研人员至少必须有 5/6 的时间用于科学研究，这方面还有不少阻力，要采取强有力的措施。

传达对于知识分子的政策待遇，李鹤林着墨不少，他说的一个故事也非常典型：某研究所的原总工程师是辽宁省特邀代表，他在设计制造炮弹、气象弹方面很有成绩，写了十几部专题著述。"文化大革命"期间他被当成反动技术权威，"专政" 8 年之久。1976 年又以"老的不去，新的上不来"为名，被强迫退休，把他赶回了浙江老家。全国科学大会召开前一个月被通知回来，他心情万分激动，可是见到单位党委书记，一席话又使他心里凉了半截。这位书记说："这回你可以写东西了。"他问书记："我过去写得对不对？"书记回答是："不对！你那时动机不对，是个人奋斗。"这句话使这位总工程师心里很难过，也非常失望。

李鹤林是以这样的事例说明，落实知识分子政策，发挥科技人员作用，关键在于领导，在于认识。但同为知识分子，同样倾心致力科研技术，李鹤林感觉自己无疑是幸运的。李鹤林所取得的成就，与他的人品、意志、毅力、学识有关，更是与他所处的单位、所遇到的领导和周围的同事充分信任、大力支持有关。对此，李鹤林心存感念。

5月中旬，陕西省召开科学大会，李鹤林作为主席团唯一的科技人员代表，作了《科技人员必须走又红又专道路》的发言。红与专的关系，既有邓小平同志的阐述，更有自己亲身的体会，所以发言很精彩。他说：

极"左"思潮把红与专、政治与业务对立起来，制造混乱，把专与白绑在一起，谁要钻研技术，就给谁扣上白专的帽子。

红与专是不可分割的，在正确方向指引下，刻苦钻研技术，搞好本职工作，这本身就是红的一种重要表现。一个专业技术人员，没有精湛的技术，没有过硬的本领，"红"也就无从谈起。如果工人不会做工，农民不会种地，战士不会打仗，科技人员不学无术，还有什么社会主义？我认为刻苦钻研技术没有错，并且坚信，只要坚持走又红又专的道路，努力为社会主义做出贡献，一定会受到党和人民的欢迎。

我理直气壮地钻研业务技术，坚持白天上班，晚上进行业务学习，常常学习和钻研到深夜二三点钟，有时甚至通宵达旦。春节到了，厂里放了假，我把全部假日都用于查阅有关科技资料……

在陕西省科学大会上，李鹤林与曾慎达一起被授予先进个人；他领导的石油机械新钢种研究三结合小组被评为先进集体，并且还有4项科技成果获奖。这篇发言，也在第二天就被《陕西日报》发表了。

三、喜事纷呈

从小喜读经史，关注天下大事的李鹤林，对中国共产党领导建设新中国充满了信心。

1957 年在中国共产党成立 36 周年的前一天，即 6 月 30 日，几天后就年满 20 岁的李鹤林，在日记里写下了对中国共产党的向往和炽热之情：

> 最老练的领航员，
>
> 总离不开灯塔的指引；
>
> 最熟悉的航海家，
>
> 也不能没有指南针。
>
> 不管海风怒吼吓人，
>
> 不管漩涡万丈深；
>
> 不管前面有多么汹涌的激流，
>
> 不管前面碰到多少险峻。
>
> 我们
>
> ——新时代的儿女，
>
> 永远能乘风破浪勇往前进！
>
> 因为我们有伟大的舵手
>
> ——中国共产党！

多年来各级组织的关怀培养，他更是铭记在心，入党的愿望与日俱增。特别是参加全国科学大会并获得莫大荣誉，使他除了感恩之外，对党的信仰更加坚定了。

22年后的同一天，即1979年6月30日，一个李鹤林永远铭记的日子。因家庭出身原因，多年迟迟未能实现的入党愿望，在这一天终于实现了。夙愿得偿，李鹤林内心充满了激动与感慨，这一天，还差6天就是他的42岁生日。要知道，周围不少工人20多岁就入党了，而他却经历了20多年的漫长考验和等待。

从1978年开始的这两年，正是中国社会巨变发端的两年。每个人都被社会的洪流所鼓舞和推动着，被社会的变化所改变着。同样，这两年在李鹤林的生命中也有着非常的意义，好事情就这么一件一件到来了。

就在李鹤林政治上的理想实现的同时，他的另一个梦想也有了重大进展。从1961年毕业参加工作时起，他就一直希望拥有名副其实的金属实验室。这个梦想，随着他的坚持坚守、出色成绩和巨大效益，得到了公认，特别是在曾慎达等企业主要领导一班人的支持下，一天一天地接近与实现。10年时间，最初几个人、几部简陋的仪器设备、几间办公室、普通的一个小组，终于逐渐变成了正式的金属材料试验研究室——1977年11月23日，原属工厂检验科的金属材料试验组升格为直属工厂的研究室。

1978年4月，宝鸡石油机械厂在刚刚成立的研究室的基础上，组建了工厂的研究所，下设设计、材料、工艺三个研究室，李鹤林担任材料研究室主任。1981年2月，中心试验室宣布成立，是以李鹤林团队为主体组建的，主任亦由李鹤林担任。

这是一种信任，也是一份责任，一重使命。

多年后，1993年11月27日的《中国机电报》刊登了记者李联慧采写的长篇通讯——《艰难的攀登》。其中写道："世界上原本没有路，路是人走出来的。20多年前，我国石油界的仁人志士们满心思想的是钻井取油，几乎没有人想到要搞材料研究，只有一个人例外，他就是李鹤林。"客观地讲，像李鹤林这样倾心石油机械用钢研究，闯出一条自力更生之路，使一批产品更新换代赶上国际先进水平的，系统内确实无人出其右。

20 世纪 80 年代初，宝鸡石油机械厂中心试验室的实力，不仅在石油系统独领风骚，而且在国内占据了一席之地。人员由最初的几个人增加到 40 多人，拥有 20 多台先进的检测设备，如日本日立公司 S-550 扫描电镜、日本飞利浦公司 EDAX9100 能谱仪、德国 H2G4/BX 衍射仪、美国贝尔德公司 SPECTRDVAC-1000 直读光谱仪、德国 OPTON 公司大型金相显微镜、美国 MTS 公司 100 吨电液伺服万能材料试验机、日本理学 MSF-ZMX 射线测试仪等。

这些先进的精良仪器，让李鹤林和他的团队如虎添翼。要知道，这些仪器来之不易，那是李鹤林和助手们结合着工作实际和实验室长远规划一台一台挑选上报的。

对尚未脱离计划经济条件的企业来讲，当时如何购得如此之多的国外先进设备？几百万元的资金又从何而来？还是不能不提到曾慎达。从最初的设计室主任到现在的厂长，曾慎达从来就是一个谨慎而又果敢的人，他抓住国际相关设备大幅降价的时机，倾企业财力，抢购了包括大型落地镗床、500 安培辉光离子氮化炉，以及李鹤林所列清单的近 50 台精大稀缺关键试验设备，大大充实了工厂的实力。

改革开放初期，习习春风唤醒了早起的智者。面对转轨变型、机械行业低迷、许多企业不知所措的状况，宝鸡石油机械厂较快地适应了新的运作模式，打出了一套漂亮的组合拳。企业内部推行整顿改革，开展岗位大练兵，重用人才，试制新产品，坚持质量第一，被评为全国企业管理先进单位，获得了业内首枚金牌产品（吊环）和两枚银牌产品。

四、谢绝仕途

此时，一个重大抉择也摆在了李鹤林的面前：上级党组织拟提拔他担任中共宝鸡市委副书记。李鹤林在"自述"中，这样叙述了当时的复杂心情：

> 或许这将画出我另外一条人生轨迹。而站在十字路口的我心情很是矛盾，万千思维涌上心头。我家庭出身不好，入党不满三年，（当时）仅仅是个科级干部，越级提拔担任如此重要的职务，充分体现了党组织在政治上的充分信任，我从内心深处十分感激。但我的石油机械材料工程和石油专用管情结又太深太深，难以割舍。不论是当领导管宏观还是干业务做学问，大目标是一致的，都是为国家奉献。而根据自己的具体情况，我觉得继续留在石油行业从事石油工业材料工程和石油专用管技术工作更合适些。此时，李天相同志已担任石油工业部副部长、部党组成员，曾慎达同志刚刚提拔为中共陕西省委书记（相当于现在的副书记）。他们两人对我比较了解，也理解我的心情。在他们的关心帮助下，我继续留在原工作岗位。

这是一番充满情怀的肺腑之言，一次遵从内心的选择；一场对自我人生的明确定位，一个以科技终生许国的志向。

1978年的全国科学大会，解放的不仅是人，还有智慧。李鹤林意气风发，率领团队创出了一个又一个新的科研成果。8年后的1986年6月，他参加了中国科学技术协会第三次代表大会，又一次受到邓小平等中央领导的接见。

1988 年，李鹤林被选拔为国家级有突出贡献的中青年专家。

1997 年 11 月，李鹤林当选为中国工程院院士。

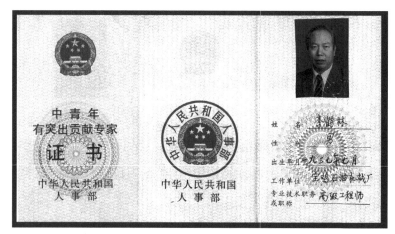

李鹤林被评选为国家级有突出贡献的
中青年专家（1988 年）

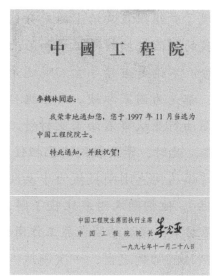

李鹤林当选为中国工程院院士
（1997 年）

第八章

更上一层楼

一、科研转向

"鹤鸣于九皋，声闻于天。鱼在于渚，或潜在渊。乐彼之园，爰有树檀，其下维榖。他山之石，可以攻玉。"以这句《诗经·小雅·鹤鸣》之诗，可比喻李鹤林时处环境，虽有牵强附会之嫌，亦不无一些相近之处。如鱼得水，志向实现，展翅高飞。

但是，已经登上石油机械用钢领域高峰的李鹤林，此时却不"安分"地退了出来，转头走向了一个虽有关联却是全新的领域。这与李鹤林的随和、本分的个性似乎有些矛盾。他在"自述"中这样写道：

> 有人曾问我，20世纪80年代初，你在石油机械用钢方面的研究工作搞得方兴未艾，热火朝天，为什么突然转向了石油管材试验研究领域？对这个问题，我过去没有认真考虑，以为仅仅是一种偶然现象，随缘而遇。但现在仔细思量，这种战略转移也有必然性。

中华人民共和国石油工业奠基人之一的康世恩曾经强调说，石油专用管是石油工业的基础。的确，包括油井管和油气输送管在内的石油管材，在石油工业中占有很重要的地位。首先，在油田全部资产中，石油管材就占到了60%，因而从成本角度看，石油管材节约的潜力巨大；其次，石油管的力学和环境行为，对石油工业采用先进工艺和增产增收有重要影响，往往会制约其发展。同时，石油管的品质、性能，对油井和石油生产安全影响极大。

20世纪50～80年代，我国石油专用管材的生产技术比较落后，无论是数量、品种还是质量，都远远不能满足要求，油田使用的油井管 90% 以上都是国外进口，而对于进口产品的质量，却是既没有发言权，也没有把关人。在这种局面下，需要有一个权威试验研究机构，这一机构应该具有三大功能：对大量的进口管材严把质量关，维护国家和企业利益；对使用中发生的恶性事故进行分析，减少发生率，确保安全生产；通过试验研究，促进石油管材国产化进程。

而随着改革开放步伐的加快，国民经济包括石油工业都呈现出了前所未有的发展态势，建立这样一个机构就越发显得迫切。这可能就是李鹤林将他的研究方向转移的初衷。

其实，李鹤林很早就参与过石油专用管事故的处理。多年前的一次事故令他记忆犹新。1966 年春，四川威远气田管线通气试压时，4 天之内连续爆炸 3 次，埋在稻田里的管段，在气浪冲击下，飞起十几米高。事故的现场就如同硝烟散后的战场，一片狼藉。这批钢管为同城的宝鸡石油钢管厂生产。

时任石油工业部供应制造局工厂管理处处长的李天相，当时正在该厂搞"四清"运动，闻讯后他立即带领该厂人员赶赴威远，作为金属材料专业毕业的技术人员，李鹤林也被抽调前往，负责失效分析工作。

那几天，李天相亲自守在四川石油总机厂中心试验室，盯着李鹤林进行各种理化检验。在金相显微镜下，李鹤林发现钢管的焊缝处存在大量马氏体组织，裂纹的走向与马氏体的分布关系密切。最终，他判断该事故是典型的应力腐蚀开裂。

分析结果汇报给了主持四川气田会战的石油工业部副部长张文彬。这位在李鹤林故乡汉中组建的石油师老政委大手一挥说道："我不懂什么马氏体牛氏体，但我相信科学。这次事故关系重大，必须进行一次重现事故的试验，事故重现了，我才能接受你们的结论！"

但是出乎所有人的意料，连续 3 次重现性试验，事故均未重现。李鹤林又被紧急叫到现场，他仔细地查看着，思索着，找出了端倪：

试验所用钢管与试压爆裂钢管虽是同批次的，但采用的天然气却是经过脱水的天然气，不是发生爆裂事故的含水天然气。改变条件重试，果然钢管再次爆裂。大家惊叹了，部长信服了。返回宝鸡，钢管厂的俞维华进一步研究判明，焊缝中的马氏体是焊剂碳含量过高惹的祸。李天相给予这次失效事故的分析评价很高，他在后来的多次讲话中都提到过，说这是石油工业首次采用失效分析指导重大工程的实践。

随后的 10 年，李鹤林一门心思扑在了研发石油机械用钢和轻型"三吊"上，而对石油管接触不多，也都属偶然。

时间回到了 1977 年。华北油田任 84 井在钻探作业中，接连发生了两起德国进口 G105 钻杆断裂事故，而且断口以上的钻杆被推下钻台时，又断成了数截。钻井工人们一时议论纷纷：这哪是合金钢钻杆，分明是"豆腐渣钻杆"。

又是李天相，此时他担任石油化学工业部勘探开发组副组长，一个紧急电话打到宝鸡，点名要李鹤林速去现场调查，一定要查明原因。

此时的李鹤林手中的设备也已是鸟枪换炮，拥有国内为数不多的日本 S–550 扫描电子显微镜。带着钻杆样品赶回宝鸡，他和郭平等通过大量扫描电镜分析和理化检验，发现断口形貌及剖面的裂纹形状和走向，都是典型的氢脆型应力腐蚀开裂。李鹤林初步判定，造成断裂的原因非进口钻杆本身，问题出在我方。慎重起见，李鹤林又委托西安交通大学和红旗机械厂再次进行电子探针检测。分析结果也发现断口表面富集氯元素，判断钻杆曾经接触过盐酸。

结论反馈到井队，队长和技术员矢口否认。李鹤林坚信结论无误。为搞清真相，他再次来到油田。同普通工人在一起摸爬滚打了十几年的李鹤林，相信工人诚实，能讲真话。他从招待所搬进井队的帐篷，吃住都和钻井工人在一起。井队工人被他的真诚深深打动了，有人终于说出了实情。原来，该井不久前曾发生了严重的卡钻事故，井队为迅速解卡，曾将盐酸注入井内。

这就坐实了李鹤林的判断，事故原因不是德国进口钻杆的质量问题，而是我们操作处置失误。这件事引起了石油化学工业部的高度重视，专门下文规定，在使用高强度钻杆时，应尽量避免注酸解卡；迫不得已采用注酸解卡时，必须加入有效的缓蚀剂。此后，类似失效事故在各油田就杜绝了。

后来，李鹤林与郭平根据这件事撰写了《G105 钻杆断裂分析》一文，收录于李鹤林、冯耀荣主编的《石油管材与装备失效分析案例集（一）》中。

大约 10 年的时间里，李鹤林主持完成了 10 多项管材失效分析，破解了一些疑难。其中尤以上述两项最为典型，在石油行业影响较大。这两个案例与我国第一口 7000 米超深井——四川关基井 7 英寸 110 套管柱断裂事故分析，并列成为中国石油工业早期重大失效分析的三大案例，上级主管部门给予了高度评价。

这是石油工业部高层选择李鹤林领导的宝鸡石油机械厂中心试验室承担石油专用管材料试验中心（TGRC，以下简称管材中心）业务的主要原因。

二、新 的 使 命

1981 年 9 月，石油工业部经过多重考虑，采纳了李鹤林和相关专家的建议，决定建立石油专用管材料试验中心，委托宝鸡石油机械厂中心试验室具体承担和开展工作。

成立石油专用管材料试验中心的目的和任务有三个：严把石油专用管质量关，力求最大限度地减少因质量而导致的恶性事故；通过重大失效事故的分析诊断，查明原因，提出防范措施；积累数据资料，树立机构权威，在对内仲裁、对外谈判中发挥主导作用。

一个机构，两块牌子；任务明确，责任重大。李鹤林一肩双挑，既是工厂中心试验室主任，又是石油工业部管材中心主任。新的征途、新的使命，使他深感肩上的担子不轻，经过反复思考，他提出了管材中心的发展规划：扩大石油专用管涵盖范围，不仅包括油井管，而且要将油气输送管逐步纳入；尽快从石油专用管的质检、失效分析向科学研究发展；开展标准化工作，力争石油工业标准化技术委员会石油管材专业标准化技术委员会设立在石油专用管材料试验中心。

李鹤林和他的团队，除承担完成了所在企业繁重的理化检验、废品分析和新材料科研任务外，还承担了上千项石油管材的质量监督检验、300多项失效分析项目和一批科研项目。李鹤林从中发现了大量的管材质量问题和主要的失效原因，并有针对性地提出了防范措施。

古人言："不谋全局者不足以谋一域，不谋万世者不足以谋一时。"李鹤林走一步，看三步，规划着新的奋斗目标，也等于在不断地自我加压。应了一句老话：有志之人立长志，无志之人常立志。

1983年，李鹤林被任命为工厂副总工程师。进入企业高层的，还有近10位中年知识分子和资深专业人士。新一届企业领导班子，集众多人才，开拓进取，勇于探索，获得了全国"六五"企业技术进步全优奖。

1986年11月，石油工业部决定建立石油管材质量监督检验测试中心和石油专用螺纹量规计量鉴定站，这两个机构先后挂靠管材中心。

1988年，管材中心划归改组后的中国石油天然气总公司（以下简称中石油），成为其直属科研单位，更名为石油管材研究中心。地址未变，依然在厂内，但是建成了新的实验大楼。中心主任由宝鸡石油机械厂厂长王道纯兼任，李鹤林的职务是常务副主任兼总工程师。

1991年3月，中石油任命李鹤林为石油管材研究中心主任；同年7月，批准石油管材研究中心设立临时党委，李鹤林兼任临时党委书记。

三、赴日考察启示

改革方兴未艾，对外交流也日渐扩大。

1983年的夏天，石油工业部组织了"石油专用管材料试验中心赴日考察团"。这是我国首次油井管专业技术考察团，上上下下十分重视，成员均由负责科技、物资采购和技术引进的副部长李天相亲自点将。李鹤林身在其中，这也是他第一次针对石油专用管的出国考察。考察团成员还有：石油工业部供应局阎家正、中国科学院金属研究所王仪康、宝鸡石油机械厂张志义、中国五矿进出口总公司王钟毓等。

从7月20日到8月9日的20天时间，他们先后参观了日本住友金属、日本钢管、川崎制铁和新日铁四大钢铁公司的14条石油专用管生产线、6个科研机构。

日方精通生意经，对中国石油开发动态和走向十分关注，渴望对华出售技术和产品，所以接待规格很高。他们向考察团开放了最先进的生产设施和实验室，在一些深层次的技术问题上也作了交流。在交流过程中，日方知道了中国有了专门的油井管研究和检验、仲裁机构，即李鹤林领导的石油专用管材料试验中心。

考察中，李鹤林看得最细，问得最多。他既羡慕这些先进的试验手段和生产线，心中又有一些不服气。他暗自发誓：你们能干的，我们也能，你有"高炉四社"，我有石油专用管材料试验中心。中国

与日本钢管（NKK）公司交流座谈（右二为李鹤林）

与日本川崎制铁公司交流座谈（右前一为李鹤林）

人的才干和勇气，绝不输于任何人。

这次出访考察，李鹤林收获颇丰，对他以后的科技思路产生了很大的影响。回国后，他将考察所得一一落在笔端纸上，撰写了《国外石油钢管的现状与动向》《日本石油专用管的内控标准及补充技术条件》《日本石油专用管质量保证措施》等多篇文章，发表于内部期刊《石油专用管》第一期。

为了改进国产石油专用管的质量，减少油田事故，经冶金工业部和石油工业部协商，1981年部分管材按API标准试生产，1982年大部分管材正式按 API 标准组织生产。尽管采用了 API 标准，但人们对 API 标准的认识并不统一。有人就认为：API 标准既是国际上公认的，就当然是最高标准；石油专用管按 API 标准生产和检验，就意味着达到了国际先进水平。但是，这些观点并未得到几年来的实践印证。采用 API 标准后，国产管材的质量问题并未从根本上解决，各油田恶性质量事故依然继续发生。

究竟应该怎样看待 API 标准？李鹤林赴日本考察时，就此与日方人员进行了交流和座谈，达成如下共识：API 标准是对相关产品最基本的要求，并非最高标准；为保证石油专用管的使用性能和安全可靠性，用户可根据使用情况向生产厂提出比 API 标准更严、范围更广的补充技术条件，生产厂的产品应同时满足 API 标准和用户补充技术条件；内控标准是生产厂为保证产品质量而制定的厂内指令性标准，内控标准高于 API 标准和用户补充技术条件。API 标准、生产厂的内控标准和用户补充技术条件三者结合起来，才能保证石油专用管质量。

这些理念和观点一直影响着李鹤林和他领导的石油管材质量监督和标准化工作。

在赴日考察中，李鹤林发现日本四大钢铁公司的石油专用管研究机构除有先进的理化检验设备外，还拥有大规模模拟油井现场服役条件的全尺寸石油专用管试验系统。其中，全尺寸油套管复合载荷试验系统可模拟油套管承受的外压、内压，轴向拉压载荷、弯曲载荷、井下温度等外在服役条件，测试、评价油套管的结构完整性和密封完整性；全尺寸套管挤毁试验系统，可模拟地层外压和其他附加载荷条件，测试、评价套管的抗挤毁能力；全尺寸钻杆腐蚀疲劳试验系统可测定、评价钻杆在不同 PH 泥浆中的腐蚀疲劳寿命和疲劳抗力；全尺寸油套管腐蚀试验系统，可模拟含 H_2S/CO_2 油气井的井下温度、压力和 H_2S/CO_2 的分压等服役条件，评价油套管的氢致开裂和硫化物应力开裂、应力腐蚀开裂行为。

李鹤林参观时很激动，也很震撼。这些设备对于确定各种石油专用管的服役性能，研究服役性能与钢的成分、组织状态、基本性能之间的关系有着不可缺少的重大作用，科研、技术监督、失效分析都离不开这些设备，石油专用管材料试验中心必须尽快拥有。

这次考察对石油专用管材料试验中心引进上述重要设备、后来的迁址西安，以及"石油管工程学"学科的形成，都产生了重要的影响。

走出国门，考察取经，了解世界，李鹤林心中升起了另一个愿望，让世界了解中国，使中国制造、中国设计、中国标准走向世界，在国际同行中叫响中国。

他做到了！

第九章

敲开 API 大门

一、一篇论文敲开 API 大门

API 是一个非营利机构，成立于 1919 年。20 世纪 20 年代，API 开始制定石油工业设备、材料规范和标准。1928 年，API 成立了勘探开发部和相应的标准化委员会，专门针对上游的设备材料和有关内容制定标准规范。API 不断搜集用户对设备、材料的要求，积累总结来自制造厂生产实践和油田使用的各种数据、指标及经验，广泛组织用户及科研、制造单位的专家，根据产品类别组成 12 个委员会，逐项分析研究这些资料，用于制定并不断修改、补充 API 标准，因此 API 标准确有一定的科学性和先进性，已为世界石油界普遍采用，有很高的信誉和权威性。

但是，API 标准的性质、内容与我们一般的概念不同。API 公开宣布，API 标准化工作的目的是"致力于油田设备的安全与互换"。1924 年以来，API 所制定的油田设备、材料标准中，主要着重于型式、参数的一致，以确保互换性，某些规范虽也提出一些设计、制造的技术，但不够完善。例如，早期的钻杆产品标准 API SPEC 7 及 5D，虽有技术要求、试验方法和检验规程，但不够严密。我国过去使用的钻杆，几乎全部从国外进口，每年花费几亿美元。而各油田长期不断发生的钻杆刺穿、断裂事故，造成的损失极大。

石油专用管材料试验中心刚成立不久的时候，李鹤林得到了一份统计报表：全国每年发生的钻杆刺穿、断裂事故多达千起。按国际钻井承包商协会的统计，钻杆一次失效事故平均损失是 10.6 万美元；一年 1000 起事故，损失至少 1 亿美元！

李鹤林对此忧心忡忡。几次参加钻杆事故调查，也提醒了李鹤林，应该对它进行专门的研究。为国分忧的信念使他下定决心，向这个世界性的难题发起冲击。他充满自信："我们中国人应该攻克这个难关！"他的想法得到了石油工业部的支持，专门组织了一个钻杆失效分析课题组，分赴各油田进行了长达 3 年的调查。课题组对200 多起钻杆事故进行了分析研究。大规模的调查和分析研究发现，80% 的钻杆失效事故，表现为内加厚过渡区部位形成了刺穿孔洞，而刺穿孔洞是内加厚过渡区部位的应力集中和腐蚀集中引发的疲劳和腐蚀疲劳裂纹所致。

内加厚过渡区形成刺穿孔洞的钻杆

李鹤林等的主要贡献与创新点[1]在于：首次研究发现钻杆内加厚过渡区部位形成的刺穿孔洞是由疲劳和腐蚀疲劳引起的，而不是通常认为的腐蚀孔洞；首次提出这类刺穿孔洞的形成机理，以及钻杆内加厚过渡区的应力集中和腐蚀集中的产生及变化规律；建立了

① 见李鹤林在 API 第 64 届年会上的大会报告，收录于《李鹤林文集（下）》，2017 年 6月由石油工业出版社出版。

"先漏后破"准则，首创了钻杆内加厚区的双圆弧曲线结构，优化了几何形状和尺寸，而 API SPEC 5D 对钻杆内加厚过渡区的结构和尺寸是没有规定的。这项成果的完成人，除李鹤林之外，还有宋治、赵克枫、韩勇、李宝进、阎家正等。

这些研究发现和技术成果，澄清了国外在钻杆失效领域的一些疑点，为敲开 API 大门创造了条件，给国际石油工业界同行送去了一份惊喜。

1987 年 6 月，来自 20 多个国家的 600 多名石油界专家学者云集于美国南部海滨城市新奥尔良，参加 API 举行的第 64 届年会。在希尔顿饭店，腰缠万贯的石油大亨纷纷包住了豪华房间，而两名中国人合住在 40 美元一个床位的双人经济间，丝毫不为人所注意。

李鹤林出席 API 第 64 届年会时留影

已有 60 多年历史的 API 名单上，还从未出现过 China 这个词。第一次参加年会的这两名中国人，能否敲开 API 这道厚实的大门呢？

"我们必须争取大会发言！"在经济间里，李鹤林向石油工业部供应制造局副总工程师赵宗仁说。他心里有谱，只要能在大会上开口说话，就能一步跨进 API 高高的门槛。

然而，大会发言只安排在第一天的前半天，并且人选早早就已定好了。

6月28日上午，宽敞亮丽的希尔顿饭店报告厅座无虚席，大会发言正在进行。而此时，李鹤林的论文还是一声不响地躺在会议主席罗杰斯的公文包中，他根本就没看。会议休息时，罗杰斯才漫不经心地把论文翻出来。草草一看标题——"钻杆失效分析及内加厚过渡区结构对钻杆使用寿命的影响"，罗杰斯心里陡然一震。

20分钟后，大会发言重新开始。站在讲台上的，是两位黄皮肤的中国人——李鹤林和赵宗仁。李鹤林宣讲论文，精通英文、口语极好的赵宗仁负责翻译。会议出现了少有的场景，即席评价一个高过一个，原来只印了50份的论文被一抢而空。罗杰斯先生宣布立即复印，每人一份。

国际钻井承包商协会主席杜芒特不无感慨地说："API有关这个问题的提案已经5年了，但一直处于争论之中，中国人这次拿出了令人信服的论文，终于有了结果。"①

一时间，李鹤林成了API的新闻人物。那间小小的经济间，成为第64届年会的一个不小的焦点。那一天，李鹤林深切地感受到，在科学面前，人人平等。晚上，李鹤林破例喝了一杯红酒。赵宗仁兴奋地说："喝吧！今天这酒一定得喝。API的大门被我们5000字论文就敲开了！"

凑巧的是，大会闭幕的那一天，正是李鹤林50岁生日。在异国他乡狭小的经济间里，他依窗而立，海风吹拂，窗外灯火辉煌，街市如昼，望万家灯火，感慨油然而生。50岁知天命，生日没有亲人的陪伴和祝福，宁静清冷，他的心却似海浪般翻腾。岁月不等人，还有多少课题等着破解啊！

---

① 陈新华：《延长钻杆使用寿命有新法》，《中国石油报》1987年7月19日第1版。

年会闭幕了，API 的大门对李鹤林、对中国敞开了。

李鹤林课题组的研究成果受到国外学者的关注和引用[①②]。美国、日本等国家的专业刊物更是在显著位置评价李鹤林课题组的成果，肯定它是"钻杆技术的突破""在国际上领先"[③]。美国石油学会也立即采纳了这一成果，用以修订 API 标准。API 和国际钻井承包商协会还专门成立了钻杆加厚联合工作组，并破例邀请中国作为成员国。

1987 年，这项成果获得石油工业部科学技术进步奖一等奖；1988 年，又获国家科学技术进步奖二等奖。

称雄世界的日、德石油钻杆制造企业，不惜巨资按照这一成果对原生产线进行改造，并邀请李鹤林等前去验收。1987 年和 1988 年，李鹤林两次率团先后去日本钢管、住友金属和新日铁公司考察验收，指导钻杆内加厚过渡带的改进。

李鹤林（左二）在新日铁公司指导该公司
改进钻杆内加厚过渡区结构

① Gensmer R P.Field Correlation Between Internal Taper Length and Tube Failures in 4.5 in 16.60E, IEU Drillpipe. ACDC/SPE Drilling Conference，1988：247.

② Wilson G E, Shepard J S. What difference do infornal-taper length make on drillpipe fatigue life?.SPE Drilling & Completion, 1994：53.

③ Drilling Contractor.Drill pipe life could be drastically increased.1987:33.

二、九个课题全面提升钻柱技术水平

参加 API 第 64 届年会，使李鹤林充分了解了国外钻杆、钻铤等钻柱构件的发展动向。回国后，他结合我国钻具的具体情况，提出了一系列课题并组织开展了科研攻关。这些课题是：①钻杆接头和转换接头材料及热处理工艺研究；②摩擦对焊钻杆焊接质量研究；③钻铤失效分析机理及用钢技术研究（1996 年获陕西省科学技术进步奖二等奖）；④钻柱失效分析及其网络的建立（1997 年获中石油科学技术进步奖二等奖）；⑤钻柱失效案例库及计算机辅助失效分析（1995 年获陕西省科学技术进步奖二等奖）；⑥新型钻杆的现场试验及推广应用；⑦钻柱构件安全韧性的研究；⑧钻杆腐蚀疲劳试验研究；⑨用断裂力学方法确定钻具探伤周期及预测钻具使用寿命的试验研究。

这些课题首次在我国陆上石油系统建立了钻柱失效分析网和失效案例库及计算机辅助失效分析系统；首次研制成功钻杆无缺陷摩擦焊接新技术、形变热处理新工艺及国内第一个钻杆摩擦焊区质量控制标准；建立了钻柱构件在复合加载条件下的断裂判据、应力强度因子表达式及确保安全使用的韧性判据；同时，解决了钻柱构件选材及热处理中的一些关键技术问题。其中的前 7 项课题已通过部级鉴定或验收，认为达到国际先进水平。

通过持续的科研攻关，上述课题全部完成。经推广应用，钻柱失效事故率由 1000 次 / 年下降为 250 次 / 年，钻具消耗降低 50%，经济效益约达 7.5 亿元。

李鹤林与冯耀荣将课题①～⑦集成为"提高石油钻柱安全可靠性和使用寿命的综合研究"项目，由中石油 1996 年推荐参加国家奖评选，1997 年获国家科学技术进步奖二等奖。该项目参与人还有韩勇、李平全、宋治、安丙尧、张毅、帅亚民、刘家诠、吴永泽等。

2005 年，课题⑧、⑨集成为"石油钻杆腐蚀疲劳寿命及适用性评价方法研究"，获陕西省科学技术进步奖二等奖。该项目主要完成人为李鹤林、张平生、宋余九、冯耀荣、霍春勇、韩晓毅、巨西民、罗卫国等。

之前的 2000 年，作为钻柱领域科研成果的阶段性总结，李鹤林应邀在上海宝钢集团有限公司（以下简称宝钢）作了题为"提高钻柱安全可靠性和使用寿命的途径"的学术报告。报告在分析钻柱服役条件和失效模式的基础上，从两方面作了综合分析。在钻柱构件自身方面，提出提高材料韧性和摩擦对焊质量、改进结构设计、开发酸性环境用钻柱构件等措施；在外部措施方面，提出在保证提升能力条件下，优先选用较低钢级钻杆，使用最佳预紧扭矩，选择合适的弯曲强度比，在钻铤与钻杆间使用加重钻杆，控制腐蚀和科学管理钻柱构件等。

上述项目和课题的完成及工程应用，对钻柱构件的正确选择和合理使用，对高质量、高性能钻杆和钻铤的开发，对保障钻井的安全和节约投资，都具有十分重要的意义。

1999 年 12 月，李鹤林、李平全、冯耀荣合著的《石油钻柱失效分析及预防》一书由石油工业出版社出版。

三、API 话语权大增

API 第 64 届年会后，中国在 API 的话语权逐渐多了起来。

几年后，API 接纳李鹤林为第一委员会委员。他领导的石油管材研究所（以下简称管材所），也正式成为 API 管材标准化委员会的中方技术归口单位，并多次参加 API 年会。

1987 年以后，李鹤林领导的管材所向 API 申报近 10 项修订标准的提案，其中 5 项被纳入 API 标准，分别是：钻杆内加厚过渡区几何尺寸、钻杆韧性要求、套管韧性要求、提升短节、钻杆与接头摩擦对焊区技术条件。

1989 年，他与资深专家赵宗仁再度合作，根据所了解掌握的 API 标准的性质、特点和政策重大变化情况，并针对业内存在的问题，在国内石油系统的会议上作了几次专题报告，阐释如何正确理解和采用 API 标准。《石油专用管》1989 年第 2 期上公开发表了这份报告。

2003 年 10 月，李鹤林又在中国标准化协会标准化国际论坛作了《借鉴 API 标准制订程序和方法，提高我国标准化水平》的特邀报告。李鹤林在报告里介绍了 API 标准的制定、修订程序和方法，强调科学研究是制定、修订 API 标准的基础。他认为，坚持制定、修订标准与科研、失效分析"三位一体"，是持续提高标准化水平的必由之路。失效分析是先导，不进行失效分析，就不可能发现提出深层次问题，标准化工作就会无的放矢；科学研究是基础，不搞科研，失效分析发现问题则不可能彻底解决，标准化水平就提高不了；标准化是归宿，不修改标准，科研和失效分析的成果无法转化，事故仍会重演。

2006 年 4 月，李鹤林在西安出席油井管技术及标准化国际研讨会，又与吕拴录、骆发前、周杰、高蓉合作发表了学术报告《正确理解和执行标准规范，选好用好油井管》。在这份报告中，李鹤林特别强调，大量失效分析发现，油井管失效原因与订货标准有关，也与使用操作有关。订货的技术条款不能满足实际使用工况，会发生事故；管柱设计不合理、操作不规范，导致油井管非正常损坏，事故更多，这是油田亟待解决的问题。李鹤林列举了他们碰到的几个具体事例。

某油田发生多起提升短节脱扣事故，两名钻工致残。经过失效分析，发现所用的提升短节是由 API 早已淘汰的细扣钻杆改制而成的，脱扣全在细扣连接部位，而当时的 API 标准里还没有提升短节。据此，及时设计了新型提升短节，解决了此项问题。随后又制定提升短节的行业标准，并被采纳列入 API SPEC 7 规范。

后经进一步调研，又发现我国两项国家标准仍在沿用 API 已淘汰的细扣钻杆螺纹。李鹤林说服相关部门予以废止，此类事故得以从根本上杜绝。

20 世纪 90 年代初，某油田一批直径为 126 毫米的钻杆接头胀大失效，失效分析和研究认为主因是接头倒角直径偏小所致，进而发现合同订单上的要求是 1981 版的 API 标准。而实际上，1986 年版的 API 标准对此已作了修订，同一油田也有按新标准采购的钻杆，并未发生此类事故。此事提醒大家，不注意掌握 API 最新标准，将会导致不必要的损失。

此外，买来合格的油井管，井队也必须会用、用好，严格执行作业规程，比如，当时普遍存在油管粘扣问题，损失严重。但造成粘扣的原因竟然很简单：大多数油管粘扣，与没有引扣和上扣速度快有关，并且缺少相应的专用工具。于是，建议并协助油田对油管作业的对扣方式、引扣圈数、上扣速度和上扣扭矩等，制定出详细的规定，要求严格执行。管材所还研制出了专利产品——便携式油管引扣钳，推广应用，可有效防止油管粘扣、错扣。

在一个专业领域内，只有长期不间断地对国内外动向和成果跟踪学习，借鉴采用，才能有更多的收获，为我所用，有所创新。而不能简单地照葫芦画瓢，或是止步不前，停留在原有的认识水平。

科学的前沿阵地是不断向前推进的。李鹤林敲开了 API 大门的同时，还为中国的油田钻探开发事业推开了很多扇窗户。

第十章

推进油套管大规模国产化

一、真知灼见

套管、油管及钻柱构件（钻杆、钻铤、方钻杆等）统称油井管。我国油井管的消耗量，按钻井进尺计算，大体每钻进一米，需要油井管62千克，其中套管48千克、油管10千克、钻杆3千克、钻铤0.5千克。油套管需求量占油井管总量的93%。

油套管在石油工业中的重要地位，不仅表现在用量大、花钱多，更重要的是，钢管的质量、性能和石油工业关系重大。油套管服役条件恶劣，油管柱和套管柱通常要承受几百甚至上千个大气压、几百吨的载荷及严酷的腐蚀。油套管的寿命影响油井的寿命，油井的寿命又决定油田的寿命。油套管的安全性和使用寿命，直接影响着石油工业的发展。

20世纪50～70年代，我国石油工业使用的油套管，主要依赖从国外进口，国产所占比例不到5%，主要生产企业是鞍山钢铁集团有限公司（以下简称鞍钢）、包头钢铁（集团）有限责任公司（以下简称包钢）和成都无缝钢管厂（后改制更名为攀钢集团成都钢铁有限责任公司，简称攀成钢）。受国家整体工业实力所限，当时这几个厂家的装备条件和生产技术十分落后。国产油套管产量低、品种少、质量差，远远满足不了我国石油工业发展的需求。

与之形成鲜明对比的是，国外油套管企业，如日本的新日铁、住友金属、日本钢管、川崎制铁，以及联邦德国的曼内斯曼、美国的美钢联、法国的瓦内瑞克、意大利的达尔明等，清一色都是国际一流大型钢厂，它们生产油套管均是从炼铁、炼钢、轧管开始，直至最后的螺纹加工，采用全产业链的生产工艺和设备。

如何加快提高我国油套管制造的整体水平，是摆在冶金和石油两大行业面前十分紧迫的问题。

通过编写《石油机械用钢手册》，李鹤林与石油工业部供应局钢材处有了密切联系，能经常获得冶金行业的信息，并有机会参加冶金工业部的一些重要会议。20世纪70年代，我国拟引进日本新日铁的技术和设备，在上海宝山建设国际一流水平的大型钢铁联合企业。李鹤林十分敏锐地认识到，这是油井管国产化的一次良好机遇。于是，他在冶金工业部的几次会议上，竭力建议宝钢一期工程一定要有无缝钢管生产线及油井管螺纹加工生产线。

1983年3月1～9日，国家科学技术委员会和冶金工业部在上海召开全国低合金钢与合金钢工作会议，时任国务院副总理方毅主持会议。会议代表参观了建设中的宝钢并进行了讨论。作为石油行业代表的李鹤林，不想失去这个难得的机会，在会上作了题为"国产油井管存在的问题及逐步实现国产化的建议"的发言。他对宝钢无缝钢管生产线的建设感到很振奋，并强调指出：我国油井管的巨大缺口和品种、质量方面存在的严重问题，仅靠宝钢的一条现代化无缝钢管生产线是不够的，建议引进国外先进技术和装备，再建设一座世界一流水平、覆盖油井管全部规格的全产业链的无缝钢管油套管厂。

1989年，宝钢140无缝钢管生产线投产4年，将我国油井管产量增加到了9.45万吨。油井管国产化率虽有所提高，但也仅为

上海宝钢无缝钢管轧管生产线　　　　天管油套管热处理生产线

10%，而那时天津钢管公司（现天津钢管集团股份有限公司，以下简称天管）刚刚开始建设。我国油套管的生产仍处于起步阶段，难以满足石油工业的需求。

在 1989 年 6 月召开的全国第四次低合金钢与合金钢工作会上，李鹤林又一次代表中国石油物资公司和管材中心，作了题为"关于开展石油管材联合科技攻关的建议"的大会发言。李鹤林指出：

> 我国无缝钢管生产技术落后，油井管发展相当缓慢。钻杆在 50 年代即开始试制，30 多年过去了，现在仍然是 100% 进口。油、套管的进口率也高达 90%。鞍钢无缝管厂迄今只能生产低钢级平式油管，成都无缝管厂和包钢无缝管厂只能生产低钢级套管。根据 1987～1988 年对进口与国产油套管质量复验结果，日本进口管不合格率 3%，而国产管材 30% 不合格。

> 国产石油管材自给率低的原因是多方面的，最主要的是产品质量差，并对油井管质量问题存在一些模糊认识，浮浅地认为油井管不过就是一种普通无缝钢管而已，以致出现的质量问题得不到重视，一直不能根本解决。

> 我国进口油井管所需外汇已达出口原油换汇的 30%，今后还将增长。因此，下功夫提高国产管材质量，逐步取代进口，已成为当务之急。

这是李鹤林站在国家层面上，在油井管国产化方面第四次提出的重要建议。

李鹤林的大声疾呼引起了相关方面的重视。1990 年 11 月 28 日，中国工业经济学会第 142 期《工业经济内参》发表了采访李鹤林后撰写的《石油管材依赖进口的状况亟待解决》一文。文章的开头写道：

> 据中国石油天然气总公司管材研究中心副主任李鹤林和中国石油设备协会程子棠同志反映，我国在石油用钢的总量中，管材占 60% 以上，但石油管材迄今主要依靠进口。油井管的进

口量占需求量的 90% 以上，每年需花费外汇几亿美元。

随着石油工业的发展，我国对石油管材的需求量与日俱增。近年来，全国陆上石油每年约需油井管 80 万吨，油气输送管 20 万吨，海洋石油也需要相当多的管材。

油井管的化学成分、冶金质量、力学性能、残余应力以及外径、内径、壁厚、圆度、直度、螺纹参数等，都有很严格的要求。特别是随着高压喷射钻井、定向钻井、丛式钻井、热采井技术的推广应用，油井管的技术要求将愈来愈高。但我国油井管生产技术落后，产品质量未过关，这是我国油井管自给率低的主要原因。有关方面应立即采取有效措施，系统地、扎扎实实地对石油管材进行科技攻关，尽快满足需要。

内参的最后是李鹤林等提出的三条建议：

石油管材的科技攻关，应是生产和使用两方面的联合攻关。如钻铤，是由石油管材研究中心、华北石油管理局和原兵器部的几个工厂联合研究开发，使其质量逐年提高的，现已取代进口 50%。这个经验值得推广。

在攻关内容上应循序渐进。"八五"期间应首先在已投产的低钢级管材上下功夫，然后再扩大品种、规格和数量，并逐步试制高钢级的管材。在质量上应与进口产品同等要求。除按 API 标准检验外，还要用中国石油物资公司向国外订货的补充技术条件进行检验和评价。

在攻关组织形式上，建议由冶金部和石油天然气总公司组织其下属单位，并邀请中科院金属所组成联合攻关机构。

这份内参引起了有关决策部门的重视。次年，国家批准由冶金工业部和中石油联合承担国家重点企业开发项目："高质量油井管开发"。这是我国油井管发展史上的重要节点。

1991 年 7 月 2 日，冶金工业部和中石油组织论证会，正式启动了这个项目。项目承担单位为成都无缝钢管厂、宝钢无缝钢管厂、鞍钢无缝钢管厂等三个油井管生产企业和冶金工业部钢铁研究总院，组长单位是成都无缝钢管厂。李鹤林为项目的专家组成员。该项目的两大开发目标是达到年产高质量油井管 15 万吨的实际生产能力；批量开发一定数量的高强度、高抗射孔开裂性能、高抗挤毁和抗硫化氢腐蚀等高性能的油套管，供油田试用。项目完成期限为 1995 年 12 月底，总投资 1720 万元。

冶金工业部副部长殷瑞钰和中石油副总经理李天相出席了启动会。李天相在讲话中特别指出，该项目的承担单位没有列入石油管材研究中心，是因为挂靠该中心的石油管材质量监督检验中心是一个必须保持第三方公正地位的机构，是本项目的"裁判员"，不允许既当"运动员"又当"裁判员"。

会上，李天相还对李鹤林说："你们担负的任务十分繁重，包括技术监督、失效分析，还有油井管工程应用方面的科研工作，你们的工作关系本项目的成败！"殷瑞钰建议李鹤林多去钢厂走一走，指导几个钢管厂的油井管开发工作。

各自为战、小打小闹的技术开发，终于成为国家统一组织下的联合攻关。至此，冶金和石油两大系统形成了合力，工作开展得更顺利了。作为该项目专家组成员和管材中心主任，李鹤林按照李天相和殷瑞钰的要求，扎扎实实地做了大量的工作。

二、五 项 贡 献

"高质量油井管开发"项目立项后，我国油井管国产化迅速在全国开展起来。在李鹤林的具体策划和带领下，管材所扮演了重要的角色，为我国油井管国产化工作做出了以下突出的贡献。

（1）编制订货补充技术条件或采购标准。受中国石油物资装备总公司的委托，李鹤林组织制定了《油套管补充订货技术条件》《高频电阻焊套管订货技术条件》等多项行业标准。在编制采购标准和订货补充技术条件的会议上，李鹤林再一次强调指出："API 油井管标准是对油井管最基本的要求，并非最高标准""API 标准、用户补充技术条件和生产厂的内控标准三者结合起来，才能有效保障油井管质量"。

根据各生产厂油套管的状况和不同油田对其使用性能的特殊要求，除中国石油物资装备总公司颁布的《油套管补充订货技术条件》外，还组织为油田用户编写了专门的订货补充技术条件，如《辽河油田用 OD273mm H40、J55 ERW 表层套管订货补充技术条件》《长庆油田用 ERW 表层套管订货补充技术条件》《塔里木油田用 P110 高抗挤套管订货技术条件》等，对保障油套管质量及油田安全生产起到了重要作用。

（2）提出 API 油套管生产必备条件。包括：①采用先进的转炉复合冶炼、超高功率电炉冶炼及炉外精炼技术，保证油井管钢的成分均匀度和纯净度，控制钢中硫和磷含量、五大有害元素含量及氧、氮、氢气体含量，夹杂物含量及形态。②推广弧形连铸圆管坯的工艺装备及技术，采用连铸圆管坯直接生产油井管，降低成本，提高成材率。③采用先进的 MPM、Accu-Roll 等长芯棒轧管机组，保证油井管优良的表面质量和尺寸精度。④采用多层次完善的在线和线外检测系统，如钢管内在和表面缺陷的在线检测系统、温度测控系统及电机功率、轧制压力等测量装置。⑤采用先进的管加工装备和工艺，保证螺纹加工精度，确保油井管的连接强度和密封性。⑥采用温矫工艺和先进的表面处理工艺。

（3）开展油套管驻厂监造。根据加快油井管国产化的安排，按照国际惯例并结合我国生产企业特点，提出了《油套管驻厂质量监督办法》和《油套管驻厂质量监督实施细则》。主要为两个方面：厂家委托的油井管生产过程中质检把关和质量评价；用户委托的订购产品监造和质量抽检。发现问题均在生产现场处理，以保障发往油田用户的产品满足订货的技术条件要求。

（4）开展对生产厂的技术咨询服务。针对各钢管厂在设备安装调试、试生产或正常生产中出现的问题，深入调研，提出具体解决方案。例如，针对天管和宝钢油套管螺纹加工中的问题，提出了12条建议，解决了其内外螺纹端起始扣和倒角毛刺等问题；向宝鸡石油钢管厂等提出了控制圆螺纹加工公差合理范围的建议，从而提高了油套管抗粘扣性能、密封性能和螺纹连接强度。

（5）开展油套管应用基础研究，协助生产厂开发新产品。多个科研项目中最具代表性的一项，是"油层套管射孔开裂及其预防措施的试验研究"，主要完成人员为张毅、宋治、李鹤林、吉玲康等。

通过对60根套管近8000个试样的试验研究，在金属动态断裂理论的基础上，系统研究了油层套管射孔开裂倾向与套管材质力学性能之间的关系，建立了油层套管安全韧性判据。经大庆现场实弹射孔，可靠度达到90%。该项成果经鉴定属国内外首创，达国际先进水平。它的推广应用，解决了油层套管射孔开裂难题和薄油层开采因套管、水泥环开裂引起的井下油、气、水窜槽问题。该项目于1996年获中石油科学技术进步奖一等奖，1998年获国家科学技术进步奖二等奖。

除此之外，具有代表性的科研项目还有："套管螺纹滑脱原因及影响因素的研究"（中石油技术创新二等奖）、"非调质N80套管脆性断裂失效分析及反馈"（陕西省科学技术进步奖三等奖）、"直焊缝套管的开发研究及其推广应用"（陕西省科学技术进步奖三等奖）、"特殊螺纹连接的油、套管评价与推广应用"（中石油科学技术进步奖二等奖）、"深井、超深井油套管选择与管柱设计因素研究"（中石油技术创新二等奖）、"油套管 CO_2 腐蚀机理及防护措施研究"（中石油技术创新二等奖）。

在李鹤林（正面照左二）见证下，国家石油管材质量监督
检验中心对国产特殊螺纹接头油套管进行上卸扣试验

李鹤林（右）在国家石油管材质量监督检验中心调研
国产高抗挤套管挤毁检测情况

同时，李鹤林协助宝钢开发了 C90 油管，协助天管开发了 TP-110TT 高抗挤套管等。

这些科研工作及成果具有显著的经济效益和社会效益，推动了我国的油井管国产化进程。

三、"阿管"事件

在油套管大规模国产化进程中，失效分析及反馈发挥了重要作用。

世特佳公司（Siderca）是阿根廷著名油套管生产企业，是泰纳瑞斯（Tenaris）集团的骨干成员之一。泰纳瑞斯集团是目前全世界最大的油井管产业集团之一，拥有 10 家钢厂，其中包括世特佳、达尔明（Dalmin）、坦萨（TAMSA）3 家骨干企业，而后这 3 家又组成联盟，简称 DST。

20 世纪 80 年代，世特佳公司向我国提供的大批套管连续出现严重的质量问题，被称为"阿管"事件。事故的分析判定和提出的改进意见，均由李鹤林和他的团队作出。

1987 年 6 月，华北油田发现从世特佳公司进口的 N80 和 P110 套管普遍存在严重缺陷。张国正、李京川取样进行金相检验，李鹤林亲自主持了分析研究，发现这些缺陷均属大型非金属夹杂物或夹杂物导致的裂纹，按美国材料与试验协会标准 ASTM E45 评定，夹杂物大都达到 5 级或更粗大，属严重超标。经电子探针分析，属外来夹杂物，系浇注过程卷渣所致。

李鹤林向阿方交涉并反馈了失效分析结论，阿方以此为据，对冶炼浇注系统进行了技术改造，用大功率偏心底注式电弧炉取代了常规的倾斜浇注电弧炉，炼钢原料采用海绵铁取代大部分废钢。自此，世特佳公司生产的油套管再未发生此问题。

同一时期，世特佳公司耗费几亿美元，建成了一条当时世界最先进的限动芯棒连续轧管生产线，产出的第一批 N80 套管发往中国。然而 1988 年前后，多批次 N80 套管在运输、存储过程中发生管体和接箍破损，其中有断裂，有碰伤孔洞，还有端部裂纹及接箍开裂等。消息传来，李鹤林非常震惊，高端进口产品出现这样的低级破损事故，令人难以置信。

事故的调查和艰难的谈判重任，又一次落到管材中心肩上。李鹤林极为重视，安排安丙尧、吉玲康、李京川、马秋荣冒着严寒奔赴新疆、大港、华北、中原、胜利等油田，在油田供应处和商检所的支持和配合下，从 25 个订货合同中抽取了 136 根套管，运用十几种分析研究方法，发现上述破损形式均属脆性破裂，原因是套管和接箍材料韧性太低，而魏氏组织、上贝氏体和枣核状马氏体①的大量存在是韧性低劣的根本原因。李鹤林分析认为，这些不良组织的产生是由成分设计欠妥及工艺控制失误导致的。该批管坯始轧温度为 1200℃～1300℃，终轧温度高于 1000℃。由于冷床设计太小，进入再加热炉前管坯冷却时间太短，温度过高（约 1000℃），高于相变温度 A_{C1}，致使经再加热炉加热冷却后未起到重结晶作用。这些虽然是金属学的基本常识，但在轧钢技术人员那里往往会被忽视。

谈判开始时，阿方代表当然不会轻易认错，即使面对着大量难以辩驳的数据，也试图寻找各种借口和理由，不断地进行争辩。李鹤林作为中方首席代表，看到阿方在科学和事实面前依然遮遮掩掩，他有些恼怒了，指着一堆分析报告，毫不客气地反驳："管子是钢做的，不是玻璃做的，一摔就碎了?!" 理亏的阿方立即降

① 枣核状马氏体是一种孪晶马氏体，韧性极低。

低了声调。李鹤林乘胜追击，再一次一一列举了确凿的证据，进行了无懈可击的分析。阿方代表终于不争辩了，反过来诚恳地询问改进方案。

对此，李鹤林提出了改进措施：①调整化学成分，降低碳含量，改 Mn-Mo 系为 Mn-V 系钢；②增加冷床，使进入再加热炉前的半成品钢管的温度低于 600℃。世特佳公司采用上述措施后，晶粒度由 3～4 号细化到 9～10 号，枣核状马氏体等不良组织消失了，夏比冲击功提高 4 倍。

特别需要强调的是，这条限动芯棒连续轧管生产线是世特佳公司斥巨资刚刚建成的，在当时是全世界最先进、最豪华的。这条生产线的第一批产品出口到中国即被发现有严重质量问题，李鹤林他们及时而准确的分析结果使世特佳公司得以迅速纠正，既缩小了不良影响，又避免了很可能发生的巨大经济损失，世特佳公司通过各种方式对中方表示了衷心的感谢。除同意对部分炉批作退货处理外，还主动支付我方 100 万美元。

1990 年 7 月，李鹤林应邀率团赴阿根廷布宜诺斯艾利斯，访问世特佳公司总部。年近七旬的公司董事长罗卡（Roca）博士，专程从意大利飞往阿根廷接待他们。宴会是在一家五星级酒店举行的，红地毯从街道一直铺到二楼的宴会厅。罗卡博士是钢铁专家，曾在美国几所大学担任过冶金工程教授。他对李鹤林再三表示感谢，对失效分析报告给予了高度评价。此后，其公司高层经常到中国访问管材中心，李鹤林也三次回访世特佳公司及后来的泰纳瑞

罗卡董事长在世特佳总部热情接待
李鹤林（右一）一行

斯所属 DST 公司。

2000 年 5 月，DST 专程派人送给李鹤林一块表示感谢的牌匾，大致意思是：

> 表彰中国石油管材研究所所长李鹤林先生：对于他渊博的知识以及他专心致力于石油工业用高性能管材的提高与发展做出的杰出贡献，DST 希望用这种方式来特别感谢他的热情帮助与友谊。

DST 赠给李鹤林牌匾以表谢意

这块牌匾此后一直摆放在李鹤林办公室的醒目位置。在他的眼里，这是管材所与国外著名公司交往的信物，也是友谊与真诚的见证，更是对自己的鞭策与激励。

对世特佳套管非金属夹杂物严重超标与套管严重破断事故的失效分析，与世特佳公司乃至泰纳瑞斯集团"不打不成交"，消息传到了正在建设的天管。1991 年 3 月，天管工程建设指挥部派专人到宝鸡，邀请李鹤林、安丙尧等前往天津进行技术交流。李鹤林一行在天津停留 5 天，详细介绍了"阿管"事件，阐释了事故原因和采取的措施，天管立即参照进行了整改。

2016 年 10 月，天管现任总经理孙开明说："李院士在大无缝建设初期提出了很多建议，给予我们大量帮助。尤其对投产后新建的直接还原铁厂建设，提供了关键性的建议。李院士根据国内油田使用国外管材出现的大量失效案例，认为夹杂物控制水平是影响管材最终性能的关键，建议公司在炼钢工序之前采用纯度更高的还原铁来降低夹杂物水平，促成公司上马还原铁厂，并与1996年9月30日由时任市长张立昌同志点火热试。事实证明，采用直接还原铁后的铸坯质量良好，为后续开发高强度高韧性的抗挤毁套管、深井超深井用套管打下了良好的基础。"

四、"三分天下"

宝钢于1985年投产后，按照 API 标准生产油井管，批量供应油田，从而改变了大量进口的局面。管材所与宝钢建立了密切关系，李鹤林每年都要带队进行技术交流。

1998年年初，李鹤林带领副所长路民旭一行又来到宝钢。这次，他带来了一个油井管"三分天下"的新观点。

依据对国外油套管的考察和分析，他把油套管划分为 API 标准、非 API 标准和特殊螺纹接头油套管，指出宝钢按 API 标准生产油井管，虽然做得很好，但仅是三占其一，在品种、质量和满足市场等方面，与国外发展迅猛的高端油井管相比，还有不少差距。非 API 标准油套管和特殊螺纹接头油套管，其技术要求远高于 API 标准……

何为"非 API 油井管"？李鹤林指出：

API 油井管，是严格按照 API 标准生产和检验的一类产品，其特点是技术成熟、通用性强。非 API 油井管，是指不按照或不完全按照 API 标准生产、检验的一类油井管。是生产厂根据用户需求，或为了满足某些特殊使用性能而开发的个性化产品，属于各生产厂家的专利产品。

非 API 油井管产生于 20 世纪 80 年代初。近 30 年来，随着油井管服役条件的变化，非 API 油井管逐渐发展，其品种已达 200 种左右，产量约占全部油井管的 30%。

非 API 油井管有三类：非 API 钢级系列、非 API 螺纹系列和非 API 规格系列。第一类主要和材质有关，即其力学性能（强度、韧性等）或物理、化学性能（耐蚀性等）比 API 油井管有更严的要求和更高的档次。第二类是不同于 API 螺纹的特殊螺纹系列。第三类是几何尺寸（如外径、壁厚和接箍尺寸）不同于 API 标准的油井管。通常所说的非 API 油井管主要指第一类和第二类。而且在多数情况下，非 API 钢级油井管同时也采用特殊螺纹接头。非 API 油井管，实际上是高性能或具有特殊性能的油井管。①

李鹤林的报告是上午作的，这也是他此次宝钢之行的最主要日程安排。但随后发生的事情却出乎他的意料。谢企华，时任宝钢副董事长、总经理，这位杰出女性是我国特大型钢企历史上首位女掌舵人，因为掌管着这个庞大的钢铁航母而扬名国内外。当天下午，谢企华结束出访日本刚刚走下飞机，就听来接她的人说李鹤林提出的油井管"三分天下"的说法。敏锐智慧的谢企华的脑子快速运转了起来，她急匆匆赶回集团，第一时间与李鹤林会面，让李鹤林把"三分天下"之说再阐释了一遍。第二天又指示宝钢研究院再次召开座谈会，就国外的非 API 和特殊螺纹接头油套管的情况与李鹤林进行了深入交流。

① 详见《李鹤林文集（下）》中的《高性能油井管的需求与发展》一文。

五、从 5% 到 99%

冶金行业和石油行业的共同努力，油井管生产厂和研究院所的联合攻关，李鹤林及其团队的艰苦工作和巨大付出，使得国家重点企业开发项目"高质量油井管开发"在短短几年时间内便取得了巨大成功。油井管国产量由 1991 年的 1.67×10^4 吨，猛增到 1996 年的 43.17×10^4 吨，自给率也由 14.48% 增至 52.11%，并按项目任务开发了高抗射孔开裂套管、高抗挤套管和抗硫油套管。

为了在全国推动非 API 油井管的开发与应用，李鹤林通过中石油咨询中心立项，开展多项专题研究，在业界发表研究成果及论文数十篇，奔赴各地作了 30 多场与油井管国产化相关的学术报告。

1997 年，李鹤林在中国金属学会成立 40 周年学术报告会上，代表石油行业作了特邀报告——《石油工业对石油管的技术要求与对策》。

该报告指出：油井管不属于一般的冶金产品，而是在碳钢或低合金钢无缝管或高频电阻焊管（ERW）的基础上，经过深加工的具有高附加值的机械产品。油井管在石油工业中的重要地位不仅表现为用量大、花钱多，更主要的是其质量对石油工业关系重大。油井管质量低劣将引发恶性事故，造成巨大经济损失，导致严重后果。冶金、石油两大系统联合攻关，虽然使油套管的国产化有了突破性的进展，由原来的不足 5% 上升到 1996 年的 50% 以上，但一些企业的生产技术水平，与发达国家相比还存在差距。突出的问题是品种及规格不全，能批量生产供货的油管和套管钢级还较少，一些特殊用途的非 API 油井管国内还不能提供；产品质量波动较大，常常出现试生产产品质量优于小批量生产产品，小批量生产产品质量优于大批量生产产品的现象；质量控制不严，事故时有发生。

为进一步加速油井管国产化的步伐，李鹤林提出了技术开发和科技攻关的四个方面的对策和建议：改进国产 API 圆螺纹油套管螺纹连接性能；积极开发满足特殊需要的非 API 标准油套管，例如用于深井和超深井的高强度油套管、高抗挤套管、抗酸性环境腐蚀用油套管、兼有耐酸性环境腐蚀及高抗挤特性的套管等，以适应"稳定东部，发展西部"的战略实施；积极开发特殊螺纹接头油套管。

2003 年 11 月，在中国石油学会石油工程专业委员会年会上，李鹤林应邀作了题为"油井管发展动向及几个热点问题"的报告。他在分析油井管服役条件和失效模式的基础上，指出油井管失效的内在因素可大致归结为钢级和螺纹连接两大问题，评述了其发展动向。该报告指出，国际上对油井管与管柱的研究热点是高钢级油井管的强韧性匹配，以及膨胀管技术、连续管技术和耐蚀油井管的发展等。

在 2007 年度的中国金属学会钢管学术委员会年会上，李鹤林作了《油井管发展动向及高性能油井管国产化》的特邀报告。他引用了大量数据，表明我国油井管产业发展迅速，已成为世界最大的生产基地；但在油井管高端产品技术领域，与发达国家还存在明显差距，一些特殊品种仍部分依赖进口。他呼吁，调整结构，提高档次，加强高性能油井管国产化进程，变油井管生产大国为油井管生产强国，是我国油井管行业紧迫艰巨的使命。

2008 年 11 月 20 日，中石油在西安召开了非 API 油井管工程技术国际研讨会，李鹤林作了《高性能油井管的需求与发展》的特邀报告。该报告在全面分析油井管服役条件变化及国内外高性能油井管发展动向基础上，结合我国油气勘探开发对油井管的需求，提出了高性能油井管研究开发工作的建议，包括应用基础研究的主要课题及新产品的开发方向等。

2008 年 11 月，李鹤林（前排右八）参加非 API 油井管工程技术国际研讨会，并作《高性能油井管的需求与发展》的大会特邀报告

　　2009 年 5 月 22 日，中国钢结构协会钢管分会在无锡主办了第二届钢管市场分析会，李鹤林应邀出席会议并作特邀报告——《油井管供需形势与对策》。该报告论述了国外油井管发展概况和我国油井管产能及现状，认为国内油井管市场严重供大于求，而国际市场容量有限，而且我国在油井管出口贸易方面存在一些深层次问题。对此提出了应对措施的建议，包括调整产品结构，加强行业自律和行业协调，加快企业兼并重组步伐，提高产业集中度。

　　在当年《焊管》杂志第 4 期和第 5 期上，他撰稿再次阐述自己的观点和主张。

　　作为院士，他的分析和对产业布局调整的建议，是有分量和作用的。这些真知灼见，反映了李鹤林当时对油井管国产态势急切的心情及焦虑。一分耕耘，一分收获；一份奉献，一份喜悦。李鹤林和他的团队把春华秋实、硕果累累当作过去，继续前行，辛勤地开拓着科研新的天地。利用自己在学术界和行业的地位和影响，利用石油管工程技术研究院的研究成果，以国家利益、石油开发为己任的李鹤林，在推动油井管国产化的进程中奉献了一个科技专家的赤子之心。

"功到自然成"。从 20 世纪 80 年代初算起，对于油井管的攻关、研究和大力推进，李鹤林率领团队经历了 30 多年的努力，终于得到了回报。

2012 年，这个已近暮年的老人回顾中国油井管从弱变强的进程，感叹中更多的是欣然，他再次提笔撰写了《我国油井管产业的现状与发展》一文。在文章中，他写道：

> 目前，我国油套管生产企业有三种类型。第一类企业是具有从炼钢、制管到管加工全产业链的企业，如天管、宝钢、衡钢、包钢、鞍钢等，产能约 500 万吨，占总产能的 50%；第二类企业是拥有制管（无缝钢管或 ERW 焊管）和管加工的企业，如宝鸡钢管、渤海装备、孚瑞特等；第三类企业是仅进行油井管螺纹加工的企业。我国油井管生产能力已达 1000 万吨，成为钢管生产大国和世界油井管生产供应基地。天管、宝钢的油套管产品，除覆盖 API SPEC 5CT 外，已形成了完整的非 API 钢级油套管系列。我国非 API 钢级油套管，已能满足国内油气田苛刻工况的需求。天管、宝钢、衡钢、常宝等公司，能够设计和生产特殊螺纹接头油套管，我国特殊螺纹接头的品种，基本能够满足需求。

这些足以说明，我国已开始跨入油井管研发和生产强国的行列。

富有远见卓识的"三分天下"的论断，指明了高性能油套管产品的开发方向，也带来高性能油套管产品开发的高潮，非 API 标准油套管和特殊螺纹油套管等高端产品的开发在我国得到了迅猛发展。其中天管和宝钢率先形成了本公司完整的高性能非 API 钢级系列油套管和特殊螺纹接头系列油套管，无锡西姆莱斯石油

2009 年，中国石油化工集团公司委托李鹤林院士（前排右三）为专家组组长，对上海宝钢开发的高镍耐蚀合金油管进行技术鉴定和论证评审，标志着最高端的非 API 油套管实现了国产化

李鹤林院士（前排右五）主持天管高镍耐蚀合金油管鉴定会时留影

专用管制造有限公司、湖南衡阳钢管（集团）有限公司（简称衡钢）、攀成钢、江苏常宝钢管股份有限公司等厂家随后也都开发了相应的产品。

2012 年，天管 TP 系列油套管产量 47.22 万吨，占该厂当年油套管总量的 31.4%，宝钢 BG 系列油套管也达到其当年油套管生产总量的 27%。天管、宝钢代表性的非 API 油套管钢级系列包括：用于深井、超深井的超高强度油套管；用于寒冷地区油气田的低温高韧性油套管；高抗挤和超高抗挤套管；抗 H_2S 应力腐蚀油套管；兼顾抗硫与高抗挤性能的套管；耐 CO_2 腐蚀的油套管；耐 CO_2+ 低 H_2S 腐蚀油套管；耐 CO_2+Cl^- 腐蚀油套管；耐 H_2S+CO_2+Cl^- 腐蚀油套管；稠油热采用油套管等。其中，用于深井、超深井的超高强度套管，天管的最高钢级为 TP165N，宝钢的最高钢级为 BG165；抗 H_2S 应力腐蚀油套管，天管、宝钢均能稳定生产 110SS 钢级，并且开发了 120SS 油套管；耐 CO_2 腐蚀油套管，除 13Cr、超级 13Cr 系列外，天管、宝钢都开发了适用于 CO_2 腐蚀较轻微环境的经济型低 Cr 钢油套管，如天管的 3Cr、5Cr，宝钢的 1Cr、3Cr 等；面对 H_2S、CO_2、Cl^- 共存的恶劣环境，宝钢和天管都开发了镍基与铁镍基耐蚀合金油套管，取代了进口产品。

在特殊螺纹接头油套管方面，天管开发形成了 TP-CQ 等 12 种型式，2012 年的年产量为 32.65 万吨；宝钢开发了 11 种型式，2012 年的年产量为 5 万吨。2012 年，我国特殊螺纹接头油套管产量为 56 万吨，占油套管总产量的 19%。

从早期的不足 5% 到如今的 99%，从基本进口到大批出口，从每年多花几十亿元外购资金到节约几十亿元，我国油套管生产由极其弱小迅速发展到如此强大，无论冶金行业还是石油行业职工，都有一股强烈"挺起民族脊梁"的爱国情怀，这种情怀形成了巨大的精神力量和物质力量。

巨大的变化和成就中，也处处凝结着李鹤林和石油管材人的强烈心愿与奉献。

第十一章

追梦西安

一、发展困局

破解油井管的疑难、对石油管工程领域的不断探索和深究，使李鹤林越来越有一种急迫感。建设一所让国家和业界充分信赖的科研机构，建立一支有力的专业科研团队，国家和行业都是急有所需、迫不及待的。

石油工业部石油专用管材料试验中心成立于 1981 年 9 月。石油工业部下达的〔81〕油供字 674 号文件《关于建立石油专用管材料试验中心的通知》明确规定，委托宝鸡石油机械厂中心试验室具体承担石油专用管材料试验中心（以下简称管材中心）的工作。因此，管材中心实际上是附设在宝鸡石油机械厂的，并不是一个独立的法人机构。

1987 年，国家标准局（现国家质量监督检验检疫总局）将挂靠管材中心的石油管材质量监督检验测试中心，列入石油行业首批且唯一的国家级产品质量监督检验机构计划名单。单看名头与业绩，石油管材质量监督检验测试中心列入国家级质检中心合情合理，毋庸置疑。但最终，管材中心的国家级质检中心资质被否决了。因为按照规定，国家级质检中心必须挂靠在研究所、高校等事业单位，而不能设在企业单位，以确保其第三方的公正地位。而管材中心不仅是设在了企业中，同时宝鸡石油机械厂还生产钻杆接头、螺纹量规等油井管相关产品，有"既是运动员，又当裁判员"之嫌。

鉴于石油管材在石油工业的重要地位，1988 年，石油工业部和改制后的中国石油天然气总公司再次发文，将李鹤林所领导的管材中心从宝鸡石油机械厂正式分离，归属部（总公司）直接领导，更名为"中国石油天然气总公司石油管材研究中心",成为一个应用基础研究和社会公益性科研事业单位。5年之后的1993年7月,石油管材研究中心再次更名为"中国石油天然气总公司石油管材研究所"。

更改归属,确定性质,从另一个侧面充分肯定了李鹤林及其团队在石油管材研究方面所取得的重大成就,以及在行业中所具有的重要地位,同时也预示着李鹤林个人角色的悄然转变。

正式划归石油工业部和中石油直接领导之前,管材中心主要从事管材的失效分析、质量检测,并对从中提出的一些共性的、深层次的问题进行系统的科学研究,科研成果反过来支撑失效分析和质检的深入进行。

成为直属科研院所后,李鹤林立即组织制定了发展规划,形成的三份报告融进了他自己近年来的思考和设想。1988年10月,三份报告同时上报中石油。其中有工作汇报,有工作设想,有对油田此方面存在问题的调研分析和陈情,也有申购急需填平补缺设备的项目。这些报告都经过李鹤林逐句逐条亲自推敲修改,如同科研论文,客观具体,言之有据。这是李鹤林的一贯作风。

第一份报告为《管材中心的近期任务及今后工作设想》,在该报告中,李鹤林将主要工作内容分为以下三类。

其一,质量分析,重点之一是把好进口质检关。李鹤林指出,目前对进口的石油管材商检,存在一种可能造成极大损失的令人担忧的漏洞。商检以外观检验为主,内在质量受检率不足1%。送交到中心进行分析检验的,每年仅有十几批来样。而即使这寥寥来样中的问题也很严重,从苏联、阿根廷、西班牙、日本等国家进口的送检样品中均发现有缺陷。而且过去的失效案例表明,早期的失效管材大多是内在质量不合格所致,所以,必须改变商检方式,提高内在质量受检率。管材中心作为国家商检局授权的国内唯一石油管材法定商检机构,要以产品质量评价、驻厂检验、购进商检为主要方式,严把进口管材质量关。

其二，"凡失效，皆分析"。李鹤林提出，应迅速建立以管材中心为核心，涵盖各油田相关单位的失效分析网络，改变管材失效无人过问的状况；特别是要纠正"家丑不外扬"、隐瞒事故不报的观念和行为，防止行业领域中隐患不能及时排除、失效事故重复发生的现象。

其三，是在科研方面的一个长长的大单，计有 21 项之多。李鹤林开列了他们科研的重点和方向，同时这也是李鹤林表明的一种决心，自觉加压，多担责任，多出成果，不负众望。

第二份报告是建立模拟服役条件的全尺寸石油专用管实验室可行性报告。他详细列举了国内外相关状况，对建立模拟管材服役条件的全尺寸实物试验室的迫切性进行了细致的分析和恳切的陈情。

李鹤林提到，国外在批量购进设备器材时，普遍以评分进行质量评价，特别注重实物规模的检测试验。例如，套管要做挤毁试验、螺纹整体连接强度试验、气密性试验，各种钻具则必须进行实物连接强度、抗扭、实物腐蚀疲劳寿命等方面的试验。我国石油管材 90% 以上依赖进口，需要建立实物实验室对其进行全面试验研究与评价，同时对国内管材生产企业的产品也需要这样做。

此外，我国大小几十个油气田，分布在东北、华北、中原、西北、西南和沿海不同地区，不同的外在服役条件对石油管材的性能要求也不尽一致。例如，辽河油田和新疆准噶尔盆地"稠油热采"，油井管需要长期承受 200～400℃的高温作用；新疆南部和东部油井，向 5000 米以上深井发展；渤海湾地区的胜利油田，井深达 8000 米以上。凡此种种，都对管材提出了新的不同要求，进行模拟实际工况的全尺寸实物试验十分迫切。

第三份报告是与第二份报告相联系的，李鹤林提出的是关于填平补齐基础试验设备的论证报告。李鹤林在报告中提出了购进扫描光谱仪、氧氮分析仪、透射电镜、电子探针、应力腐蚀试验机、电子拉伸试验机、高温金相显微镜等一批先进检测设备的需求。但报告的重点是建立三大试验室，即能够模拟实际使用工况的全尺寸油井管和油气输送管试验室、含 H_2S/CO_2 介质高温高压腐蚀试验室，以及石油专用螺纹精密检测试验室。李鹤林设想三个试验室的总面积约为 5000 平方米，而且有许多特殊要求。

宝鸡石油机械厂厂区内的建筑密度已呈过饱和状态，自身尚需扩大，无法容纳和提供管材中心进一步的发展空间。况且地处相对封闭的关中西端宝鸡城区，管材中心的发展亦存在地域限制之困。

这或许是李鹤林第一次提出管材中心搬迁新建的设想，尽管话说得还是比较含蓄。对管材中心今后的发展目标，李鹤林已有了相当清晰的设想。经过 8 年时间的努力，管材中心的实力和业绩完全可以媲美一个国家级的科研机构，但由于体制等制约因素，他们的施展空间越来越显得局促。

二、艰 难 抉 择

与宝鸡石油机械厂分离，搬迁新建，李鹤林内心十分纠结，决心并不好下。他曾在"自述"中这样说：

> 54 年石油科技生涯，我有 33 年在宝鸡，主要在宝鸡石油机械厂度过的。工厂的党政组织、历届领导和广大职工长期关心爱护和培养了我。我是在宝石精神的熏陶下成长起来的，我与宝鸡石油机械厂有浓厚的感情。

这是他发自肺腑的真心话。因为他始终认为，在困难时期，幸亏有这个企业为他创造条件，甚至给他提供保护。

1988 年夏，也就是向石油工业部里提交三份报告之前，日本钢管和住友金属两大公司邀请李鹤林赴日验收钻杆内加厚过渡区改进成果。他建议宝鸡石油机械厂厂长王道纯以管材中心高级顾问的身份随行参加。王道纯年长李鹤林7岁，两个人的工作经历相似，都是从基层技术岗位一步步实干出来的，李鹤林成长为一名成就卓著的科学家，而王道纯则成为一位勇于开拓创新的企业家，曾被陕西省授予"企业优秀领导干部"称号，荣获全国五一劳动奖章。

通过赴日考察，王道纯深切地感受到管材中心对石油工业的价值和作用。回国的前夜，两个人相互交流了一下考察的感受，作了一次长谈。王道纯非常恳切地表示，管材中心应当进一步加强力量，从工厂独立出来才能有更广阔的空间。李鹤林的想法当然与王道纯一致，但他依然对王道纯的无私情怀感佩良多。回国后，王道纯又多次督促李鹤林写一份申请独立的报告，而李鹤林心有千千结，始终没有动笔。好事依然多磨。李鹤林在"自述"回忆道：

> 原以为管材中心从工厂独立出来，行业层次的石油管材质量监督检验测试中心有了合法地位，国家石油管材质检中心的立项评审时遇到的问题就迎刃而解了，但实际运作起来并不那么简单。由于这个国家质检中心涉及石油、冶金两个行业的利益，双方都极力争取将其设立在自己行业的所属单位。管材中心虽然独立了，但综合大楼仍坐落在宝鸡石油机械厂厂区内，与工厂有千丝万缕的关系，冶金系统对此反应强烈，所以几次立项申报，均未获通过。

搬迁新建，国家级质检中心立项评审，两大难题如山一样久久压在李鹤林的心头，他时常夜不能寐。此事久拖不决，自己的梦想落空且不足为论，但油田与国家这方面的缺口与损失，令人焦虑。李鹤林决定绝不能就此放弃，要再努力游说，陈情理由。

1990年春，事情终于有了重大转机。中石油副总经理李天相委托总工程师李虞庚主持了管材中心"八五"规划论证会，与会专家听取了李鹤林的汇报，进行了讨论和论证，一致认为，必须加强石油管材的工程应用研究、技术监督和失效分析，以适应石油工业的发展；同意管材中心异地扩建和新建一批试验室。

虽然对扩建达成了共识，但是，是在宝鸡郊区征地建设，还是一步到位搬迁至西安？两种意见在论证会上旋即展开了交锋。两地各有优势，取舍需多方考虑，又是一番激烈的讨论，专家们最终再一次达成了共识：为便于更好地开展工作，包括进一步申报国家级质检中心立项，建议管材中心搬迁西安新建。

会议纪要摆在了李天相的办公桌上，他经过深思熟虑，于1990年1月8日，亲笔向中石油科技局等6个部门写出了自己的意见：

我赞成虞庚同志主持的对管材中心"八五"规划论证的会议纪要。

管材中心成立以来，在涉外管材订货、国内管材订货、内部生产钢管的监督以及各油田管材失效分析上，做了大量工作，维护了石油工业的利益，成效显著。目前石油工业每年消耗管材200万吨以上，用汇近10亿美元，国内采购每年也在100万吨左右。为进一步维护石油工业的权益，管材中心的工作应该加强。

把管材中心办成国家技术监督局认可的质量检测中心是必要的，也需要具有公正地位……

很快，6个部门中有4个经过调研讨论，反馈了意见，同意管材中心迁建西安。中石油科技局在意见中阐释了赞成搬迁西安的五条理由，其中这样写道：

管材中心成立以来，做了大量有效的工作，近几年国外订货索赔500多万美元；通过质量监督和失效分析等，每年减少钻柱断裂事故可降低直接损失5000多万元，新开发的直焊缝套管，8年来每年应用几万吨，节汇720万美元；钻杆失效分析的研究成果，使钻杆寿命提高2～3倍，每年可节约资金1亿元左右……

前几年向国家技术监督局申请列为国家级质检机构，曾得到初步认可，但因与宝鸡厂未彻底分开而搁浅。据了解，目前冶金部积极想将国家级检测中心争到手。我们如不采取果断措施，将失掉时机。

宝鸡厂现有的实验室用房等已不能满足需要，已订货的实物试验装置需新建实验室解决。整个中心的发展需要统一规划，征地新建……

人事教育局、物资公司（也称供应局）的意见亦为赞同支持。

1990年11月13日，中石油总经理王涛在宝鸡调研，对管材中心的工作给予了充分的肯定。王涛对大家说："你们做了大量的工作，对外国来讲，捍卫了中国的利益；对行业以外来讲，捍卫了石油工业的利益。这样就保证了整个石油系统进口管材的质量，包括促进国内厂家提高质量。希望你们进一步扩大研究领域，实现质量监督，包括商检更大的发展。"此时，同来考察调研的李天相插话补充道："管材中心的实物试验室没地方盖，没有房子。石油学院欢迎搬到西安，愿意给地建设。科技局是赞成的，认为花这钱值得，供应局也同意这件事。"随后，王涛也表态说，关于你们进一步扩大的事，可以列入总公司的规划。

这或许是主管高层第一次向管材中心表示出了同意迁建西安的态度和意见，在中心上下掀起了一阵波澜。

第二天，临行之前，王涛又对李鹤林做了一番指示和嘱托。他说："你们是权威机构，要充分发挥权威的作用。今后凡是供应局采购的器材，特别是钢材，订货之前，必须经过你们检验合格才能订货，之后还要定期检验，不合格的要停止订货。"

王涛还提到了另外一件事情。管材中心螺纹检测取得了API认证，成为世界第八个、亚洲第二个拥有API地区规出证鉴定机构。王涛加重语气提示李鹤林："要大力宣传这件事，要打出中国，走向亚洲和太平洋！"

这些指示和表态，无疑是给李鹤林吃下了一颗定心丸。这时的李鹤林心中百感交集，喜忧参半。一方面，如搬迁新建于西安，终可腾挪空间，利于大施拳脚。作为负责人，他肩负着管材中心生存发展的重任，务必全力推动和主持搬迁。另一方面，对工厂的感情实在难以割舍。

虽然工厂领导班子从大局出发，支持管材中心独立，但听说要离开工厂，离开宝鸡，在西安新建，绝大多数人坚决反对，自然是极不情愿的。

李鹤林明白工厂领导层的情绪和想法，他也知道，搬迁带走工厂培养的一批优秀人才，带走工厂长期积累的一批先进仪器，难免会对工厂当前和今后的发展造成影响。那段时间，李鹤林在很多场合，对不少朝夕相处的老同事谈到自己复杂矛盾的心情，希望能够得到理解。他的真诚打动了许多人。后来的搬迁，工厂在各方面给予了他们大力支持与配合。

李鹤林是一个重情义的人，对曾经工作生活过 32 年的老厂感情至深。几年后，李鹤林应邀回厂出席科技大会。讲话中他情不自禁地再次讲述了对工厂的感恩之情：

> 宝鸡石油机械厂是管材中心的母体，我个人是在这个母体中成长起来的。在这里的 30 多年，是我人生的黄金时期，为我一生的事业打下了坚实的基础。现在离开了母体，无论身居何方，是逆境还是顺境，是失败还是成功，母厂和宝石精神永远是我智慧和力量的源泉！

这番动情的语音刚落，全场顿时响起了热烈的掌声。他离开时，全场起立欢送，走道两边的人争相与他握手道别。李鹤林流下了眼泪，与他握手的许多人也满含热泪。这是宝鸡石油机械厂几十年从未有过的感人一幕，李鹤林在此的人格魅力由此可见。

1998 年 4 月初，李鹤林再次应邀回宝鸡参加工厂第五次科技大会，又一次坐在了主席台上，望着会议厅里少数熟悉的老面孔和大多不熟悉的新面孔，李鹤林再一次动了真情，说道：

工厂这次科技大会，是在全国上下纪念全国科学大会二十周年之际召开的，具有特别的意义。二十年前，即 1978 年之春，我荣幸地代表工厂参加了那次大会，我厂有七项成果获奖，我也被授予全国先进科技工作者称号。

宝鸡石油机械厂具有重视科技工作的光荣传统，即使在极"左"思潮横行的年代，受到严重冲击，大多数机构和工厂中断了科研工作，但我们厂仍然开展了大量新产品、新工艺、新材料和新技术的研究与开发，取得了一大批科技成果，在全国科学大会获奖成果单位中是非常突出的。由于工厂重视科技，有尊重知识、尊重人才的良好氛围，才使我们这一批科技人员安心工作。

我是在这个大家庭里成长起来的。在这里我度过了人生最宝贵的青春年华，由一名普通的技术员成长为教授级高工；在这里，我加入了中国共产党。这都是工厂培养和教育的结果。去年 11 月，我当选为中国工程院院士，在已有的两院院士中，具有工厂背景的人极少。我的当选与在宝鸡石油机械厂的经历密切相关，因为我的科技生涯和大多数成果，都是在工厂完成的。现在，虽然我在西安工作，但根基在宝鸡……

今天，世纪之交的历史时刻，科技作为第一生产力的作用越来越大。科技因素在激烈的市场竞争中越来越重要。谁拥有高科技，并尽快产业化，谁就能立于不败之地。预祝工厂新一届领导班子坚持优良传统，大力促进科技工作和科技产业化水平的提高，走在市场竞争的前列。

这一番岁月的回顾和殷切的希望，在许多人的心中，都激起了共鸣与感动，他们对眼前这位从自己工厂走出去的院士，也增添了更多的自豪和敬佩之情。

三、执 着 力 争

管材中心搬迁立项，阻力不仅在工厂，上面也有着几重阻碍。中石油一些领导和部门，对专家们搬迁重建的意见不理解、不支持、不同意，特别是个别关键部门，反对意见非常鲜明。

绝不能再让机会错过。那一年，李鹤林和宋治四方奔走，往来于宝鸡、北京和西安三地，以极大的耐性和坚韧，向一个个部门汇报，去说服一个个主管。

事情到了紧要关口。为进一步说服尚未下定最后决心的李天相副总经理，李鹤林又一次赶到了北京。碰巧李天相当天去西安和宝鸡，李鹤林从秘书口中得知李天相的行程后当即买了同班的机票。那天，李鹤林非常庆幸飞机晚点，这使他在候机室里有更长的时间向李天相同志汇报。飞机起飞后，在机舱里李鹤林又调换了座位，同身旁这位他非常敬重和熟悉的老领导苦苦说了一路。临下机前，李天相说了一句松口的话：搬不搬迁，去了西安石油学院（现西安石油大学）再定，主要看学院是否支持，是否同意提供后勤服务。这句表态，让李鹤林觉得，门就要开了。

下飞机时已是满天星斗，李鹤林绕开陕西省政府派来迎接的车队，直奔西安石油学院。晚上10点多了，情急之下，李鹤林还是不揣冒昧地打电话约见西安石油学院的邢汝霖院长。谈话发生在西安石油学院的宾馆里，匆匆赶来的邢院长，被李鹤林一把拉住，没有寒暄，直奔主题。一直说到凌晨1点，李鹤林用诚恳的态度和充分的理由打动了邢院长。

与邢院长作别，李鹤林连夜驱车返回宝鸡。那时两地之间还没有高速，西宝公路不少路段坑洼不平，夜间行车多了一份颠簸和风险。回到宝鸡家中已是清晨6点，李鹤林洗了把脸，略作休息，又赶往宝石宾馆迎候李天相。李天相工作安排得很满，李鹤林一直在旁边守着、跟随着，终于找到空隙向李天相简单地汇报了与西安石油学院的商谈情况。整整一天一夜几乎没有合眼，疲惫不堪。不过，李鹤林满怀希望地想，为了管材中心的明天，这可能也是最后一搏了。

几天后，李天相来到西安石油学院，邢院长表态，完全支持管材中心搬迁西安，并协助解决后勤方面的问题。这让李天相最后下了决心，决定促成管材中心迁址西安。

北京、西安那些相关部门里的人们，都是这样一个个被李鹤林和宋治说服的。

终于，1991年11月15日，中石油的迁建批复下来了。尘埃落定，李鹤林手捧文件，足足看了几个小时，酸辣苦甜，齐涌心头。1992年5月，寄托着李鹤林、石油管材行业，乃至整个石油行业期望的管材中心西安新址，在闻名于世的古都破土动工了。

搬迁新建历经30个月。900多个日日夜夜的辛勤努力，李鹤林和新的班子成员分工负责，密切配合，率领全体职工克服了重重困难，奔波于西安—宝鸡，坚持基建、搬迁、科研"三不误"。

1993年7月，管材中心更名为石油管材研究所，李鹤林任所长。李鹤林在1993年和1994年两年的述职报告中，都谈到了基建搬迁。他提到：

> 这两年是迁建最紧张的阶段，进程越长，损失就越大，抓进度还要保证质量，总公司提出"三不误"的要求。基建虽有主管的副所长，但作为一把手，对这个重中之重的工作，我还是投入了相当大的精力，花费了很大心血。要打好今后发展的基础，就得考虑长远一些。综合楼、单身公寓、家属楼等方面的条件要大大改善，有利于职工队伍的稳定，有利于吸引人才。如何保证进度与质量时刻都在脑海里翻腾。我经常到施工现场察看，了解进度，组织协调。在各方共同努力下，保证了工程按期竣工。上级

对我们基建、搬迁、科研工作的高速度、高效率表示满意。

对李鹤林来说，时间不是按天计算的，而是按小时来分配的。新建搬迁之事再忙再累，科研都不能因此而受影响。因为新建的目的是为了更好地开展科研。时不我待，为了实现追梦理想，必须日夜努力，不能有任何懈怠。

从1991年搬迁立项到1994年建成的这几年中，有多少相关的繁杂事情需要李鹤林这个一把手亲自处理。但就是在这种情况下，李鹤林独立或与他人合作所撰写发表的科研成果和专业论文，仍有20多篇。没有非凡的定力和过人的精力，没有对科研惊人的毅力，要做到这些，是不可能的。

迁建工程按计划稳步推进着，与此同步，李鹤林也在不断地充实、完善着自己，成就着自己。搬迁立项的1991年，54岁的李鹤林开始享受国务院发放的政府特殊津贴。1993年，李鹤林获得中石油科技重奖。1994年，他又获得中国科学技术发展基金会孙越崎能源科学技术奖第三届能源大奖。

李鹤林享受政府特殊津贴证书

李鹤林获孙越崎能源大奖

孙越崎（1893—1995）先生是我国现代能源工业的奠基人之一，当代工矿泰斗。孙越崎科技教育基金，旨在纪念孙先生70

多年来为中国工矿事业做出的突出贡献，以促进中国能源科技教育事业的繁荣与后备人才的成长。而孙越崎能源科学技术奖，是朱学范、钱伟长等20位科技界的著名人士倡议，于1992年10月在中国科学技术发展基金会孙越崎科技教育基金的基础上设立的，旨在支持和资助能源科技教育活动，奖励有突出贡献的科技人员。孙越崎能源大奖每年评审奖励一次，名额不超过4人（石油和煤炭系统各2人）。

1994年的这次颁奖是孙越崎先生101岁的高寿生日，他同李鹤林等获奖者亲切合影留念。这也是这位工矿泰斗百岁老人最后一次亲自出席颁奖仪式。

四、迁 建 西 安

1994年深秋，在这个收获的季节，一座现代化的石油管材研究所，在西安南郊的高新技术开发区建设起来了。李鹤林感慨万千，他在"自述"中写道：

> 多年的梦想一朝成真，我在欣慰之余，感受到了一种前所未有的空间感和自由度。这种感受不只缘于一栋栋大楼带来的工作条件的改善，一台台新添置的仪器设备带来的技术手段的完备，更重要的是，走出关中腹地宝鸡，踏上了五路通衢的西安，一个更为广阔光明的前景呈现在眼前。在宝鸡，无论地域、人才、交通、信息等都制约了研究所的发展，使之难以承担石油工业赋予的重担。为此，多年来我忧心忡忡。如今，这块心病终于得以解除，我不能不为之一振。

从宝鸡到西安，虽然相距不过200千米，但其影响相差甚大。

西安，古称长安、京兆，是举世闻名的世界四大文明古都之一，

搬迁至西安后的管材所综合大楼

是中国历史上建都朝代最多、影响力最大的都城，联合国教育、科学及文化组织最早确定的世界历史名城之一，世界著名旅游胜地，"丝绸之路"的起点。如今的西安是中国七大区域中心城市之一、亚洲知识技术创新中心、新欧亚大陆桥中国段和黄河流域最大的中心城市。特别是高等院校和科研单位数量之多，门类之全，位居全国前列。在这里进行"二次创业"，李鹤林觉得机遇无限，前景无限。

李鹤林的话是一名科学家追梦成真时的心情表白。展望石油管材研究所的前景，在曾经华夏大地最为耀眼的历史古都和现代化城市光环下，"秦王扫六合，虎视何雄哉！挥剑决浮云，诸侯尽西来"，这首气吞万里的诗句，出自李白笔下。而用它来形容石油管材研究所新创之时，不算为过。

秦发祥于宝鸡，在与长安一体的咸阳立都，实现统一大业，开创了中华民族封建王朝的先河。刘邦从汉中起势，建都长安，创立了汉家基业。

李鹤林从汉中出发，求学西安，创业宝鸡。所创建的管材中心亦从宝鸡起家，如今在古都新建，几者虽远远不能相提并论，但事理相似。要发展就要敢于有所丢舍，弃燕雀之心，展鸿鹄之志，到更为广阔的天地开辟新的基业。兴奋之余，李鹤林还有另外一种心境，他感到自己肩上的压力倍增。回忆当时情景，李鹤林在"自述"中写道：

　　迁建西安以后，我并不感到轻松，需要考虑的事情更多，特别是有关研究所的中长期发展规划、工作模式，关系本所前途和命运的大政方针，是我经常考虑的问题。只有找准了位置，明确了发展路子，管材所方能体现存在的价值和作用。

　　1994年11月，在新址落成典礼及"九五"发展规划论证会上，面对前来参加的李天相、曾慎达等老领导和省、总公司及各油田代表，李鹤林汇报了一连串骄人的业绩，阐述了新所的发展设想目标，展示了全所百余名科技人员的共同心声：创办国际一流科研所，为中国的石油工业奉献智慧和力量！

第十二章
做好每一个角色

一、一肩双挑

管材中心迁建西安，李鹤林集三重角色于一身——所长、党委书记和兼任一段时间的总工程师。2002年年初，从领导岗位退下来后，担任单位的高级顾问，这是角色上的一个大转变。

在所长、党委书记岗位上，为保证和促进研究所的长远发展，必须不断梳理与调整治所兴所的大政方针和方向、思路。这是李鹤林思考最多的问题。

管材中心成立初期，主要从事石油管材的质量监督检验和失效分析工作，科研工作所占份额很少。在李鹤林的领导下，技术监督、失效分析得到长足的发展，形成在国内外有影响的、门类齐全的技术监督和失效分析基地。

1988年，石油专用管材料试验中心成为中石油直属科研机构，更名为石油管材研究中心（后又更名为石油管材研究所）。根据石油工业部和中石油的指示，制定了发展规划，加大了科研份额，研究方向确定为石油管的工程应用和应用基础研究。

李鹤林阐述说：

> 根据我们的调研，石油管的科研包括两个方向：一是石油管的工程应用与应用基础研究；二是新产品开发和制管工艺研究。石油管新产品开发和制管工艺研究是由生产企业的研发机构承担的，而工程应用与应用基础研究则是由用户（油公司）的研究机构及一些独立研究机构承担。国际上从事这方面研究的独立机构很多，如美国西南研究院、Battle研究院、应力工程公司，加拿大C-FER，意大利CSM，英国ADVANTICA等。目前我国众多

石油管生产企业拥有实力雄厚的科研机构，全力开展新产品开发和制管工艺研究。而在石油管的工程应用与应用基础研究方面，石油管材研究所作为国内这一领域的权威研究机构，应是责无旁贷的。

这一研究方向，经过李鹤林的不断梳理，形成了"石油管工程学"的学科领域。关于科学研究与技术监督、失效分析的关系，李鹤林提出科学研究、失效分析、技术监督"三位一体"，是一项突破性的理念，即失效分析发现问题—科研攻关找出答案—技术监督解决问题。通过"三位一体"，加速了科研成果向生产力的转化。

在"三位一体"的基础上，李鹤林将全所的工作人员按照科研、行业服务和产业化，划分为三个板块：50%的科技人员集中精力搞科研，承担国家和中石油下达的应用基础及超前研究项目；40%的科研人员主要从事行业服务，即质量技术监督和失效分析；10%的科技人员从事产业化工作，成立相对独立的科技实体，对外创收。

作为党政"一把手"，李鹤林十分重视把握方向，引导全所员工正确认识改革与管理、改革与发展的关系。在1993年的述职报告中，他讲道：

> 管理是任何一个单位永恒的主题。首先要增强发展战略管理意识，密切关注技术发展、市场变化和改革动态，制定科学合理的战略目标和部署，确保发展；要切实加强投资决策管理、资金管理、成本管理、合同管理、审计监督管理、劳动纪律管理等，完善制度，推广现代化管理方法和手段。管理也是科学，是生产力。向管理要成果，要效益。

> 改革是发展的动力，通过深化改革，转换机制，增强活力。重点是分配制度的改革，提高关键技术岗位、技术骨干的收入，建立完善技术经济责任制和目标管理责任制，形成收入能高能低，干部能上能下的机制。

1994年12月，中国共产党石油管材研究所第一次党员代表大会在西安新址召开，选举产生了首届党委会，李鹤林当选为党委书记，他在谈到党务工作时说：

1991年所里建立临时党委，当时明确党的关系由工厂党委代管，实际上很少得到代管单位的指导。迁到西安后，在较长时间内党的关系没有理顺。这三四年内，我作为临时党委的书记，坚持带领一班人抓党建不放松。没有正常的文件来源，就用报纸、广播、电视社论、评论来确定方向和工作内容。几年中做了不少的工作，如党的十四大文件学习、支部调整、党员评议等。没有因为与上级组织关系暂时中断就放任自流，党员队伍一直是各项工作的中坚力量。

在谈到党群关系、干群关系时，李鹤林说：

干群关系和党群关系主要在领导、在党员，干部和党员必须严格要求自己，以身作则，树立良好的形象。随着改革深化，涉及职工切身利益的事逐渐增多，对牢骚、抱怨要做好深入细致的思想工作。引导教育职工少一些牢骚，多一些热情；少一些抱怨，多一些宽容；少一些扯皮，多一些合作；少一些观望，多一些参与。

1994年12月28日，中共石油管材研究所第一届党员代表大会在西安召开，选举产生了党委会，李鹤林（前排左五）当选为党委书记

在精神文明建设上，他要求努力营造昂扬向上、知难而进的氛围，赞身边事，学身边人，发挥先进典型的作用，树立正确的世界观、人生观、价值观，培养有理想、有道德、有纪律、有文化的"四有"职工队伍，促使全所整体风貌再上一个新台阶。

方向明，人心齐，面貌新，劲头足，一支精干队伍焕发出的力量是强大的。所里的老职工勤恳敬业，年轻人积极上进，几乎所有的青年员工都写了入党申请书。单位荣获陕西省"模范职工之家"称号，并且是西安市雁塔区文明单位和治安模范单位。

二、精 兵 强 将

搬迁西安之初，总公司批准管材所定员为200人，至2002年，正式员工也只有118人。谈到为何管材所如此"苗条"时，李鹤林说："这是我们认真执行上级指示的结果，如果稍一松动，我们照样会面临人员膨胀的压力。"成为直属院所时，李天相曾语重心长地告诫过他："你们一定要新所新办，与国际接轨。人家外国一些很有名气的研究所通常才有几十人，充其量一百来人，你们也要办得很精干。生活后勤，凡能依托社会的尽量依托社会，不要再搞五脏俱全了。"领导的指示与李鹤林的思路可谓不谋而合。

机构建设及管理、运营机制与模式，与管材所"三位一体"工作模式一脉相承，是李鹤林的一个兴所之策。他要求所领导班子成员，既相互尊重又要有原则，内部分工明确，职责清楚，各尽职守，相互配合支持，形成合力。他担任所长、党委书记，主抓大事，掌握方向并且集中精力抓科研、做项目，党群与后勤一路的日常工作交给副书记，三位副所长分别负责科研、技术服务和产业化工作。而班子以下，也是责任层层分解，千斤重担人人挑，个个肩上有指标，所内无闲人，闲人不进所。在队伍建设上以制度管人，以奖罚促人，以先进带人。

队伍精干，首先来自机构精干，带来的是精干而高效。而机构的精干，不是简单的一句话，具体实行起来，李鹤林要承受来自各方面的阻力和非议。但几十年的工作经历和观察，他坚信人多并非好办事，机构过多定会带来人浮于事的弊端。所谓劣币驱逐良币，能力低的会嫉妒、议论能力高的，懒散的会讥讽勤奋的。负面效应扩散，毁掉的不仅是精神，也是事业。

李鹤林认为，新所必须要有全新精神，而好习惯、好作风只靠宣传教育是远远不够的，靠领导率先垂范也不能完全解决问题，必须要有一套大家认可的制度、创新机制和改革步骤。李鹤林的办法是，以"一根针"归拢"百条线"。于是，职工代表大会通过了一套切实可行的方案，所里开始实施大刀阔斧地机构重组。

重组的基本指导思想和原则是技术人员一专多能，机关后勤一人多岗。办公室"十办合一"，即党办、所办、纪检、工会、计生、组织、宣传、人劳、保卫、武装统归一办，定员 5 人。

全所 7 个研究室，拥有 300 台（套）科研仪器设备，价值约8000 万元，但管理和操作这些设备的专职岗位只设了 6 个，大部分都是由技术人员亲自动手操作试验。这不仅减少了岗位编制，更重要的是让科研人员直接上机，掌握第一手资料。新所成立后的辅助岗位如配电室、锅炉房、机加车间等，均采用"用人不养人"，使用外聘人员或与外单位签订承包合同。所内门卫、清洁工、打字员、招待所服务员共 38 人，也都是临时聘用人员。由于是双向选择，合同制约，双方满意，省心不少。

甚至对科研项目急需的高层次人才，所里也以寻找"外援"方式，通过临时借聘聚集各方英才，联合攻关，项目一旦结束，则返回原单位。在所里，这样的人员，最多的时候有四五十人。采取固定编制与聘用流动人员相结合的双轨制，既控制了定员，又保证了工作的进展，符合国家科学技术委员会关于科研院所改革的精神。

所里施行了按能力和贡献，固、聘相结合聚英才的用人模式，个人收入上也是按严格考核兑现，拉开了差距。

曾在宝鸡石油机械厂担任锻压分厂副厂长的魏缠其，调到所里后成了后勤方面的"不管部"部长。他身兼数职，白天、晚上忙得团团转。如今已退休的他回忆起往事时不无感慨而又略带自豪地说："过去在分厂管几百号人，生产任务那么重，没有觉得累。调来所里只让我管十几号人，但比过去忙多了，操心的事太多了。"

管材所坚持进精兵，用精英，按照制度规定，严把进人关。"石油管工程学"是多学科交叉的一门边缘学科，国内各高校均无石油管材专业，没有此类现成的专业人才，必须在工作实践中大力培养，加快速成。

凡新进人员，要求在精通本专业基础上，限时自修相关专业并达到规定水平，成为"复式人才"。例如，金属材料专业毕业从事油井管技术工作的人员，自学钻井专业的主要专业课，达到大学本科水平；金属材料专业毕业从事油气管道工程方面工作的，应自学油气储运专业的主要专业课，达到大学本科水平。科技人员轮流去管材使用现场实际工作，取得实际知识；对所有科研人员进行外语、计算机培训，掌握现代办公技术和与外方交流的能力。后来还与西安交通大学联合培养博士、硕士，与西安石油学院联合申请了硕士点，以提高在职员工的学历和知识水平。

进什么样的人，怎么进，李鹤林心中有自己的原则和界限。急需的专家和专业人才，他会"三顾茅庐"招聘进来。例如，腐蚀与防护研究室初设时，缺少领军者，李鹤林打听到西北工业大学的路民旭博士是这方面的专家，便多次前去做工作，热诚相邀的同时，也奉上室主任的职位。路民旭被他的诚心所感动，同意应聘，研究室很快建立了起来。路民旭后来担任了管材所的副总工程师、副所长，带动了腐蚀与防护研究的快速崛起，成为腐蚀防护和管道安全评价领域的领军人物。1994 年 4 月，路民旭应英国国家物理实验室的邀请前往英国工作一年，几个月后，英方要他续期驻留。与此同时，加拿大一所大学也邀请他作三年博士后研究。英国、加拿大两方的优厚条件，路民旭都谢绝了，还是回到了祖国。

而对另外一些想方设法要进所的非专业、难以发挥作用的人来说，李鹤林是一堵坚硬的墙。李鹤林在任期间，进人没有乱开过一个口子。以下这个例子，非常鲜明地体现出了李鹤林的处事风格。两个有一定背景关系的人想进所谋个好职位，李鹤林亲自接待，十分诚恳地对来人介绍了管材所的科研特性，表示不是搞专业的进来后确无适合的岗位安排。为使来人不致太难堪，李鹤林最后对他说，若是实在想来这里工作也欢迎，我们也可以新增两个岗位，一个是保安队长，一个是招待所前台。来人听了也不好再说什么，只好表示理解，然后作罢告辞。

类似这样的苦求者亦有之，说情者亦有之，来自各方的压力不断。李鹤林在任期间，领导班子统一思想，不乱表态，对外一个口径。李鹤林利用各种机会做职工的思想工作，取得大家的理解和支持。坚持的结果，换来了全所多年保持有一支精干高效、蓬勃向上、能打硬仗的科研队伍。

李鹤林在管理上很严，也有自己的独特方式。比如，对待员工上班迟到，他就很少直接批评过人。他了解，大家都是搞科研的，也许有些人前一天会工作到较晚，第二天早上迟到无可厚非。但是他只要在所里，每天清晨上班的时候，大家常能看到他顶着一头白发站在大门口，迎接上班的职工。

兵贵精不贵多，"精"，既是对量的要求，又是对质的规定。一个全新的科研机构，靠什么发展？核心是一句话：靠人，靠精兵强将，靠有真才实学、勤奋努力、富有创新精神的科技人才，靠梯队式的人才团队。重才用才，成为李鹤林兴所出成果的关键所在。

实际上，早在组建工厂中心试验室的时候，李鹤林就十分重视招收培养高素质的专业人才，将其当作一件头等大事。

从事科学研究，没有深厚的专业知识是不行的。20 世纪 70 年代末，除他本人之外，他的团队只有 4 名大学毕业生。那时，大学教育刚刚恢复，希望以大学毕业生补充队伍恐怕是远水解不了近渴。怎么办？

李鹤林的目光盯住了新进厂的返城知识青年，他觉得其中肯定有可塑之才。这个想法也得到了曾慎达等厂领导的赞同。通过挑选、考察、考试，10 名新进厂的知青（知识青年的简称）进入了中心试验室。几年下来，这批人成为李鹤林麾下的首批生力军。

随着高考制度逐渐走上正轨，招生规模日益扩大。管材中心挂牌后，他亲自找到了石油工业部人事教育局，恳请分配专业对口的大学生，并再三希望最好是农村出来的。李鹤林以己推人，认为农村出来的大学生，在艰苦环境里长大，能考上大学不易，因此一般都会十分珍惜工作岗位，勤奋努力者居多，眼高手低、浮夸懒散的缺点相对要少。

20 世纪 80 年代初，通过工厂申请招收进入管材中心的三批大学生达到 25 人之多。作为中心试验室主任，李鹤林对他们精心培养、爱护备至，同时又要求大学生们不喝酒、不打牌、不跳舞，要勤奋学习、努力工作和锻炼身体。繁忙工作之余，大家竞相钻研专业，扩充知识，形成一股积极向上的良好氛围，使小小的中心试验室成为青年人深造的另类大学。这种严要求促进了这些年轻人的快速成才。可以说，这几批大学生的快速成长，为管材中心的发展带来了活力和生机。

果然，分来的几批大学生都很优秀。经过多年磨炼，他们已成长为挑大梁的业务骨干。李鹤林多年的主要搭档、原副所长宋治对此十分感慨："没有这一批八十年代的大学生，所里是发展不起来的！"

管材中心从宝鸡石油机械厂独立后，加大科研力度，提升水平，增强后劲，李鹤林深感对高层次领军人才的需求十分迫切，必须引进高水平人才，在短时间内补短板和不足。他首先从宝鸡有色金属研究所引进了1968年清华大学金属材料专业毕业的李平全。管材中心搬迁西安后，又从西安交通大学引进了1965年毕业于北京大学金属物理专业的张平生教授，从西北工业大学引进了路民旭博士。事实证明，人才引进对提升单位的学术技术水平和扩大研究领域起了极大作用。李平全后来任管材所副总工程师、副所长等职；张平生是失效分析和安全评价等领域的领军人物。

作为省会城市和十三朝古都，西安有西安交通大学、西北工业大学等名校，集聚了众多优秀人才。到了西安，管材中心对大学毕业生的吸引力明显加大。为提升人才队伍水平，李鹤林提出新招收的人员必须是硕士研究生以上学历，以后又进一步提出以博士研究生为主。

通过加强现有科技人员的培养，吸收主干专业硕士、博士研究生，选派人员分批到国外培训，逐渐形成了一支以中青年为骨干，层次结构合理的学术、技术和产业化队伍，可谓人才济济。百人左右的科技团队，可独当一面的人才达到80%以上。

李鹤林爱才、惜才、护才、用才别具一格，有人评论他"爱才如命"。他们之中一旦有人有调离的倾向，李鹤林总是极力挽留，反复做思想工作。为了留住人才，李鹤林为人才营造了干事成才的良好环境，努力做到"事业留人、待遇留人、感情留人"。

"九五"期间，人数不多的管材所，除李鹤林当选为院士外，还有2人被评为中石油跨世纪学术带头人，2人荣获中石油"铁人"科技成就奖铜奖，2人成为省部级劳动模范，共有5人获省部级有突出贡献专家称号。在职人员中，7人攻读博士学位，15人攻读硕士学位。至李鹤林退居二线的2002年，118名正式员工中，有专业技术人员99人，占全所总人数的84%。其中，教授级高工8人，高级工程师33人，博士10人。40岁以下中青年技术人员中，硕士占到80%。

2002 年后，由于内外部环境的变化，一些人才离开了管材所，但仍然活跃在专业领域，而且在创办技术型企业方面获得成功，共同推动了我国石油管制造业和技术服务业的发展。走出国门的也不时传来好消息，有的在斯伦贝谢等国际大公司取得了世界领先水平的成果。

新任院长、党委书记刘亚旭总结了形成这种人才现象的原因：一是李鹤林个人魅力的感染，他的报国情怀、奉献精神，尤其是坚韧不拔和踏实严谨的工作作风，言传身教，成为所内青年科研人员学习的榜样和努力的标杆；二是对人才的高度爱护、细心培养、大胆使用，从一点一滴开始，花心血教育和培养，年纪轻轻就给压上担子，促使他们快速成长；三是李鹤林倡导形成的尊重人才、爱护人才和严格要求、一丝不苟的企业文化的熏陶，使大家个个奋勇、人人争先、努力上进、不甘落后；四是李鹤林高瞻远瞩，创立了"石油管工程学"学科领域，一系列重大的生产技术瓶颈难题急需解决，需要高学历人才，也孕育着大的商机；五是改革开放带来的国民经济快速发展，石油行业作为基础和龙头，需要大量人才，经济和社会的发展进步造就了人才的脱颖而出。

今天，李鹤林仍挂念着管研院的发展，期盼着这一片天地能有更多的人才传承下去并将其发扬光大。

三、"珍珠不大，价值很高"

"八五"期间，在科研、质量技术监督、失效分析业务和西安新基地建设任务十分繁重的情况下，李鹤林和班子成员加大科研力度，在"九五"科研项目立项上打了一场漂亮仗。

中石油"九五"科技发展规划列入的 50 项重点科研项目，管材所承担其中 3 项——"石油管柱与管线力学研究""石油管材及钻机提升系统失效规律研究""油气管道安全评价技术研究",包括 9 个大课题,18 个专题。

国家项目方面,承担了国家重点基础研究发展计划(973 计划)项目"新一代钢铁材料重大基础研究"和"材料的环境行为与失效机理研究"相关课题;承担了国家经济贸易委员会重点企业开发项目"高质量油井管的开发"和重大装备国产化项目"西气东输工程大口径输气钢管国产化研究";启动申报的国家自然科学基金重点项目——"金属材料在高温高压多相介质中的腐蚀研究"也于 2002 年成功立项。

"九五"期间科研成果获奖方面,"提高钻柱安全可靠性和使用寿命的综合研究"于 1997 年获国家科学技术进步奖二等奖;"套管射孔开裂及其预防措施的试验研究"于 1998 年获国家科学技术进步奖二等奖。此外,10 个项目获省部级奖。

一批应用基础研究项目,在解决工程实际问题时找准了立足点,在与塔里木油由、长庆油由、江苏油由等油田的项目结合中取得了成果。

科技成果为支柱产业奠定了基础,极大地提升了管材所的发展空间,巩固了在专业领域的权威地位。

1999 年 12 月 6 日,中石油为他们挂牌,建立了石油管力学和环境行为重点实验室,成为中石油 10 个重点实验室之一。这不仅获得了经费保证,而且也成为石油系统科技创新的重要基地。

管材所的技术监督和行业服务工作,率先通过了 ISO 9001 质量体系认证。

管材所成为我国石油管材标准化与信息中心,成功举办了国际标准化组织石油石化设备材料与海上结构标准化技术委员会(ISO/TC67)第 18 届年会,制定了 19 项石油行业标准;推进了国内采标用标与国际接轨;全面建成了石油专用螺纹量值传递系统。

成立中国科学技术协会失效分析和预防中心石油管材与装备分

中心。失效分析范围不断扩大，涉及石油专用管、输送管、炼化管和压力容器等。5年共完成失效分析271项，其中50项为重大项目。特别重大项目有：佛两线爆炸事故分析、川东七桥输气站爆炸事故分析、西安液化天然气储罐泄露爆炸事故分析、乌石化燃气轮机爆裂事故分析、大庆油管爆炸事故分析等。失效分析向深层次发展，为查清原因，预防事故发生，确保人民生命财产安全和石油石化的安全生产，提供了充分的技术支持，发挥了重要作用。

管材所是中石油直属科研院所中人数最少、成立最晚的单位，但那些年迅速发展成为直属院所中人均科研成果最多、人均贡献率最高的单位。一个新建的百余人的科研所，在不长的时间内，以一串串用心血和智慧凝聚出的数据、成果、效益，交出了一份优异的答卷，其形成的人才优势、装备优势、资质优势和品牌优势，得到了公认。

1995年的春天，石油工业部原部长、中石油总经理王涛，在调研过管材所后形容说：你们单位是"珍珠不大，价值很高"。后任总经理陈耕的评价是："起步晚，发展快，所小贡献大，人少成果多。"

李鹤林领导的百余人管材所，创出的业绩和成果，远远超出人们的想象。连续十年高效益、大贡献，除了在于一个高效的运行机制外，更在于人，在于人的素质和精神。这里聚集着一支人才队伍，硕士、博士生的比例在石油行业首屈一指。而更可贵的是，这支队伍在李鹤林带领下，为国奉献，为国分忧，为国增光。共同的追求成为团队奋发钻研、攻克难关的动力。李鹤林和团队所坚持的这些，后来虽也有不同看法和非议，但事实终归是事实，实践证明是正确的东西，必为后来者继承和发展。

2001年9月10日，金秋收获季节，管材所迎来了建所20周年纪念。纪念会的出席人员中，有曾在石油系统工作过的全国政协常委、陕西省政协主席、原省委书记安启元，中石油副总经理陈耕、原副总经理李天相、原总工程师李虞庚，陕西省原副省长曾慎达等。面对老领导、老上级和国内外来宾，李鹤林心情激动，登台讲话回顾了管材所的发展历程，讲述了石油管工程的创立和发展。他用三句话概括了20年的探索和创造：①探索出科学研究、失效分析、技术监督"三位一体"和科学研究、行业服务、科技产业化"三个板块紧密结合"的发展模式；②建立了"石油管工程学"的学科体系；③逐渐形成了"开拓、求实、团结、拼搏"的管材所精神。

一个睿智的科学家、一个牢牢把握方向的掌舵者、一个讲究领导艺术的管理者、一个令人信服敬重的好所长，李鹤林做好了自己的每一个身份和角色。

四、角色转变

2002年，刚刚开年不久，李鹤林外出开会时突然接到退居二线的通知。那一年，李鹤林虽然已年届65岁，但接到这一通知，他依然有一些意外。从一把手岗位上退下来，按规定要接受离任审计。2002年5月15～30日，中石油派出审计组，用时半个月，对他从1997～2001年年末的任职情况进行了离任经济责任审计。

审计报告（初稿）的综合评价是：

李鹤林同志在任职期间能认真贯彻执行党的方针、政策，紧密围绕集团公司的科技发展战略，带领党政班子，团结全所职工，艰苦工作，开拓创新。以"石油管工程"为重点，以石油管力学和环境行为重点实验室建设及西气东输重点工程为有利契机，坚持应用基础研究、行业技术服务和科技产业共同发展，较好地履行了任期经济责任。

管材研究所伴随着石油工业的发展，由小到大，由弱到强，从石油机械厂的试验室发展成为国内外有一定知名度的"石油管工程"专业科研机构，成为集石油管工程领域科研攻关、失效分析、技术监督"三位一体"的综合性科技实体，成为石油工业科技发展的一个重要组成部分，在国内外产生很大影响。管材研究所每一步的发展无不倾注李鹤林所长的心血和汗水。没有李鹤林所长，就没有管材研究所，也没有管材研究所的今天。这是管材所职工给予李鹤林所长的评价。

李鹤林同志作为所长和学科带头人，始终面向石油工业发展，与石油企业、石油装备生产厂家、科研机构、高等院校相结合，大力开展"石油管工程"领域的应用基础研究和质量、计量、标准化及失效分析工作。任职期间共完成国家和省部级科研项目 100 多项……

作为一名老领导，他有较强的组织领导和决策能力，思路开阔，敢抓敢管，对自己要求严格，在班子中的核心作用突出。作为一名国家院士、老专家，他刻苦钻研，矢志不渝，主持创建了"石油管工程学"新学科，具有较高的专业技术水平和学术造诣。作为一名老石油人，他热爱石油工业，热爱石油管科学研究事业，几十年如一日，一心扑在工作上，表现出了强烈的事业心和责任感，为管材所的发展，为石油科技事业的发展，倾注了大量的心血和智慧，做出了重要贡献……

突然被宣布退居二线，继任者从油田空降，这自然会引发一些非议，并且李鹤林当了那么多年的一把手，抓改革，严管理，不少方面都触及个人切身利益，更不可能让人人都满意，也会有人提出意见和看法。这些都是意料之中，甚至是早已经历的事，他理解、宽容、坦然面对。但突然中断工作习惯，李鹤林心中不免泛起阵阵波澜。他在"自述"中写道：

一个持续了 20 多年的习惯突然中断的时候，许多人恐怕都会难以适应。这一天终于来临了。2002 年 2 月 4 日，我从所长兼党委书记的岗位上退了下来。

石油管材研究所 1981 年成立，从无到有，由小到大，从宝鸡到西安，20 多年的时间，我把它当成了自己的家。而今突然退下来，变化确实太大，说实在话，心理上真有点承受不了。首先岗位变化了，由原来的党、政、技术一把手退居二线当了顾问；人们的称呼也变化了，由原来的"所长"变成了"院士"，一下子让自己觉得似乎和石油管材研究所从此一点瓜葛都没有了……凡此等等，让我在开始的那段日子里，总感到很失落，好像一个解甲归田的将军，只有不能满足征战的欲望，而再没有了胜利的喜悦。

好一段时间以后，心境慢慢地平静了：是啊，地球离开谁也一样旋转，石油管材研究所离开李鹤林也还是一样可以运转的，我实在没有什么不放心的。同时，我也反复检讨了自己的心态，扪心自问，自己为什么要执着于原来的岗位和称呼？是原来的岗位和称呼折射出我特别的人生色彩，还是自己稀有的价值？自己这 20 余年的辛劳为的是要证明个人的价值？还是让自己身上的价值得以发挥，贡献给中国的石油管工程事业？

反省自己总是需要时间，也需要勇气，有时候几乎要否定自己。我自问：这是自己的私心还是一时的糊涂？我爱的到底是自己的名誉还是爱国家、爱石油、爱研究所？

我想起来，2002 年 2 月 4 日，在集团公司党组宣布所里主要负责人任免决定的会议上，我面对集团公司副总经理阎三忠、中共陕西省科工委书记钟高适及集团公司人事劳资部、科技发展部领导和本所中层以上干部所说的那番话："卸任所长和党委书记职务后，我会继续关心所里的发展，尽力做我能够做的和应该做的事情……在工作性质上、在角色上将有一个较大的转变。但是，不论怎样转变，有一条是不会变的，那就是：爱国、爱油、爱所。爱祖国、爱石油是我们石油职工的传统；而爱所，爱管材研究所，我情有独钟。我将一如既往地关爱管材研究所，所兴我荣，所衰我耻。我将全力支持新任所长的工作。我将永远和全所职工工作在一起，团结战斗在一起！"

重温这段话，让我找回了力量，我决心坚决履行自己的承诺。

心态很快就调整了过来，我抛开了所有的杂念，有两件事在心里就一点一点地重了起来，并且逐渐占据了我整个的内心。第一件是搁置已久的国家石油管材质量监督检验中心立项问题，而另一件则是进一步提高本所的实力。

毫无掩饰的自我内心坦诚表露，无论是作为一名长期在位任职的领导干部，还是历经人生风雨的科学家，甚至哪怕就是一个普通人，这样做也是需要一定的勇气的。

退居二线后，曾有人劝说他搬到北京住，他谢绝了，仍然与多年的同事一起，住在原来的院子里，与以前一样，每天按时上下班。他离不开这个亲手创建的科研院所，就像父亲对待自己的虽已长大的孩子，依然给予无限的关心和扶助。

"功成身退"，这是从古到今许多人眼中的明智选择。李鹤林却认为，职务上的"退"，是一个客观规律，但科研之路没有二线之说，不可言退。生命不息，就要奋斗不止，探索不止，奉献不止。

管材所搬迁西安后，国家质检中心立项工作停止了，对此李鹤林一直感到甚为遗憾。没有这块权威的国字号牌子，不少方面都会受到影响。2004 年年初，所里找到李鹤林，说得到确切消息，原来已停止的国家质检中心立项与组建工作又恢复了。虽然所里已经做了一些争取，但收效不大，希望他出马再争取一下。李鹤林社会职务不少，也很忙，而在所里，除科研外，其他大事他都不太方便再过问，唯此立项之事，他放不下。所里有所不知，其实那段时间，他一直在努力做着立项的争取。事情虽然一曲三折，但若没有他的执着不懈，此事或许早已完全告吹。

国家质量监督检验检疫总局曾经连续召开几次相关会议，李鹤林作为总局专家咨询委员会委员一直都有参加。在此期间，他向总局科技司、国家认证认可监督管理委员会的几位领导，阐述了将行业层次的"石油管材质检中心"升格为"国家级"的必要性，也介绍了研究所的实力。听了他的陈述，几位领导都表示一定给予关心支持。但在小范围谈话时，总局科技司的负责人却透露，这次增补国家质检中心仅限技术监督系统内部，外系统单位是不予考虑的。

李鹤林一时觉得被泼了一盆冷水，冷静下来转念一想，只要有百分之一的希望，他还是应该做百分之百的努力。他觉得管材所的情况很特殊，如果国家质量监督检验检疫总局主管的领导同志能够了解管材所 18 年争取国家级质检中心的艰辛历程，是有可能被说服的，搭上这次末班车应该还有希望。思来想去，他决定求助于中共陕西省委副书记袁纯清，袁纯清是省委确定负责联系他这个院士的，曾多次对他说，工作上遇到难题可以来找。李鹤林抱着一丝希望，找到了袁纯清，做了详细汇报。听了李鹤林倾情陈述申报艰难曲折的过程，望着这位已不再担任领导职务的院士，依然为所里的事业到处奔波，袁纯清被深深地打动了。经过多方努力，管材所申报国家石油管材质检中心终于正式立项。那段日子里，又有好多次从国家质量监督检验检疫总局传来一些不利于他们立项的舆论和流言，李鹤林一次次赶往总局，及时进行了解释和澄清。

回忆曲折往事，李鹤林说：从国家石油管材质量监督检验中心的申报到批准成立，我可以说是尽了最大的努力。虽然我退下来了，但我还是要为管材所的长远发展考虑，同时也是为了圆自己心中的一个梦。

第十三章

油气管道工程：
从追赶到超越

一、跨入油气管道工程领域

1981 年，石油工业部石油专用管材料试验中心在宝鸡石油机械厂中心试验室的基础上组建。这里的"石油专用管"，仅指耗资巨大的油井管，不包括油气输送管。

当时，我国油气管道还比较落后，主要是 A3 和 16Mn 的低钢级油气管道。虽然压力较低，但仍然事故频发，国内管线失效事故率远高于发达国家。长期从事失效分析工作的李鹤林，对于这一现象自然十分敏感，他认为管材中心的业务范围应尽快扩展到油气输送管领域。

1986 年，国家开始组建各级产品质量监督检验测试中心。在李鹤林的积极争取及上级的支持下，挂靠在石油工业部石油专用管材料试验中心的石油工业部石油管材质量监督检验测试中心，业务范围由石油专用管（油井管）扩展为石油管材，而石油管材包括油气输送管。1988 年，管材中心划归石油工业部直接领导，名称变更为石油管材研究中心。自此，管材中心油气输送管的科研和技术服务逐渐开展起来，成为我国油气管道工程领域一支不可或缺的力量。

1992 年 4 月，位于新疆塔里木的轮南—库尔勒输油管线，在试压过程中连续发生十几次爆裂。李鹤林接到项目部的电话后，立即安排韩勇赶赴现场进行事故调查，由冯耀荣负责失效分析。现场调研和在试验室进行的失效分析工作持续了一个月，得出的结论是：TS52K 和 X52ERW 钢管的焊缝存在大量的未熔合、未焊透缺陷，这是导致爆裂的直接原因；焊缝无损探伤和水压试验没有起到应有作用，是引起爆裂的间接原因。据此，他们提出了改进措施和建议。

这次事故的分析结论客观、准确，受到了中石油总工程师李虞庚等领导的高度评价，展示了管材中心在这方面的技术实力，为后续油气输送管驻厂监造业务的开展打好了基础。

1992年，李鹤林参加了对德国曼内斯曼公司的技术考察。在参观过程中，他多次发现有非厂方人员对产品进行检验，后来了解到这是货物业主的驻厂监造。随后，在对日本企业的考察中，也屡屡发现有外部监造的情况。联想到我国油气输送管的品质现状，他便开始酝酿在国内采用这一方法。1992年10月，《油气输送用焊管驻厂质量监督检验办法》在管材所诞生。1993年，借鉴国内军工企业军代表的模式，又编制了《焊管质量监督实施细则》。

为了保证这一设想的实施，李鹤林安排人员赴工厂蹲点实习，深入了解钢管生产与质量控制的全过程，找准了质量控制点。1993年，管材中心开始培训驻厂监造人员，对沙漠管线、库鄯管线、鄯乌管线、陕京管线等提供了驻厂监理服务，取得了管线一次试压通过的好成绩，也为高钢级钢管的大批量生产和推广做出了贡献。

标准化是龙头。要想占据油气输送管领域的制高点，必须将标准化工作做好。参加了API第64届年会后，李鹤林对标准化工作有了深入了解，积极介入标准化工作，建立和完善石油管材专业标准体系，管材中心也逐渐成为从行业标准、国家标准到国际标准的多级标准化秘书处单位。

1990年11月，管材中心成为ISO/TC67中方技术归口单位；1991年2月成为ISO/TC67/SC1（管线管分委员会）和SC5（油井管分委员会）中方技术归口单位；1994年，石油管材专业标准化委员会第二、第三届换届会，确定管材所为石油管材专业标准化委员会秘书处单位，正式承担石油管材专业的行业标准化归口管理工作。

1995年4月，美国石油学会油田设备和材料标准化委员会经过改组，全面调整了委员会成员。李鹤林成为API/C1/SC5管材标准化分委员会的正式投票成员。目前，石油管工程技术研究院已经成为

ISO/TC67/SC2（国际标准化组织 / 石油石化及天然气工业用材料、设备和海上结构标准化技术委员会 / 管道输送系统分技术委员会）并行秘书处单位，其行业地位凸显。

管材中心成为直属科研机构以后，李鹤林将油气输送管的工程应用和应用基础研究作为重要的技术领域，逐渐建立了专业团队（研究室、所）。输送管科研项目从无到有，从小到大，取得了一系列创新性科研成果，奠定了管材所在该领域的技术主导地位。最早得到中石油科技经费支持的，是 1989 年承担的"止裂韧性在输气钢管中的应用"项目。1991 年，参与了"八五"国家重点企业技术开发项目"石油天然气输送用焊管"的研究，为我国油气管道与国际接轨、采用 X 系列焊管奠定了基础。

1997 年，李鹤林主持了中石油"九五"重点研究项目"油气输送焊管断裂、疲劳与残余应力的研究"，这标志着管材所在输送管领域的科研跨入了一个新的阶段；1999 年，管材所与中国科学院金属研究所、宝钢共同承担了国家 973 项目"高强度管线钢工艺技术研究"，为西气东输管道工程用 X70 焊管国产化提供了理论指导和技术支撑。

除了纵向科研工作外，李鹤林还结合实际，主持完成了不少油气输送管生产和应用中的横向课题。1995 年，西北石油管道局负责建设连接塔里木和吐哈库鄯输油管道，其中从美国 NUCOR 进口的 X65 板卷发生了屈服强度不合格的问题。李鹤林组织人员对其原因进行了试验分析，取得了准确可靠的试验数据。在板卷的商检、复验、谈判、法庭审理、专家举证等过程中起到了重要作用，该索赔事件也成为维护我国合法权益的经典范例。1997～1998 年，为配合中俄油气管道的建设，李鹤林牵头完成的"中俄管线选用国产螺旋缝埋弧焊管的可行性研究"，对螺旋缝埋弧焊管和直缝埋弧焊管全面开展了研究和对比评价工作，对我国油气管道建设产生了深远的影响。

李鹤林在赴国外考察和交流中，十分了解全球油气输送管道及其所用焊管的现状和发展动向。近几十年来，国外油气输送管道发展迅速，特别是天然气高压输送和采用高钢级管线钢管的趋势强劲。1970年，加拿大率先将X70钢级管线钢用于天然气长输管道，到了20世纪90年代，这类管线钢已成为发达国家建设高压输气管道的首选。此外，X80焊管已开始应用，日本4个厂家生产的管线钢管，X60以上钢级占60%以上。而我国从20世纪50～70年代，油气管道主要采用A3、16Mn及从日本进口的TS52K，落后发达国家50年。如何缩小50年的差距？李鹤林一直思考着这个问题。

20世纪90年代初，我国准备建设沙漠管线。通常所说的沙漠管线，是指1993～1994年由塔里木石油勘探开发指挥部建设的3条管线［塔中—轮南OD426×（7，8）毫米X52钢级输油管线、OD508×（7，8）毫米X52钢级输气管线和OD426×（7，8）毫米X52钢级的轮南—库尔勒复线）］。

经过调研，他和管道行业的同仁们一起提出了在我国管线上使用API SPEC 5L标准的X系列管线钢的建议，并经过多方努力，首先在上述三条沙漠管线上使用了宝钢生产的77 790吨X52管线钢板卷，OD426毫米和OD508的螺旋缝埋弧焊管则由宝鸡石油钢管厂、资阳钢管厂、沙市钢管厂生产。这是我国油气输送用钢管生产和应用取得的初步技术突破。

二、从陕京一线到西气东输一线

陕—京输气管线工程（简称"陕京管线"或"陕京一线"）承担陕甘宁气田至北京的天然气输送。首站陕西靖边，末站北京石景山，全长 918.42 千米，设计年输气能力为 33 亿立方米，设计工作压力 6.4 兆帕，管径 660 毫米，1996 年 3 月点火开焊，1997 年 8 月 8 日全线贯通。在管线设计阶段，李鹤林基于自己对国际管道发展趋势的理解，以及我国钢铁工业的技术进步、制管行业的生产能力的了解，以技术专家的身份多次向有关领导和设计单位进言，提出使用 X60 钢级管线钢的建议。最终该管线使用了 12 万吨 X60 管线钢管，900 多千米的管道均一次试压成功。陕京管线 X60 管线钢的使用，缩小了我国石油天然气管道与发达国家的差距。

在极力推动 X 系列管线钢的同时，李鹤林还建议由冶金工业部和中石油联合向国家经济贸易委员会申请，在"九五"期间继续立项开展高压输气用焊管及其板卷的联合攻关，解决国产化问题。他认为，这一领域短时间跟上国外先进技术的发展步伐是困难的，但是我国不能长期处于这个产业的低端，在关键技术和产品上更不能长期受制于人。

X 系列管线钢的国产化，在我国后续的重大管道工程中起到了至关重要的作用，不仅提高了建设水平和安全可靠性，而且节约了大量的采购资金，也保证了工程进度需求。

1996 年 11 月 26 日，《宝钢日报》发表了对李鹤林的专访《把石油用钢这件大事办好》。文章记述了李鹤林对焊管国产化的评价和希望：

> 宝钢高强度、高韧性管线钢，成功地大批量在新疆沙漠管线和陕京管线上投入使用，这是管线钢国产化的历史性突破……虽然宝钢在国产化方面尽了很大努力……但要走的路很长，与国外高水平的管线钢相比，我们还有差距……为适应国内管线建设的发展，宝钢还需要加大高等级管线钢的研发力度。

如果缺少对石油工业重大走向的高度关注和判断，没有长远的战略眼光，没有对油气管道事业强烈的责任感，就不会产生这样超前的意识，更不可能有这样的成果。

2000年2月，全长4000多千米、耗资1400亿元的西气东输工程正式启动。这是仅次于长江三峡工程的又一重大投资项目，是拉开西部大开发序幕的标志性建设工程，也是造福子孙后代的世纪工程。"把这条管道建成世界一流水平"，是我国石油天然气行业共同的心声。为此，西气东输管道的焊管必须在陕京管线X60钢级的基础上，跨越X65钢级，直达X70钢级，输送压力则由6.4兆帕大幅度提高到10兆帕，追赶天然气管道的世界先进水平。

项目的技术难度相当大，决策层也一时下不了决心。在是否使用X70钢级管线钢和10兆帕输送压力的问题上，李鹤林为了说服设计单位和相关领导，做足了功课。

李鹤林在"九五"科研工作的基础上，结合对国内外的调研和考察，提出了一份专项报告：《天然气输送管研究与应用中的几个热点问题——兼论西气东输工程采用X70钢级管线钢与10MPa输送压力的可行性》。

2000年3月，中石油"西气东输工程采用高压输送和高钢级管线钢研讨会"在北京举行。会上，李鹤林全面阐述了天然气输送用钢管研究与应用中的热点问题，认为X70钢级管线钢已成为20世纪90年代发达国家建设高压输气管道的首选，而我国开发的高韧性X70管线钢和焊管已经达到国际先进水平。在此，李鹤林郑重提出了西气东输工程采用X70钢级焊管和10兆帕输送压力的必要性与可行性，并根据长期的研究提出了8点建议。该报告刊登在《中国机械工程》2001年第12期，后收录于《李鹤林文集（下）》中。

在研讨会上，中石油物资装备公司总工程师黄志潜也作了一个报告，题目是"国外输送管道用管线钢及钢管的发展现状和我们的建议"。该报告的观点与李鹤林的意见完全一致，这两个报告对统一业内认识发挥了积极的作用。李天相在总结时说："黄志潜同志的开篇，李鹤林同志的末篇，很有分量，能把大家思想统一起来，我完全赞同。"

西气东输管道工程现场焊接

管线下沟

　　李鹤林在 2000 年撰写的另一篇论文《油气输送钢管的发展动向与展望》收录于时任中石油总经理陈耕主编的"西气东输工程建设丛书"第二卷《科技创新》，由石油工业出版社于 2004 年 12 月出版。

三、直缝埋弧焊管与螺旋缝埋弧焊管之争

在油气输送用管的所有管型当中，由于无缝钢管和 ERW 焊管管径尺寸的限制，管径较大的主干线主要采用直缝埋弧焊管（LSAW）和螺旋缝埋弧焊管（SSAW）。但是，对于这两种钢管的选用，国内外一直有着截然不同的观点。在中俄输气管线和西气东输管线建设前期论证时，关于直缝埋弧焊管和螺旋缝埋弧焊管的争论，达到了非常激烈的程度。国际管道行业曾经有一个误导，认为大口径、高压输送管道不能使用螺旋缝埋弧焊管，而只能使用直缝埋弧焊管。国内一些资深专家对螺旋缝埋弧焊管用于高压输气管道也持否定态度。

宝鸡钢管公司螺旋缝埋弧焊管焊接

而李鹤林认为[1]：

我国的现实是，几个油气输送焊管生产厂都是清一色的螺旋管生产线，大口径直缝埋弧焊管生产线尚属空白。如果螺旋缝埋弧焊管不能用，就要大量从国外进口直缝埋弧焊管，就不可能拉动国内冶金和制管行业的经济增长，并且有可能导致部分焊管企业破产。

李鹤林的话并非危言耸听。如果真是那样，不仅要花费巨额外汇从国外进口，听任别人摆布，而且国内众多已经具备相当规模的制管厂可能面临着守着金饭碗却没饭吃，其灾难性后果不堪想象。

能不能，抑或是敢不敢冲破这个禁区呢？

按照国务院领导"施工以我为主，多采用国内材料"的指示，李鹤林在国外调查的例证和大量的科学实验基础上，结合我国国情，对国产螺旋缝埋弧焊管用于高压大口径输气管道作出了肯定的回答。

首先，经过调研，李鹤林弄清了国际上螺旋缝埋弧焊管和直缝埋弧焊管的使用现状。美、日等国总体上是否定螺旋缝埋弧焊管的，美国本土近20年建造的油气输送管线，使用的几乎100%是UOE钢管（直缝埋弧焊管的一种）。而俄罗斯等国总体上是肯定螺旋缝埋弧焊管的。德国、意大利等国有两派不同的意见。在加拿大，螺旋缝埋弧焊管和直缝埋弧焊管处于同等地位，但主干线实际使用量，螺旋缝埋弧焊管占到了70%以上，特别是IPSCO的X70大口径螺旋缝埋弧焊管，成功地应用于加拿大Allance管道。

其次，了解掌握了两种管型的技术特点。螺旋缝埋弧焊管和直缝埋弧焊管都采用双面埋弧焊接，焊接质量应该可以达到同样水平。它们的主要区别是焊缝的长度和走向，即螺旋缝埋弧焊管的焊缝较直缝埋弧焊管长，使得焊缝缺陷的概率较高，这是螺旋缝埋弧焊管

---

[1]　见《李鹤林文集（下）》。

的劣势；但螺旋缝埋弧焊管焊缝与管道主应力方向有一定角度，使焊缝缺陷当量长度缩短（对单个缺陷而言危险性减小），这是螺旋缝埋弧焊管的优势。螺旋缝埋弧焊管的焊缝走向及母材的特殊方向性，对止裂是有利的。李鹤林深思熟虑后，认为经过陕京管线的建设，我国螺旋缝埋弧焊管的质量已经得到很大提高。

这些分析结论使李鹤林有了底气。他千方百计说服有关领导和设计部门，不要轻易放弃螺旋缝埋弧焊管在高压天然气管线上的使用。为尽快开展国产螺旋缝埋弧焊管与进口直缝埋弧焊管的对比评价，李鹤林找到计划局总经济师张孔发，请求破例提前拨给试验经费。在他的亲自领导和参与下，管材所与石油规划设计总院等单位联合承担完成了"中俄管线选用国产螺旋焊管的可行性研究"工作。其内容极为丰富，主要包括国内外焊管失效事故的调查研究分析、国外油气长输管线用焊管技术标准调查分析、国产螺旋缝埋弧焊管与进口 UOE 直缝埋弧焊管性能的对比评价、内胀和外控两种成型工艺生产的螺旋缝埋弧焊管对比评价，以及两种焊管氢致开裂和应力腐蚀开裂、残余应力、疲劳性能、止裂性能研究等。在此基础上，李鹤林提出了中俄管线选用螺旋缝埋弧焊管的可行性及适用范围建议，并提出相应的机组改造方案，编制了中俄油气长输管线用螺旋缝埋弧焊管技术条件。

这些研究获得了一系列重要结论，主要有：国产螺旋缝埋弧焊管在管材强度、韧性、疲劳性能、抗氢致开裂性能和实物爆破性能等方面，达到或超过进口的普通 UOE 焊管质量水平；总体来说，国产螺旋缝埋弧焊管的残余拉应力比进口 UOE 焊管高，表面质量与尺寸精度也较 UOE 差；经过严格质量控制的国产螺旋缝埋弧焊管可以用于油气输送主干线。建议一、二类地区采用螺旋缝埋弧焊管，三、四类地区采用直缝埋弧焊管；国产螺旋缝埋弧焊管若能采取相应措施，进一步降低残余应力，提高尺寸精度，其质量水平和安全可靠性可以全面达到进口 UOE 焊管水平。

上述结论为西气东输所需管材立足国内提供了技术依据，对于节省投资和确保工程尽快上马也具有积极的作用。李天相高度评价了这项成果，他说："李鹤林和管材所立了头功！"

虽然中俄油气管线由于多种原因并未建设，但"中俄管线选用国产螺旋管的可行性研究"课题，以及对两种管型全面的研究和对比评价，对我国油气管道建设（首先是西气东输管道工程）及管材所此后输送管领域的科研，都具有非常重要的意义。该项目确立了具有中国特色的"大口径高压输气主干线螺旋缝埋弧焊管与直缝埋弧焊管联合使用"的技术路线，具有重大的经济效益和社会效益；这个结论影响了中国管线20年，至今它已成为我国高压天然气管线用管选择的重要原则和依据。

2001年上半年，经过多次反复试制和批量试生产，X70热轧板卷和管径1016毫米、壁厚14.6毫米的螺旋缝埋弧焊管质量达到了西气东输的技术标准。当年9月通过了国家经济贸易委员会组织的验收，宝钢等3个钢厂和6个焊管厂，开始正式为西气东输工程生产供应X70钢级热轧板卷和1016毫米管径的螺旋缝埋弧焊管。经过对工程使用的160万吨焊管质量检验数据的统计分析，螺旋缝埋弧焊管管体和焊缝、热影响区的力学性能指标与进口UOE焊管处于同一水平，

巨龙钢管有限公司JCOE直缝埋弧焊管焊接

而全尺寸水压爆破试验的爆破应力，国产螺旋缝埋弧焊管略优于进口 UOE 焊管。这说明，国产螺旋缝埋弧焊管的安全可靠性不亚于进口 UOE 焊管。

至此，螺旋缝埋弧焊管和直缝埋弧焊管之争终于有了一个客观而明确的结论。国产 X70 螺旋缝埋弧焊管正式用于西气东输一线一、二类地区，三、四类地区用直缝埋弧焊管以进口为主。2002 年 4 月，巨龙钢管有限公司建成我国首条 JCOE 直缝埋弧焊管生产线，赶上了西气东输一线工程的末班车，为西气东输管道提供国产直缝埋弧焊管 15 万吨。

四、西气东输一线的安全保障

20 世纪 60 年代，美国曾发生过裂纹长达 13 千米的管道爆裂事故。1989 年，苏联乌拉尔山输气管道的爆裂事故，造成 1024 人伤亡。

西气东输工程（以下简称西一线）采用 X70 钢级的焊管，管径 1016 毫米，壁厚 14.3～26.4 毫米，在国内是史无前例的。直接将压力由 6.4 兆帕提高到 10 兆帕，有一定的风险。如何保证管线的安全可靠性，是摆在李鹤林及其团队面前的又一个重大难题。

李鹤林建议中石油开设西一线管道安全可靠性方面的课题，管材所承担了全部 5 项科研项目。根据科研成果，提出了以下三个方面的措施。

其一，采用针状铁素体组织的 X70 钢级高性能管线钢。李鹤林及其团队研究了该钢的组织特征、性能特点、带状组织及有效晶粒度的评定方法，指出采用此种管线钢是国际上高性能管线钢的发展趋势，具有优良的强韧性、较高的形变强化抗力和较小的包申格效

应、良好的耐腐蚀性能和焊接性。^①

其二，提出西一线的启裂控制及延性裂纹的止裂控制措施。通过对焊缝区启裂韧性、环焊缝强度韧性匹配及母材止裂韧性的研究，建立了输气管道裂纹扩展与止裂的数值计算方法，预测了西一线的动态断裂止裂行为，提出了焊缝启裂韧性和母材止裂韧性推荐值、试验温度及冲击功值。李鹤林撰写的《高压输气管道延性断裂与止裂的研究进展》及《西气东输管道延性断裂与止裂控制研究》收录于石油工业出版社于 2017 年 6 月出版的《李鹤林文集（下）》。

其三，采取防止低温脆断的措施。针对西一线西段气候寒冷及地面站场设施裸露安置的特点，对站场用钢管及管件等设备的低温冲击韧性提出要求，并建议采取加热及保温措施，防止设施发生低温脆断。

除此之外，李鹤林及其团队对西一线的安全可靠性及风险管理进行了专题研究。

李鹤林还承担了其他大量的相关工作。作为中国国际工程咨询公司特邀专家，他参与了西一线工程可行性研究的国家级评审，组织了钢板、钢管和弯管技术标准的编制，主持了对这几个标准的审定；作为西气东输管道公司指定的专家组组长，主持了对西一线管道的"断裂控制""带状组织""包申格效应""钢板表面重皮""试压介质选择"等一系列重大技术问题的研讨和评审；积极推动西一线管道的安全评价和风险分析；积极组织了钢管、钢板和弯管的驻厂监造。

2007 年，李鹤林以专家组组长的身份，参加并主持了国家对西一线工程安全设施的验收。他说："西气东输不是一条普通输气管线，它涉及沿线几个省市，尤其是上海人民的生活和工农业生产，必须万无一失。"

---

① 见李鹤林、郭生武、冯耀荣、霍春勇、柴惠芬合著的《高强度微合金管线钢显微组织分析与鉴定图谱》，由石油工业出版社于 2001 年 10 月出版。

2006年，在上海白鹤末站参加西气东输管道工程安全设施
国家验收，李鹤林（前左）任专家组组长

　　自西一线工程立项开始，李鹤林在节假日几乎就没有休息过。无论是国家、中石油的各种论证会、评审会，还是钢厂、钢管厂的生产现场，他都尽最大可能争取到场。2002年1月，在退出管材所

验收长江穿越盾构工程时留影。右为时任西气东输管道公司总经理
黄泽俊，中为专家组成员、中国石油大学（北京）教授严大凡

领导岗位的前夕，为了严格把好焊管质量关，李鹤林亲自带队去宝鸡、青县、辽阳、沙市、淄博等地现场办公，检查驻厂监造质量，解决了驻厂组的一些实际问题，站好了最后一班岗。

李鹤林院士（右）检查、考察螺旋缝埋弧焊管生产和质量情况

五、西气东输二线设计参数跨入国际领跑行列

2006 年，西一线投运两年后，国家又提出了西气东输二线工程（以下简称西二线）。新的重担落在李鹤林及其团队的肩上。

该工程西起新疆霍尔果斯口岸，南至广州，东达上海，途经 14 个省（自治区、直辖市），是目前国内线路最长的管道，总投资约 1420 亿元。工程建设投运后，可将从中亚进口的天然气输往管道沿线和长三角、珠三角地区，对优化我国能源结构、维护我国能源安全具有十分重要的战略意义。管道主干线 4700 千米，几乎经过我国已有的全部地形、地貌和所有气象单元，沿线地质结构及岩土种类复杂，气候多变，多次穿越河流、湖泊、高山及地震地质灾害多发区。管道全部采用管径 1219 毫米的 X80 钢级焊管，西段（霍尔果斯—中卫）的设计压力为 12 兆帕。在全球已经建成和正在建设的天然气长输管道中，无论是钢级、长度、管径、壁厚还是设计压力，西二线都堪称世界之最。

已经 70 岁的李鹤林，是西二线采用 X80 钢级焊管和 12 兆帕设计压力的主要建议者和推动者之一。项目前期，李鹤林和黄志潜等有关专家一起，多次与西二线可研联合体进行沟通、论证，从 4 组方案和 X70、X80 两种钢级比选，一致认定主干线全线采用 X80 钢级焊管是必要的和可行的。

2007 年 11 月 5 日，在中石油咨询中心主持的西二线管道工程的可研评审会上，经认真讨论，全体专家一致同意西二线干线采用 X80 钢级焊管，但对提高设计压力，则是看法不一，分歧很大。部分专家不同意把设计压力提高到 12 兆帕。他们的看法是，在该压力下，东段焊管壁厚偏大，最大壁厚达 33 毫米，难以实现国产化；并

李鹤林（左）与黄志潜共同主持"X80 高压输气管道断裂控制技术国际研讨会"

且壁厚增大后，尺寸效应显著，容易超过 X80 钢级焊管的"安全壁厚"，影响管道的安全可靠性。而黄志潜等计算过后认为，西二线每年 300 亿立方米输气量，若维持输送管道 10 兆帕的设计压力，需要增设多个燃气轮机—压缩机站，这样就会提高管道建设成本，还会增加天然气消耗量，降低输气效率，西二线就会成为全世界输气效率最低的一条管道。争论非常激烈，持续了几个小时。

对于这个焦点问题，李鹤林会前就进行过反复思考，他把上述两方面意见都想到了，在心底里已经有了一个初步想法：主干线全线采用 X80 钢级焊管，西段 12 兆帕设计压力是必要的；而在西段的长距离输送过程，由于燃气轮机—压缩机站的天然气消耗，进入东段管道的天然气量会有减少，测算下来，东段（中卫—广州）可以采用 10 兆帕设计压力。

李鹤林提出这个方案时，全场响起了热烈掌声。对于李鹤林的技术方案，对于李鹤林的思虑周全，专家们表达了一致的赞同。随后，在中国国际工程咨询公司主持的对西二线的核准评审会上，根据评审专家组组长唐振华的要求，李鹤林就西二线埋地管道延性断裂止裂控制、高寒地区站场钢管与管件低温脆断控制，以及地震与地质灾害区管段基于应变设计的可行性等，回答了评审专家的质疑。

西二线的设计方案，改变了我国在天然气超长距离输送管道工程领域几十年一直扮演的追赶者角色，一跃进入领跑者行列，赢得了国际同行的瞩目和赞誉。

2016 年 11 月 28 日，《人民日报》科技视野版发表记者喻思娈的文章，介绍了 2016 年度中国政府"友谊奖"获得者、国际著名微合金钢专家 Malcolm Gray 博士，称其为新一代管道建设引路人。这位来自美国的专家说："西气东输二线管道项目实施，表明中国的 X80 钢管制造和工程应用水平达到了世界一流水平。"文章还写道："中国工程院院士李鹤林表示，'西气东输二线管道项目及 X80 管线钢的工程应用实现了我国管道建设从追赶到领跑世界的历史性跨越'。"

六、油气管道失效控制技术及其工程应用

西二线设计方案虽然通过，但工程依然面临一系列重大技术挑战。

为了给该工程提供强有力的技术支撑，中石油于 2007 年年初启动了"西气东输二线工程关键技术研究"重大专项，包括一期（2007～2009 年）和二期（2010～2012 年）两个阶段，投资力度很大，目标也非常明确。专项的内容包括技术标准的研究与制定，高韧性 X80 管线钢及大管径、厚壁焊管与管件的研制，双相气质条件下高压输气管道延性断裂止裂控制技术研究，强震区和活动断层区段埋地管道基于应变的设计方法研究和抗大变形管线钢的研制与应用，以及保障管道安全运行的失效控制和完整性管理技术等。

作为中石油任命的项目专家组组长，李鹤林很清楚，这可能是他有生之年为我国石油工业重大工程的最后一搏。李鹤林说："虽然任务十分艰巨，但我感到很光荣，很荣幸。"他每天都在忙碌着、奔波着，经常是通宵达旦。历时 5 年多，他组织团队有关的技术人员，对压力、管径、壁厚及应变控制、应变时效、富气输送、止裂等一系列技术问题进行攻关，取得了多项创新性成果：研究提出了兼顾安全性与经济性的西二线用 X80 热轧板卷、钢板、螺旋缝埋弧焊管和直缝埋弧焊管、弯管和管件关键技术指标要求，形成了 18 项先进、适用的西二线管材系列标准；研制并大规模应用了针状铁素体型 X80 钢级高性能管线钢及焊管、管件；对西二线的止裂韧性要求进行了系统研究，提出了西二线断裂控制方案；研究应用了油气管

道基于应变的设计方法，解决了抗大变形管线钢管在强震区和活动断裂层管段应用技术难题；组织国内外钢铁企业和制管企业，开发了高钢级大变形钢板和钢管并在西二线、中缅油气管线上获得批量生产应用；研究解决了高强度焊管的腐蚀控制和应变时效控制技术。

西二线取得的科研成果，对同期进行的中亚管线，以及后来建设的中贵天然气管线、中缅油气管道、西气东输三线、中亚C线、陕京三线和四线等，都产生了重要影响和积极作用。

西二线的最大挑战是安全可靠性问题。石油天然气易燃易爆，油气管道安全运行，关系到国家能源安全和公共安全。保护其安全，从根本上讲是保障国家的经济安全、社会稳定和人民群众的生命财产。因而，李鹤林基于自己数十年石油管材领域的经验和认识，分析了油气管道失效模式、失效原因和后果，率先提出了油气管道失效控制技术的概念，提出了失效控制的思路和方法：建立油气管道失效信息数据库；综合失效分析信息数据库和目标管道的服役条件，确定油气管道主要失效模式；分析研究各主要失效模式发生原因、机理、影响因素；研究并提出失效控制措施和方法。

李鹤林认为，失效控制和完整性管理是从技术层面保障油气管道安全运行的两项重要措施。失效控制是对油气管道的失效模式、失效原因和机理进行诊断，研究提出控制失效的措施；完整性管理是对影响管道物理和功能的完整性进行综合一体化的管理。两者对于管道的安全运行同等重要，两者的结合可以最大限度地杜绝恶性事故的发生，全方位保证油气管道的安全运行。

李鹤林油气管道失效控制理论和思路的提出，是一个由实践经验上升为理论成果的典型范例，对后续有关油气管道建设和运行技术的研究和发展起到了指导作用。以该理论为基础的科研项目"油气管道失效控制技术及工程应用"，2014年获得了中石油科学技术进步奖一等奖，合作者为霍春勇、吉玲康、冯耀荣、陈宏远、赵新伟、马秋荣等。

在石油管材及装备材料服役行为与结构安全国家重点实验室断裂控制
爆破试验场（新疆）进行的天然气管道止裂控制试验现场

2010年4月，在意大利撒丁岛CSM研究院试验基地参加西气东输
二线管道延性断裂止裂控制试验。左起：刘云、霍春勇、张可刚、
李鹤林、杨龙、郑磊、庄传晶、孔君华、郭志梅、吉玲康、杨鹏

2009年3月，李鹤林院士（右二）在日本JFE公司参加西气东输二线
基于应变设计管段全尺寸内压弯曲试验

在推动X80管材国产化方面，李鹤林也做出了贡献。他几乎担任了所有西二线X80板材和管材新产品鉴定委员会的主任，不知疲倦地奔走于钢厂、管厂、工地，和钢厂、制管厂、管道公司的专家、技术人员一起讨论评估，一丝不苟。

七、对我国油气管道工程的
主要贡献

李鹤林先后在《天然气工业》2010年第4期发表了《西气东输一、二线管道工程的几项重大技术进步》，在《中国工程科学》2010年第5期发表了《高钢级钢管和高压输送：我国油气输送管道的重大技术进步》，对自己在西一线工程和西二线工程的主要贡献进行了总结，归纳起来主要有以下四个方面。

（1）积极推动我国天然气长输管道持续提高输送压力和管线钢强度级别。2000年提出了西一线采用X70钢级焊管与10兆帕输送压力的技术方案及其科学论据；2006年提出西二线4700千米主干线全线采用管径1219毫米的X80钢级焊管，设计压力采用12兆帕/10兆帕。西一线和西二线的上述方案达到或领先于同时期的国际先进水平。西二线的投资较原方案（X70钢级双线）节省130亿元，降低能耗15%，节省工程用地21.6万亩。

（2）主持编制X70、X80钢级焊管与钢板标准，推动和实施了X70、X80钢级焊管国产化。X70、X80钢级焊管国产化打破国外高钢级大口径焊管的垄断，带动了国内管线钢、焊管制造技术和装备的整体技术进步。国产X80钢级焊管比国外产品价格低1938元/吨，仅西二线干线就节约91.9亿元。我国X70、X80高钢级管线钢和焊管质量已达到国际先进水平，生产能力和生产规模为世界最强和最大。

（3）突破螺旋缝埋弧焊管使用禁区，提出"螺旋缝埋弧焊管与直缝埋弧焊管联合使用"的技术路线。保障了西一线、西二线等国家重点工程用高性能焊管大规模国产化，使宝鸡钢管公司、渤海石油装备制造有限公司等一批冶金和制管企业绝处逢生，得以蓬勃发展。

（4）提出油气管道失效控制的思路和程序，保障西一线、西二线等国家重点工程的运行安全。重点是埋地管道延性断裂的止裂控制、高寒地区站场焊管和管件的低温脆断控制、强震区和活动断层区管段的应变控制（基于应变的设计）、管道外腐蚀控制及相关的应变时效控制等。

以西一线技术成果为主的"西气东输工程技术及应用"项目，获2010年国家科学技术进步奖一等奖（集体奖）。石油管材研究所为主要获奖单位之一。鉴于李鹤林对西气东输管道工程的突出贡献，管材所授予李鹤林"西气东输管道工程杰出贡献奖。"

"西气东输工程技术及应用"　　　　　"西气东输工程技术及应用"
获国家科学技术进步奖　　　　　　　　　获奖证书

　　以西二线主要技术成果为主的"高钢级、大口径、高压力超长输气管道工程关键技术与应用"项目，获 2012 年中石油科学技术进步奖特等奖，包含该项目内容的"我国油气战略通道建设与运行关键技术"获 2014 年国家科学技术进步奖一等奖。

　　李鹤林作为专家组组长，对上述项目关键技术的突破发挥了重大作用，被列在获奖名单的前列。但李鹤林觉得，该项目涉及单位和人员众多，而受奖名额有限，应该把获奖机会让给青年科技骨干。李鹤林坚决请求退出，也从一个侧面说明了他淡泊名利的优秀品质。

　　1990 年以来，李鹤林在国内外油气输送管与管道方面的会议作了 38 次学术报告，其中 16 次报告的 PPT 随后被整理成论文，发表于《中国工程科学》《中国机械工程》《天然气工业》《油气储运》《世界钢铁》《焊管》等期刊，并收录于《李鹤林文集（下）》中。

　　随着国民经济发展和能源战略需求，石油天然气的需求与日俱增。管道输送作为五大运输方式之一，在油气输送中发挥着越来越重要的作用。我国陆上油气长输管道总长度为12.3万千米，距发达国家的管道长度还有相当的距离。在油气输送领域中需要解决的问题依然任重而道远。

尽管年事已高，但为国为民的一片赤诚与热情丝毫未减。李鹤林依然关注着中国石油天然气管道的建设事业，还是那样孜孜不倦，未雨绸缪，奉献智慧。

展望今后的油气管道发展，高压大输量是天然气管道输送的发展趋势，如中俄东线输量为450亿立方米每年，比西二线设计输量300亿立方米每年增加了150亿立方米。如何实现大输量、低成本输送，将是天然气管道建设的一个重要研究方向。提高管材钢级、设计系数、壁厚、管径均可以提高输量。但是提高到什么程度、如何提高、风险怎样，需要通过一系列科研工作解决。在西二线建设成功后，对于大输量输送的讨论从未停止过。有的专家认为应尽快进行X100甚至X120钢级焊管的工程应用研究。

李鹤林为此查阅了大量文献资料，并经常和国内外专家进行深入讨论。他认为X100及更高钢级管道无论管材制造还是失效控制等都存在不小的难度，短期内难以突破；我国更大输量管道在钢级上应从X90起步。他会同华北石油钢管厂的王晓香等，撰写书面建议，提交给了中石油的决策层。

经多次讨论后，中石油的重大科技专项"第三代大输量天然气管道工程关键技术研究"诞生了。接受李鹤林等专家的建议，将原定的目标钢级X100调整为X90/X100。通过科技攻关，将形成包括工程设计、技术标准、管材产品、管道施工等具有世界先进水平的超大输量高强度天然气管道建设成套技术，为今后超大输量天然气管道工程建设做好技术支撑和储备，具有迫切的工程需求和重要的战略意义。

耄耋之年的李鹤林，依然为中国石油天然气管道事业不知疲倦地忙碌着……

第十四章

"石油管工程学"的创立

一、失效分析是基础

1959年9月初的一天，周惠久教授为西安交通大学金属材料及热处理专业四年级学生讲授《金属材料强度学》绪论。容纳200人的阶梯教室座无虚席，连教室内的过道也加放满了凳子。听课者除本专业学生外，还有本校教师和外校进修教师。这节课的核心内容是金属材料的服役性能与基本力学性能之间的关系，周惠久教授在讲课时很强调失效分析，认为"失效分析是金属材料强度学的基础""特定服役条件下材料的失效抗力指标就是材料的服役性能"。这是周惠久教授最后一次亲自给本科生讲课，给李鹤林留下了极为深刻的印象。

1961年从西安交通大学毕业参加工作后，李鹤林积极投入石油装备的失效分析，先后主持或参与了威—成输气管道试压爆裂、黄岛油库爆炸着火、某市液化气球罐爆炸，以及深井钻机倒塌、钻机提升系统断裂等100多项重大事故的失效分析和诊断。

2006年，李鹤林、冯耀荣主编的《石油管材与装备失效分析案例集》由石油工业出版社出版。这本案例集从管材所及在宝鸡石油机械厂完成的1200多个石油管材与装备失效分析报告中，精选了100个典型失效案例，对不同工况、不同材质、不同石油管材及装备的失效原因，进行了详尽的研究分析，并提出了相应的改进措施。该案例集中的全部案例的报告当时均经过李鹤林审核、修改、定稿，部分案例是他亲自主持完成的。

2011年，由石油工业出版社出版的李鹤林所著的《石油管工程文集》中,"石油管失效分析与预防措施"部分共收集了他单独或与他人合作的文章 16 篇,近 20 万字,内容极为翔实,大量数据、图表列入其中。

失效,是指机电产品因发生损坏而不能继续使用。机电产品失效率,代表着一个国家的工业水平、科学技术水平,以及管理和人员素质的整体水平。失效分析预测预防,是使失败转化为成功的科学,是提高产品品质的重要途径,是科学技术进步的杠杆,是装备和系统安全可靠运行的保证,也是许多重大技术标准制定的依据。

我国从 20 世纪 70 年代起就加强了失效分析工作。1978 年,中国机械工程学会在杭州召开了材料学会筹备组会议,在周惠久、张协和、陶正耀倡议下,决定于 1980 年在北京召开我国第一届失效分析与预防会议。

1980 年 8 月,我国首届失效分析与预防大会在北京召开,宣告中国机械工程学会材料分会成立。材料分会下设失效分析学组,李鹤林是首届材料分会理事会成员。

1984 年,中国机械工程学会材料分会在杭州召开了第二届失效分析与预防会议,征集了 200 篇论文。李鹤林作了题为"石油矿场机械失效分析及其反馈"的大会报告。

1986 年 8 月,中国机械工程学会成立了失效分析与预防工作委员会,1993 年 2 月改为失效分析分会,著名失效分析专家、北京航空航天大学教授钟群鹏任理事长。

1992 年 12 月,中国科学技术协会委托、中国机械工程学会承办、全国 22 个一级学会共同组织召开全国机电产品失效分析与预测预防战略研讨会,会议专业性强,规格很高。朱镕基同志作了批示,国家机电部、劳动部等部委领导和师昌绪、周惠久、肖纪美、颜鸣皋 4 名中国科学院学部委员(院士)参加了会议。李鹤林应邀作了大会发言,介绍了石油机械装备和器材失效分析和预防工作情况,受到高度评价。在会议评选表彰中,李鹤林被评为全国有突出贡献失效分析专家。全部评出的 66 名先进失效分析专家中，有 5 人来自管材所。管材所同时还有一个失效分析项目获一等奖，三项获二等奖，获奖个人及项目数均居首位。

1994 年 7 月，中国科学技术协会组建了中国科学技术协会工程学会联合会失效分析和预防中心，师昌绪、周惠久等 4 位院士为中心的名誉主任或高级顾问，李鹤林任中心副主任兼石油管材与装备分中心主任。

2003 年 3 月，中国机械工程学会失效分析分会换届，李鹤林接替钟群鹏任第三届中国机械工程学会失效分析分会理事长，并自此连任三届至今。

一个产品的安全可靠性，一般与设计、材料、工艺、装配、使用等因素有关。李鹤林团队通过失效分析，判明失效模式、机理和影响因素，反馈到上述相关因素，并采取有效措施预防事故重复发生，在提高石油装备与管材的安全可靠性方面取得了重大成果。

经过不断的总结、提炼，李鹤林提出了失效分析反馈思路，如下图所示。

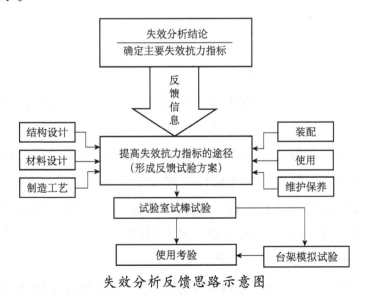

失效分析反馈思路示意图

在失效分析实践中，李鹤林及其团体还创立了包括全国钻具失效分析网、失效案例库、综合统计分析库和计算机辅助失效分析系统在内的失效分析闭环系统，使石油装备失效分析工作取得重大突破，失效事故大幅度减少。例如，钻柱失效事故由 1986 年的 1000 起左右下降到 1996 年的 250 起左右，累计减少直接经济损失 5 亿元。"钻柱失效数据库及计算机辅助失效分析"是与西安建筑科技大学合作完成的，主要完成人有李鹤林、刘家诠、韩勇、安金玲、李平全等，1995 年获陕西省科学技术进步奖二等奖。

李鹤林主持完成的大量失效分析工作，包括他提出的失效分析反馈思路和建立的失效案例库（数据库），为创立"石油管工程学"奠定了基础。

管材中心成立伊始的主要任务之一是进行石油管重大事故的失效分析，每年完成钻具和油、套管失效分析 50～60 项。随着石油工程技术的发展，不断出现石油管工程应用方面急需解决的一些深层次问题，必须深入研究石油管的服役行为及其失效机理和规律。

石油管的服役行为包括力学行为、环境行为及两者的复合。管材中心成为部直属科研机构（先后更名为石油管材研究所、石油管工程技术研究院），即在原有的失效分析及预防等研究室的基础上，增加了管柱与管线力学研究机构和腐蚀与防护研究机构。几年后，又增加了安全评价研究机构，专门从事石油管的适用性评价、风险管理和完整性管理的基础研究。30 多年的实践，使石油管的应用基础研究梳理形成了石油管的力学行为、石油管的环境行为、石油管材料的服役性能与成分／结构、合成／加工、性质的关系，以及石油管失效诊断、失效控制与完整性管理几个领域，并成为有机的整体，李鹤林将其概括为"石油管工程学"。其最终目的是提高石油管服役的安全可靠性，延长使用寿命，最大限度地避免或减少恶性失效事故，提高石油工业的整体效益。

在中国工程院 1997 年度院士增选时，中石油在李鹤林的"中国工程院院士候选人提名书"中，将"提出了'石油管工程学'的研究范围和对象"列为李鹤林的主要成就和贡献之一。这一提法得到了院士们的认同。

国外石油公司都很重视管柱与管线力学、腐蚀与防护、失效控制和完整性管理等领域的应用基础研究,具有相当的深度和广度。在技术交流中,许多国外学者对于李鹤林的工作,特别是把这些领域作为整体,提出"石油管工程学"的新概念表示赞赏。

二、材料科学与工程 "四面体"的启示

20 世纪 60 年代初,美国的科恩(Cohen)教授在提倡建立材料科学与工程学科时,为形象地说明这个学科的内涵,把材料的成分/结构—合成/加工—性质(properties)—服役性能(performance)画成一个四面体,如下图所示。前三者构成底面的三角形,后者是四

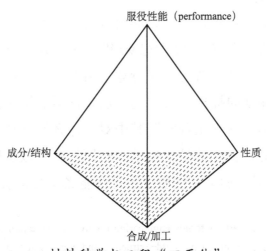

材料科学与工程"四面体"

面体的顶点。科恩教授的"四面体"突出和强调在特定服役条件下材料的服役性能。国际材料学界对科恩教授的"四面体"模式有极高的评价，认为它推动了材料科学和相关的航空、航天与装备制造业突飞猛进的发展，具有里程碑的意义。

科恩教授材料科学与工程"四面体"的内涵有两个方面：①某一机件的材料，要从服役条件出发，确定材料需要具备的服役性能；②研究该服役性能与材料的成分／结构、合成／加工、性质（材料的基本性能）的关系。

其实，周惠久教授早在20世纪50年代就提出了"从服役条件出发"的学术思想。周惠久教授在他的《金属材料强度学》等著作中强调指出："从一种机件或构件的具体服役条件出发，通过典型的失效分析，找出造成材料失效的主导因素，确立衡量材料对此种失效抗力的判据（即相应的强度性能指标），据此选择最合适的材料成分、组织、状态及相应的加工、处理工艺，从材料的角度保证机件的短时承载能力和长期使用寿命……"周惠久教授这里所说的失效抗力判据，在他的其他著作中又称"服役性能"。可见，周惠久教授"从服役条件出发"的思路与（Cohen）教授的"材料科学与工程"四面体是异曲同工的。

美国国家研究委员会于1986年组建的材料科学与工程委员会经过广泛的调研，在进入20世纪90年代前写成《90年代的材料科学与材料工程——在材料时代保持竞争力》报告，对材料科学与工程的最新进展和动向提出了统一的看法。该报告第一部分标题是"什么是材料科学和材料工程？"其中对"什么是材料工程"是这样回答的：现代材料工程就是要揭示和利用材料领域这四个要素——成分／结构、合成／加工、性质、服役性能之间的关系……[①]

① 原文为 Thus modern materials engineering involves exploitation of relationships among the four basic elements of the field—structure and composition, properties, synthesis and processing, and performance, basic science, and industrial and broader societal needs。

李鹤林提出"石油管工程学",就是依据了上述"材料工程"的定义及内涵。

1999年,他将石油管的工程应用与应用基础研究概括为"石油管工程学",是受科恩和美国国家研究委员会材料科学与工程"四面体"的内涵的启示,同时也是受周惠久教授学术思想的影响,是周惠久"从服役条件出发"学术思想的传承。

三、"石油管工程学"的内涵

"石油管工程学"的内涵如下图所示。

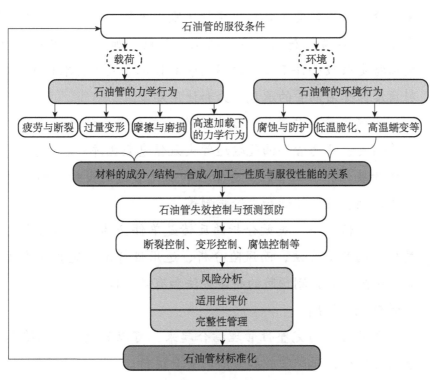

"石油管工程学"的内涵

李鹤林认为：

石油管工程技术研究院科研工作的定位是石油管的工程应用与应用基础研究。石油管的工程应用，首先是分析研究石油管的服役条件和服役行为。石油管的服役条件主要是载荷与环境两个方面。载荷方面，包括载荷的性质（静载荷、交变载荷、急加载荷、局部压入载荷、接触滑动载荷等），以及应力状态、加载速度等；环境方面，包括服役温度和接触介质等。对应地，石油管的服役行为包括力学行为、环境行为及两者的复合。

石油管的力学行为主要包括疲劳与断裂、变形与屈曲、摩擦与磨损，以及高速加载下的力学行为（冲击）；石油管的环境行为主要包括腐蚀与防护、低温脆化、高温蠕变等；力学行为与环境行为的复合，如应力腐蚀、腐蚀疲劳等。

基于石油管的服役条件和服役行为的深入研究，通过典型失效分析，确定其失效抗力指标（服役性能）。在此基础上，研究服役性能与材料的成分/结构、合成/加工、性质的关系，提出特定服役条件下工作的石油管的技术条件（标准化），从材料角度保障石油管的承载能力和使用寿命。

为确保管柱与管线的运行安全，应加强失效分析，建立和完善钻具、油套管和油气输送管失效信息数据库。在此基础上，积极开展钻柱、油管柱、套管柱和油气管道的失效控制，包括断裂控制、应变控制和腐蚀控制等。

一般情况下，失效分析的反馈是单件产品防止再次发生同类失效的基本方法，而风险分析、适用性评价和完整性管理是大系统失效的预测预防的科学方法和有效手段。

李鹤林强调指出：

失效控制与完整性管理结合起来，可以最大限度杜绝恶性事故的发生，保障管柱和管线的安全运行。

"石油管工程学"是材料科学与工程、机械工程、石油工程、工程力学、可靠性工程、信息科学与工程（含计算机技术）等多学科交叉的边缘学科。它把相关学科的理论成果和最新技术尽可能地运用于石油管的服役过程（即石油工业的钻井工程、采油工程和储运工程），最大限度保障石油管服役中的安全可靠性和寿命，并有效地提高工程效率和降低工程成本。

四、"石油管工程学"的技术领域

下图为"石油管工程学"的主要技术领域及与相关学科的关系。由"石油管工程学"的内涵及主要技术领域二图可知，"石油管工程学"的主要技术领域包括四大领域：石油管的力学行为，石油管的环境行为，石油管材料的服役性能与成分／结构、合成／加工、性质的关系，石油管失效诊断、失效控制与完整性管理。鉴于管柱与管线的力学行为差异较大，石油管的力学行为也可拆开表述为管柱力学和管线力学。

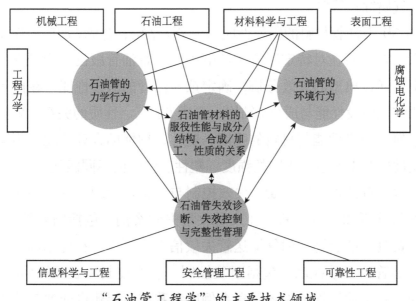

"石油管工程学"的主要技术领域

（1）石油管的力学行为。石油管的力学行为包括钻柱、油管柱、套管柱和油气管线的力学行为。钻柱力学包括静载下的拉、压、弯、扭变形与断裂，以及疲劳、冲击、振动等。油、套管柱力学行为包括在轴向载荷、弯曲载荷与内压、外压等复合载荷作用下，油、套管柱的管柱连接强度和密封完整性。其研究手段是：计算机仿真与全尺寸实物服役性能评价试验相结合。除结构完整性和密封完整性，所关注的问题还有套管柱和油管柱的挤毁、油管柱的疲劳。油气输送管的力学行为包括强震区、地质灾害区管段管道的拉伸、压缩、弯曲变形（位移）及屈曲；钢管动态裂纹长程扩展与止裂行为；高寒地区站场裸露钢管与管件的低温低应力脆断与控制；近中性 pH 土壤的应力腐蚀开裂问题；外载荷周期变化或内压波动引起的疲劳等。

（2）石油管的环境行为。主要研究石油管的腐蚀与防护，包括：硫化物应力腐蚀与氢致开裂；油井高温高压环境中的 CO_2 腐蚀，包括 H_2S、CO_2 共存，元素硫和氯离子含量较高的极苛刻条件；多相流冲刷腐蚀；土壤腐蚀，包括近中性 pH 土壤的应力腐蚀；海水和海洋大气腐蚀；等等。

（3）石油管材料的服役性能与成分/结构、合成/加工、性质的关系。首先要在对特定服役条件下工作的石油管服役行为研究的基础上，通过典型的失效分析，确定该石油管的服役性能；在此基础上研究该服役性能与成分/结构、合成/加工、性质的关系。要特别注意研究服役性能与材料的强度、塑性、韧性的合理匹配，不同的服役性能要求对应着不同的强度、塑性、韧性的不同匹配。

（4）石油管失效诊断、失效控制与完整性管理。首先要大力开展失效分析和失效诊断，并大量收集失效案例，包括国外的案例，建立钻具、油套管和油气输送管失效信息案例库。在此基础上，开展石油管的失效控制，包括断裂控制、应变控制和表面损伤控制。例如，基于油气管道失效信息案例库和我国近年建设的油气管道的服役条件，重点对动态延性断裂止裂控制、高寒地区站场钢管与管件的低温脆断控制、地层位移区管道的应变控制、土壤腐蚀控制及相关的应变时效控制技术进行系列研究。

石油管失效规律的研究是运用失效分析学的基本理论和方法，研究管材质量、设计与制造工艺、操作运行状态和环境对石油管失效模式、使用寿命的影响规律。在此基础上，应用无损检测、断裂力学（概率断裂力学）、有限元方法、可靠性理论等现代技术，预测石油管的安全使用寿命或确定检测周期，同时提出改进方案，反馈到设计、制造、使用和管理等部门，达到预防石油管失效事故发生的目的。

石油管的适用性评价及风险管理是失效预测预防的重要组成部分。适用性评价是对含有缺陷石油管能否适合于继续使用的定量工程评价，包括：定量检测石油管中的缺陷，依照严格的理论分析作出评定，确定缺陷是否危害安全可靠性，并对缺陷的形成、发展及构件的失效过程及后果等作出判断。风险管理是通过对石油管系统的风险评价、风险控制和风险管理的功能监测三个环节，达到使该工程系统的风险最小、效益最大的目标。对石油管进行适用性评价及风险管理，可在确保其安全可靠性的同时，获得巨大的经济效益。

完整性管理是指对所有影响管道（或管柱）完整性的因素进行综合的、一体化的管理。下图是油气管道完整性管理流程示意图。

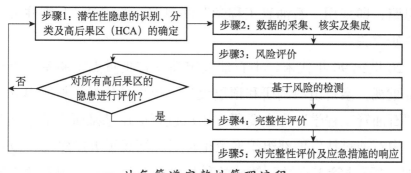

油气管道完整性管理流程

五、"石油管工程学"的平台建设

李鹤林认为,"石油管工程学"是一个新的学科领域,其学科体系尚待继续发展和完善。在新的形势下,要继续坚持和深化石油管工程应用与应用基础研究。

保障石油管的服役性能,最大限度杜绝恶性事故,对整个石油工业发展至关重要。而随着石油工业的发展,石油管的服役条件日益恶化,石油管应用中的新问题、新挑战不断涌现,石油管的工程应用和应用基础研究必须持续开展,不断深化和强化。

"石油管工程学"涉及的研究领域和内容很广,李鹤林等虽然已经取得了一些成果,但尚有很多急需攻克的难题,其中石油管的失效控制尤为突出。在油气输送管方面,依托西一线、西二线等重大管道工程,从"石油管工程学"的思路进行了科研攻关,取得了一系列创新性研究成果,为管道的安全运行提供了坚实的技术保障,"油气管道失效控制技术与工程应用"获 2014 年中石油科学技术进步奖一等奖。而在油井管方面,虽然在油 / 套管柱的失效控制方面开展了一些研究工作,但尚不系统和完善。目前,我国部分油气田油 / 套管柱断裂事故频发,经济损失巨大。不妨换一种思路,即采用"石油管工程学"的思路,组织油 / 套管柱失效控制科研攻关。

20 世纪 90 年代末,中石油决定建立首批重点实验室。李鹤林非常重视,亲自组织调研和顶层设计,提出了依托管材所建立一个以"石油管工程学"为主要研究领域进行应用基础研究的重点实验室。中石油科技发展部组织专家论证后,同意了上述建议。1999 年12 月,"石油管工程学"领域的科技创新基地——中国石油天然气集团公司石油管力学和环境行为重点实验室在管材所正式建立。李鹤林担任学术委员会主任。

1999年12月6日，中国石油天然气集团公司组织召开了"石油管力学和环境行为重点实验室"建设项目论证会。时任集团科技发展部主任傅诚德（前排右五）主持会议，黄志潜（前排左五）、孙宁（前排右二）、柯伟（前排左四）、钟群鹏（前排右四）、赵国珍（前排右三）、高德利（后排右四）等专家出席会议。论证会一致同意实验室建设项目的申请，并组建了以李鹤林（前排右一）为主任的学术委员会

2010年，"石油管力学和环境行为重点实验室"被批准更名为"石油管工程重点实验室"。

2012年，石油管工程重点实验室与陕西省批准建立的石油管材与装备材料服役行为与结构安全省级重点实验室，整合在一起申报国家重点实验室。

2015年9月30日，国家科学技术部批准，以石油管工程技术研究院为依托，组建石油管材及装备材料服役行为与结构安全国家重点实验室，"石油管工程学"是该重点实验室的主要研究领域。黄维和任学术委员会主任，李鹤林任副主任委员。

李鹤林非常重视"石油管工程学"人才队伍建设和模拟石油管材服役条件的全尺寸管材试验装置的建立。他充分利用自己受聘

担任西安交通大学材料科学与工程学院名誉院长、博士生导师之便，管材所得以与西安交通大学材料学院签订合作协议，在西安交通大学材料科学与工程一级学科下，联合开办"材料服役安全工程学"二级学科博士点和硕士点，研究方向均为"石油管工程学"领域，从管材所青年科研人员中招收博士生和硕士生。鉴于"石油管工程学"是石油工程与材料科学之间的边缘学科，或称交叉学科，直接列为材料科学与工程的二级学科有一定难度，李鹤林把自主设置的二级学科定名为"材料服役安全工程学"[①]，其内涵大体相当于"石油管工程学"。相继入学并获博士学位的人员包括冯耀荣、赵新伟、赵国仙、白真权、李文奎、霍春勇、吉玲康、乔小平、谢丽华、魏丹等。

在模拟服役条件的全尺寸实物试验装置方面，管材所建立初期已购置了第一批，在随后的重点实验室平台建设阶段又购置了第二批，再加上自制的设备，现在已经相当完善。主要设备包括以下几方面。

（1）油套管方面：2500 吨油套管复合载荷（轴向载荷、弯曲载荷、内压、外压等）全尺寸试件试验系统、1500 吨油套管复合载荷全尺寸试验系统、套管轴向＋弯曲载荷条件下的全尺寸试件挤毁试验系统、实体膨胀管膨胀性能试验系统。

（a）卧式

---

① 详见《李鹤林文集（下）》中的"材料服役安全工程学的建立与实践"。

（b）立式

油套管复合加载（轴向载荷、弯曲载荷、内压、外压等）
全尺寸试件结构完整性和密封完整性试验系统

（2）钻柱方面：全尺寸钻柱构件旋转弯、扭疲劳试验系统。

（3）油气输送管方面：全尺寸管材气体爆破试验场（延性断裂
止裂控制试验）、全尺寸管材内压疲劳实验系统、油气管道内压＋弯
曲试验系统、50 000焦耳大摆锤冲击试验系统。

全尺寸钻柱构件旋转弯、扭疲劳
试验系统

油气输送管全尺寸试件内压＋弯
曲试验系统

（4）腐蚀试验方面：油管拉伸＋腐蚀试验系统。

全尺寸石油管材复合加载及腐蚀试验系统

这些设备都是"石油管工程学"建立和发展必不可少的。李鹤林为早期的几台设备付出过很大的努力，重点实验室平台建设阶段的设备引进和建造，李鹤林虽已退居二线，但作为中石油科研平台建设评审专家组组长，他竭尽全力给予了支持和推动。

六、学术思想和科学精神

2017年7月5日，管研院组织召开了"李鹤林院士学术思想和科学精神研讨会"。除管研院全体员工外，参加研讨会的嘉宾还有中石油科技管理部总经理隋军，陕西省科技厅副厅长孙科，以及西安交通大学、中国石油大学（北京）、西安石油大学、宝鸡石油机械有限责任公司等单位的领导和专家。

研讨会上，李鹤林作了《"石油管工程学"的创立与发展》的学术报告；管研院院长、党委书记刘亚旭围绕李鹤林院士的学术思想

李鹤林院士学术思想和科学精神研讨会会场

和科学精神作了主题报告；西安交通大学邓增杰教授，同时也代表涂铭旌院士，重点介绍了李鹤林对周惠久先生学术思想的继承和发扬；作为学生和同事，冯耀荣、吉玲康也分别作了交流发言。

围绕李鹤林院士的学术思想，邓增杰教授在讲话中指出：

20世纪50～60年代，周惠久院士基于大量实验室研究及工程应用实践的积累，提出了以"发挥金属材料强度潜力"为核心内容的材料强度理论。概括起来就是：从零部件的服役条件出发，通过失效分析，提出该零部件的失效抗力指标（服役性能）；不同服役条件下材料强度与塑性、韧性的合理配合；机械结构设计与材料（强度）设计的合理配合；强度（理论）指导强韧化工艺，强化（整体或表面）保证强度……以求达到减轻重量、节约材料、延长使用寿命的工程目的。李鹤林院士创造性地将周惠久院士的材料强度理论用于石油机械及石油管工程，打破行业选材用材的传统观念，取得令人瞩目的科技成果，不但继承了老一代科学家的理论成果和学术观点，而且在石油工业领域进一步发扬光大。这是值得称道和庆贺的事。

李院士在长期的石油管技术工作实践中，从自己承担的一系列恶性事故的失效分析中，深刻认识到石油管应用方面的科技问题在石油工业中占有十分重要的地位。作为研究所的学术带头人，李院士将石油管应用中的一些深层次问题列为主要研究对象，把深入研究石油管的服役行为和失效机理作为首要任务，使石油管的应用基础研究逐步发展为石油管的力学行为、石油管的环境行为、石油管失效控制及预测预防、材料成分/结构—合成/加工—性质与服役性能的关系等四个领域，并成为有机整体，形成了"石油管工程学"的新概念。其内涵和学科划分思路与周惠久院士"从服役条件出发"的学术思想是一脉相承的，与科恩教授的材料科学与工程"四面体"的内涵也完全一致。

李鹤林在其报告中指出：过去在"石油管工程学"的一些报告中，主要强调了周惠久"从服役条件出发"的学术思想，这是为了与科恩教授材料科学与工程"四面体"进行对比分析。实际上，周惠久的学术思想非常丰富，博大精深。像涂铭旌院士、邓增杰教授提到的"不同服役条件下材料强度与塑性、韧性的合理配合""机械结构设计与材料（强度）设计的合理配合"等都可以用于指导"石油管工程学"，都是"石油管工程学"的基础。而且，周惠久"发挥金属材料强度潜力"的一系列论述不仅对石油管材，对其他装备及材料的研发及应用也具有重要的指导价值。

刘亚旭和冯耀荣分别总结了李鹤林的学术思想，认为李鹤林继承和发扬了周惠久先生"从服役条件出发"等学术思想，开创性地应用于石油工业，取得了举世瞩目的成绩和贡献。他们同时认为，李鹤林的学术思想还体现在"失效分析反馈思路"的提出与实践、"失效控制思路"

李鹤林在研讨会上作学术报告

的建立与实践以及"失效控制和完整性管理相结合"研究方法的提出与实践等多个方面。刘亚旭在报告中特别强调,李鹤林发展并提出的独到深邃的学术思想,指导科技实践取得了丰硕成果,是我们科技工作的重要思想和理论基础,是推动我国石油管及石油、石化装备材料科技事业发展的重要保障,值得大家学习、继承和发扬光大。

刘亚旭归纳李鹤林的科学精神主要体现在三个方面:"科技报国、奉献石油"的理想信念,"刻苦钻研、坚持不懈"的科学态度和"爱岗敬业、认真严谨"的工作作风。冯耀荣补充提出,李鹤林的科学精神还表现在:从无到有、从小到大、由弱变强的艰苦创业精神,潜心研究、攻坚克难、开拓进取的创新精神,不怕困难、百折不挠、坚持不懈的坚毅精神,踏踏实实、求真务实、精益求精的求实精神以及胸怀全局、勇于担当、埋头苦干的奉献精神。刘亚旭号召年轻一代以李鹤林院士为榜样,全身心投入科技创新,不畏艰难险阻,砥砺奋进,开拓创新,勇攀科技高峰!

研讨会最后,管研院贾立仁副书记宣读了《关于授予李鹤林院士名誉院长的决定》。隋军总经理、孙科副厅长和刘亚旭院长共同向李鹤林颁发了管研院"名誉院长"荣誉牌匾。

李鹤林接受管研院"名誉院长"荣誉牌匾
左起依次为:隋军、李鹤林、刘亚旭、孙科

研讨会召开正值李鹤林八十华诞，中国工程院周济院长发来贺信，高度评价了李鹤林建立并发展的"石油管工程学"学科：

您提出了"石油管工程"的研究范围和对象，主持了油井管科技攻关，使我国油井管发展到实现大规模国产化；您担任西气东输和西气东输二线等重大科技专项专家组组长，使我国天然气管道工程跃入国际先进行列。

中石油王宜林董事长发来贺信，亦对李鹤林建立"石油管工程学"学科并推动我国石油管工程技术的发展表示肯定和称赞：

您提出并建立了"石油管工程学"学科，开展了大量系统的、有创造性的研究：推动我国油井管实现了大规模国产化和产品质量升级，保证了我国复杂工况油气田的高效安全开发；引领我国油气管道工程由跟踪跃入国际领跑者行业，确保了我国长输油气管道的建设和运行安全。

西安交通大学王树国校长签署的贺信写道：

您提出并建立了"石油管工程"学科领域，主持研制10余种新材料，使一批石油机械的性能跃居国际先进水平；主持油井管科技攻关，使我国油井管从基本依赖进口发展到实现大规模国产化；担任西气东输和西气东输二线等重大科技专项专家组组长，使我国天然气管道工程由跟踪国外技术跃入国际领跑者行列。

此外，陕西省科技厅、中国石油大学（北京）、西安石油大学、中国机械工程学会失效分析分会等单位也纷纷发来贺信，对李鹤林表达崇高的敬意和诚挚的问候，共同祝福李鹤林生日快乐，健康长寿，阖家幸福！

第十五章

尊师之情
与为师之道

一、难忘师情

古人比喻学问之道，认为贵在求学求知者的用心用功程度，故而有云："人之学如渴而饮河海，大饮则大盈，小饮则小盈。"而从同样事物的另外一面来看，纵观"大饮大盈"者，大多莫不是得益于名师的指点与教诲。于是，尊师重道，成为人们颂扬的美德之一。

李鹤林对自己求学中各个阶段的老师们，都充满了感念之情。浓浓的师生情谊总是会洋溢在他各种文章的字里行间。

70多年了，人事变更，风雨无数，他仍然记得自己的启蒙恩师，那个留着长长胡须的方正老者、钟楼小学那个威严而又慈祥的校长。对汉中二中那些来自东北、华北，操着各地口音的母校老师们，他的记忆尤深。他敬重老师们的爱国操守，感念老师们的爱护与提携。

20多年前，李鹤林曾经写道：

> 至今我依旧非常怀念和感谢我的母校——陕西省汉中第二中学，以及我的许多恩师。上个世纪三四十年代，汉中是抗战后方，聚集了来自东北、华北的大批优秀人才，其中不乏优秀的中学教师，很多人后来仍留在汉中任教。我的学业之所以能够突飞猛进（注：指从初一上学期直接跳级高中），全得益于他们渊博的知识和丰富的教学经验。李明学、白镜、向毓初这几位数理化老师，还有教语文、政治、历史课的老师张瑞五、沙兆恒、赵稼祥、高清华……

李鹤林说：至今我都能清晰地回忆起他们50多年前的音容笑貌

和在课堂上的风采。

后来很长的一段时间，他还和老师们保持着通信来往，时常写信问候。前文提到过的1959年9月高中母校班主任李明学老师的一封来信，李鹤林一直珍藏着，铭记着。一如当年读信后在日记里写下自己的心情和感受，今天李鹤林依然觉得，老师的来信，"是鼓励，更是鞭策！"

2001年10月下旬，李鹤林作为陕西省决策咨询委员会特邀委员，在随团前往汉中视察过程中受邀回到母校，而母校也用最大的热情，欢迎了这位优秀的学子。故地重游，当年的学习生活，一幕幕仿佛就在昨天，勾起了李鹤林无数动情的回忆。在母校，他还与部分师生进行了热烈的互动交流，分享了自己对事业成功、挫折失败、社会实践等方面的感悟，其中，也多有从母校、从老师们身上所学。他为母校留下题词，用"勤奋、刻苦、坚持"六个字，与后辈学人共勉。

李鹤林认为，自己性格的养成发端于不寻常的中学时代，而事业与成就的起点，则起始于西安交通大学的五年。课堂讲授、质疑答辩，周惠久、涂铭旌、王笑天、王小同、俞德刚、黄明志、何家

为王小同老师（前排右二）祝贺生日

文、邓增杰、宋余九、顾海澄、刘静华等许多老师的风采，他始终难以忘怀，甚至刻骨铭心。走上工作岗位后，他与西安交通大学母校及老师的联系、求教、合作，一直在延续，几十年未曾中断，情谊也越来越深。

1999年11月在庆祝周惠久院士九十华诞期间，西安交通大学徐通模校长与李鹤林院士共同为周惠久铜像揭幕

科研中遇到疑难时，他去西安求教恩师周惠久先生的次数最多，而他早期主持的多项所校、厂校合作的科研项目中，周惠久先生也大多都参与过指导。

1967年，"文化大革命"中的西安交通大学不再招生，一级教授周惠久等老师更是被打成"反动学术权威"，于1971年被下放到李鹤林所在的宝鸡石油机械厂接受改造。年已62岁的周惠久先生不得不在车间参加繁重的体力劳动，而且也要三班倒，上夜班。李鹤林心痛不已。一介书生的老师年事已高，还患有糖尿病，过去一直只是从事教学和实验，很少用大气力，这样下去身体如何吃得消？他思来想去，保护老师的办法只有一个：以帮助解决研制"铁人"嘱托的"三吊"疑难为由，把周惠久等西安交通大学的老师调整到他所在的试验室。

他再三请求工厂"革命委员会",终于如愿,让老师们熬过了那段艰难的时光。但在回忆这段老师下放工厂经历的时候,李鹤林所表达的,却是另外一番情感:"我主持的轻型吊环、吊卡的研制,除厂内人员的通力合作外,也凝聚了周惠久、金达曾、邓增杰、贾凤和、苏启生、杨鸿生、陈黄浦等几位西安交通大学老师的心血。"字里行间,丝毫没有提及自己对老师的扶助,而是满满的感激。

"文化大革命"后的1978年春,他同周惠久先生一起,光荣地出席了全国科学大会。时如白驹过隙,韶华转瞬。1999年11月,西安交通大学举行庆祝周惠久院士九十华诞暨学术思想研讨会。

刚刚当选为中国工程院院士的李鹤林,作为周惠久先生弟子的代表,与西安交通大学校长徐通模一起为周惠久铜像揭幕。研讨会上,李鹤林以"周惠久学术思想对我的影响"为题,作了发言,深情讲述了师从周惠久先生的难忘经历。他说,先生的学识、人品,如明亮之烛,指引着自己的人生与科研之路。

1999年11月,西安交通大学举办周惠久学术思想研讨会,原机械工业部副部长陆燕荪(左四),中国工程院院士徐滨士(左五)、雷廷权(右三)、崔崑(左一)、李鹤林(右一),中国科学院院士蒋民华(左二)及清华大学陈南平教授(右二)在周惠久铜像前合影

　　李鹤林认为，恩师周惠久学术思想是"石油管工程学"的理论基础。自己之所以摘取这一系列科研成果，是站在了巨人的肩膀上。由此，李鹤林总是能够联想到那句著名的古诗佳句："问渠哪得清如许，为有源头活水来。"

　　周惠久，1909 生于沈阳，1999 年逝世。1927 年考入唐山交通大学（现西南交通大学）；1935 年考取公费留学，先在美国伊利诺伊大学攻读硕士学位，因成绩优异被选为荣誉学会会员；1936 年获力学硕士学位，后转到密歇根大学化工冶金系，1938 年获冶金工程硕士。

　　抗日战争全面爆发后，周惠久先生毅然放弃在美国继续深造的机会，回国参加抗日救亡运动。中华人民共和国成立后他回西安交通大学执教，曾任西安交通大学副校长、校学术委员会主任、中国机械工程学会副理事长、中国机械工程学会材料学会理事长等职。1980 年当选为中国科学院学部委员（院士）。周惠久在学术上独树

1981 年 11 月，周惠久院士在昆明主持召开了中国机械工程学会表面强化、残余应力与疲劳学术讨论会。这张照片是会议期间周惠久先生与他的助手和学生的合影（前排中为周惠久，右为涂铭旌，左为蒋伯诚；后排右一为金达曾，左一为杨平生，左二为李鹤林）

一帜。他是西安交通大学金属材料及热处理专业的奠基人，其"小能量多次冲击抗力理论"取得突出成果，曾被誉为全国高校科研成果"五朵金花"之一；主持完成的"低碳马氏体理论研究和应用"于1987年获国家科学技术进步奖一等奖；他提出的材料强度与塑韧性合理配合等理论成果，对发挥材料强度潜力和提高材料利用率做出了重大贡献，被国家科学技术委员会列入"建国以来基础研究100例成果之一"。

李鹤林说："我作为学生，受到周先生多方面的教诲和指导，周先生的学术思想对我有很大的影响。"李鹤林认为，周惠久先生的学术思想博大精深，"从服役条件出发"，是他学术思想的重要组成部分。他说：

> 56年前，周先生亲自给我们讲授"金属机械性能"时，就强调失效分析十分重要。以后在他的许多学术报告中，又进一步论述了失效分析是基础的思想。我参加工作后，最早从事的工作之一就是失效分析。在大量失效分析实践中，我和我的同事提出和完善了失效分析反馈的思路，创立了包括全国钻具失效分析网、失效案例库、综合统计分析库和计算机辅助失效分析系统在内的失效分析与反馈闭环系统，使石油装备和管材失效分析在理论与实践上都有重大突破，失效事故大幅度减少。成绩的取得，与周惠久教授及母校老师的教育分不开，也得益于周先生的学术思想。

1981年起，李鹤林的工作重点转向石油管材，创建石油管材实验研究机构，并在工作中不断总结、实践，梳理理论，逐步形成了一个新的学科领域——"石油管工程学"。李鹤林依然认为，他还是站在巨人的肩膀上面，因为"石油管工程学"比较集中地体现了周惠久先生"从服役条件出发""失效分析是基础""结构强度与材料强度相结合""强度、塑性、韧性合理配合"等重要学术观点，同时，也体现了"发挥材料强度潜力"的思想。

在李鹤林的心中，周惠久先生学识渊博，高瞻远瞩，他的学术思想经受了长期工程实践的考验。他几十年前提出的学术观点，今天看来仍然那么严谨、精辟，仍然有着十分重要的指导意义。周惠久先生的学术思想，是我国工程技术领域十分宝贵的财富，是"石油管工程学"的理论基础。

2003 年 4 月，西安交通大学在 107 周年校庆活动中，召开了"院士对全校师生代表对话会"，李鹤林在发言中讲道：

> 我 1956 年参加全国统一招生考试，被交通大学录取，分配在机械工程系金属材料及热处理（即现在的材料学）专业。当年交大正在迁校，我们是西安新校园报到上课的第一届学生。在交大 5 年的苦读和磨炼，为我一生的事业打下了坚实的基础。40 多年来，母校永远是我智慧和力量的源泉。我现在兼任材料科学与工程学院名誉院长，这是母校对我的信任、鼓励和鞭策。
>
> 我担任名誉院长后，提出了"新材料与传统材料并重""基础研究与应用研究并重""材料科学与材料工程并重"的学科建设方针，并且特别强调周惠久学术思想是一笔宝贵财富，我们要予以继承和发扬。我相信，只要大家齐心协力，统一认识，我们一定能创造西安交大材料学科更美好的未来。

专心致力于科研的学者中，有不少人都是长寿颐年。如与李鹤林交谊甚深的老一辈科学家之中，两院资深院士侯祥麟（1912—2008），是一位可亲可敬的世纪老人，年过九旬仍修书立作。李鹤林的恩师周惠久，去世时亦为 90 岁高龄。

2012 年 12 月 8 日，西安交通大学的另一位老师王笑天教授也迎来 90 华诞。那一天，还成立了王笑天科教基金会。在基金会成立大会上，李鹤林又一次应邀致辞。他说：

> 王老师在交大培养的学生中，我算是年纪比较大的，是老学生。王老师 1960 年给我们讲授"合金钢"。这门课对我的工作，对我一生的事业有很大的帮助。我至今还珍藏着 50 多年前

王老师讲课时我做的笔记。

李鹤林还说，他经常回母校找王老师求教，算是得到了老师的真传。

一本珍藏多年的笔记，记的不仅是老师的讲授内容，也承载着李鹤林对老师深深的感恩之心。

邓增杰也是一位李鹤林敬重的西安交通大学老师，两人的师生情谊十分深厚。邓增杰教授过去长期是周惠久院士的助手之一，是一位金属材料和材料强度专家。2015年，已是84岁的邓增杰教授头发花白，清癯矍铄，很是健谈，谈及学生李鹤林的科研成果，老教授如数家珍。邓教授说："我是1957年从北京航空学院研究生毕业分配至交通大学任教，给李鹤林他们讲过课，带过实习，从这个角度讲是老师。后来李鹤林毕业进了厂，我们一起合作了20多年。我教的是'金属机械性能'，考虑更多的是这门课程和一些课题。"邓增杰教授退休后与夫人住在西安，其女儿在澳大利亚定居，见老师身体健康，赋闲在家，李鹤林便请老师出山，聘到管材所当顾问，还在《石油管工程》杂志做主编。

李鹤林的另一位老师——我国金属材料及热处理著名专家涂铭旌院士，当年是周惠久的主要助手，曾在交通大学任教30年，长期从事材料强度与断裂及失效分析的研究，比李鹤林早两年当选为中国工程院院士。在李鹤林手上，有一篇用大号字体所写的4页900余字的手稿。那是涂铭旌院士在86岁高龄时为《李鹤林文集》序言所做的修改建议。涂铭旌院士写道：

由邓增杰教授起草的"序言"，有很大的特点，不同于一般科技专著的简介和学术上的肯定与推荐，而是按我国石油工业发展的各个历史阶段为背景，阐述了李院士在石油机械用钢、石油管材以及石油管工程方面的卓越贡献、学术观点及科技创新，便于读者了解李院士百篇论文的连贯性以及科技创新的历史作用。李院士终生献身于石油工业，科技报国的赤子之心，值得材料工程、石油机械及石油管道工程界作为学习的榜样。

在我看来，更重要的，是向广大科技界读者导读。本论文集是凝聚了以西安交通大学金属材料及强度国家重点实验室创始人周惠久院士和李鹤林院士为代表的两代材料科技人员之研究结晶。李鹤林院士创造性地将周教授的材料强度理论，用于石油机械及石油管工程，打破石油工业选材用材的传统规定，取得令人瞩目的科技成果，不但继承了老一代科学家的理论成果和学术观点，而且在石油工业领域进一步发扬光大，这是值得称道和庆贺的事。然而，这些年材料领域重科学、轻工程、重论文、轻工艺等诸多倾向，影响到忽视、甚至轻视这一材料强度理论的传承和加强发展研究，如果不提出抢救性的措施，就会后继乏人，是一个令人担心的事。

李鹤林院士是"管材中心"的设计师和创始人。他远见卓识地根据油井管及油气输送管道工程的发展需要，创见性地建议石油工业部建立石油专用管材试验研究中心。随着我国"西气东输"管道工程的建设以及石油管材所的大量研究、重大管线失效事故分析，他提出了建立"石油管工程学"学科的理论框架和相关的学科研究内容，引领了这一新学科的建设和发展。

为把西气东输工程的管线建成世界一流水平，李院士所领导的团队用大量研究对比实验结果，证明国产大口径螺旋焊管能够用于高压输气干线，突破了发达国家的使用禁区，节约了进口直缝焊管所需的巨大外汇支出。为输送管立足于国内生产，做出了重大贡献。

李院士担任西二线重大专项专家组组长，建议西二线采用X80钢级焊管得到采纳。至此，我国输气管线由X52钢级提升到X60、X65、X70钢级直至X80钢级，达到世界一流水平。其中李院士团队用扎实的相关基础技术的科技创新，来引领我国输气管线钢的强度级别不断升级，赶超世界先进水平。许多相关科技成果，得到美、日、加、欧洲各油气产业的认可。

而在邓增杰教授起草的序言中，有一段话这样说道：

> 李鹤林院士已经成为石油机械工程材料和石油管工程领域的大师，我们深切希望后继有人，来继承周惠久、李鹤林两代学者丰硕的学术成就，进而发扬光大，为我国石油工业做出新的更大的贡献，发展为真正的世界强国！

涂铭旌院士与邓增杰教授，对自己的这位学生都给予了很高的评价。他们都曾不约而同地提到，李鹤林对周惠久的学术思想是"超越性"的，而李鹤林却始终坚持认为自己只是"继承和发扬"。

二、三 位 大 师

孔子云："三人行，必有我师焉。"李鹤林的一生中，不仅有授课老师，亦有虽未授课、但永存于心的人生之师。

回顾自己半个多世纪的科技生涯，李鹤林认为有三位大师级的人物对他的影响最大。一位是恩师周惠久院士，另两位则是令其备感尊敬的领导李天相、曾慎达。李鹤林说：

> 如果没有周惠久博大精深学术思想对我的哺育和启蒙，没有李天相和曾慎达这两位领导在工作上对我的支持帮助，我不可能有今天的成就。

在李鹤林心中，李天相和曾慎达虽然后来身居要职，但可以毫不夸张地说，就学术上的造诣而言，他们也堪称大师。李天相和曾慎达勤奋好学，博览群书，知识渊博，善于从不同学科、不同技术领域的先进成果中寻求解决复杂问题的思路和方法，他们是难得的既有高尚品德和人格魅力，又有深厚学术造诣的高级干部。

曾慎达是福建闽侯人，1928年生，1951年毕业于西北工学院机械系，1955 年又赴苏联留学。两年留学归来，先在石油工业部机关工作，后到迁至位于宝鸡的石油钻采机械研究所任设计二室主任，又先后出任宝鸡石油机械厂副总工程师、总工程师、厂长等职，是该厂 20 世纪七八十年代科技进步、技术改造、产品升级、培养人才、走出困境、重新崛起的主要引领者，也是推动中国石油机械走向国际市场的首创者。

作为李鹤林大学毕业工作的第一位领导，曾慎达与李鹤林共同工作了 20 多年，结下了深厚的友谊。1983 年，曾慎达被选拔到陕西省委担任副书记，后担任副省长。尽管成为省级领导，但曾慎达仍一如既往地关心和支持李鹤林的科研事业。20 世纪 90 年代管材中心迁至西安，曾慎达也因年龄原因不再担任副省长，二人同住西安常来常往。几十年中，曾慎达对李鹤林支持和提携有加，李鹤林也一直将曾慎达敬为师长。

李天相是北京人，天津北洋大学机械系毕业，中华人民共和国成立前即加入中国共产党，20 世纪 50 年代初与曾慎达共事，后任石油工业部副部长、国家能源委员会副主任、中石油副总经理、中国石油学会理事长、中石油科技委主任、全国政协委员等。

李天相在职期间，多次主持、制定我国石油石化工业中长期发展规划，分管石油工业对外开放和技术引进，全面实现了我国石油科技的跨越发展。他是中华人民共和国现代化石油装备制造业的缔造者和奠基人之一，在石油和石化化工业享有很高的声誉。此外，他尊重人才，爱护专家，李鹤林就是李天相长期器重和支持的专家队伍中杰出的代表人物之一。

如果说李鹤林是一匹千里马的话，那么这三位大师级人物，便都是发现李鹤林，并扶助他和提携他的伯乐。而他们重用培养人才的品德和行动，也深深地影响了李鹤林。涂铭旌院士和邓增杰教授曾这样说：伯乐相马，有千里马，还要有伯乐式的人物，祝贺李院士已经是伯乐，发掘培植了年轻的一代又一代的科技精英。

三、慧 眼 识 才

20世纪80年代前后,宝鸡石油机械厂中心试验室初建之际,最缺的就是专业人员,李鹤林为此心急如焚。

1978年,厂长曾慎达一班人启动了人才培养计划,与陕西机械学院联合在工厂创办了工人大学,又从进厂不久的返城知青和青年工人中挑选了10多人,进入中心试验室。李鹤林满怀欣喜地迎接了这批20多岁还是学徒工身份的青年。他给了这批学徒工一份见面礼——大学专业教科书《金属学》及《金属机械性能》油印本,并亲自为他们讲课,进行强化培训;之后,他又同母校西安交通大学协商,委托学校对这批人进行短期专业学习。与此同时,李鹤林在不同的场合,用不同的方式,鼓励他们自学成才。

这批知识青年好学上进,如饥似渴,刻苦自学,成了工厂一道亮丽的风景线,也带动了全厂数千名职工学文化、学知识、学技术,全厂各个车间都利用班前班后开展职业技术培训。

中心试验室成为陕西石化系统的一面旗帜。陕西省石油化工厂特地在宝鸡石油机械厂召开了职工教育现场经验交流会,隆重表彰了两名自学成才的先进典型。两年之后的1980年,厂长曾慎达拍板决定,通过公开考试,从工人中选拔技术员。应试者参加了高等数学、普通物理、英语和专业课等考试科目,被录取破格晋升为技术员的前5名当中,李鹤林领导的中心试验室占有4名。普通的工人,通过努力也能成为让人羡慕的技术员。一石激起千层浪,这一结果轰动了全厂,对工厂两千多名青年工人来说,产生了巨大的鼓励和影响。李鹤林培养支持两名青年自学成才的事迹，也随之远播于外。

瘦瘦高高的文弱知青冯祖德，在技术员考试中获得第一名。工厂宣传部门的通讯干事，曾经与新华社资深记者侯嘉荫，共同采访了冯祖德与李鹤林，合写了一篇《徒工冯祖德自学成才》的人物通讯，被新华社采用，刊登在《陕西日报》1981年1月11日第二版上。

在城里读完初中二年级的冯祖德，"文化大革命"时期中断了学业上山下乡，在宝鸡一个偏僻的山区插队。无论当时环境和条件多么艰苦，这个十几岁的有志青年都没有丢掉书本和英语，招工进厂后亦如此。

功夫不负有心人，曾慎达、李鹤林慧眼识珠，冯祖德被选进了中心试验室，又考取了技术员。两年之中他刻苦自修了金属材料及热处理专业的全部课程，翻译了几十万字的外文资料，迅速成为该室的技术骨干。李鹤林评价其学识能力，"达到了本专业的大学本科毕业生水平"。

1983年，冯祖德向李鹤林提出深造的请求，要报考西安交通大学研究生。一个仅上过初中二年级的年轻人要报考研究生，近乎天方夜谭。何况按照规定，报考研究生，必须具有大学本科文凭。

李鹤林回想起自己的经历，自己也仅上过初中一年级上学期，后来得到命运垂青顺利读完高中，考取了西安交通大学。李鹤林相信努力加上天赋，就没有什么不可能，一定要给这位年轻人创造一次机会。他来到母校西安交通大学，拿出新华社的报道，详细介绍了冯祖德的情况，保荐给自己的老师。校方和老师被打动了，破例准许报考。冯祖德也不负众望，一考即中，此后一路顺风，硕士研究生毕业后又读博士，再赴国外深造，学成后回国进入大学任教，成为厦门大学材料学院副院长、博士生导师、生物医学工程研究中心学科带头人、中国机械工程学会失效分析分会理事。

张毅，也是"文化大革命"期间中学毕业后上山下乡插队的知青。进厂后当了两年厂部办公室收发通讯员，与冯祖德等同时被选入李鹤林的中心试验室做"金相工",考取了技术员。在这个得天独厚的环境里,他同样得益于李鹤林的教诲与支持,学识大进,成为省市乃至全国自学成才的先进人物。

1983年,宝鸡市相关部门找到工厂与李鹤林,说要提拔张毅进入团市委领导班子。与支持冯祖德报考研究生不同,李鹤林对张毅的事提出了不同意见。李鹤林说:"培养一个从事金属材料并懂得断裂力学知识方面的人才非常不易。这样的人要干到独当一面的程度,至少需要10年时间。"

张毅未被调走。1988年,张毅破格晋升为工程师,成了李鹤林的得力部下,出了不少成果。管材中心迁至西安后,张毅已是高级工程师,担任管材所的副总工程师,成为全国失效分析专家。张毅在45岁时离开西安,去了宝钢任油井管首席专家,后又协助一位很有名气的民营企业家创办了油井管公司,担任该公司副总经理兼总工程师。

在冯祖德和张毅的身上,折射出作为老师的李鹤林最看重的是什么,最希望自己的徒弟或学生成为什么样的人。当年进入中心试验室的那批知青,基本都成了管材所那个年代的技术骨干。

严师出高徒,慧眼识英才。古有"将军发于行伍"之说,李鹤林在人才奇缺的年代里,培养支持没有机会上大学的青年工人成长为技术骨干和专家,也应了不拘一格选用人才的古训。

四、弟子们的评说

无论是从工人成长为专家、领导干部的,还是来到研究所的大学毕业生,或是师从他的硕士、博士研究生,他们的共同感受就是李鹤林的培养支持和放手使用。他们中的绝大多数人,从第一份实验报告到写学术论文，几乎都是在李鹤林的亲自指导下完成的，甚至连错别字、标点符号，李鹤林都一并做了更正。

治学严谨，一丝不苟，李鹤林对自己是这样，对部下和学生亦如此。在学术上，他讲民主包容，听取不同意见和方案，博采众长，支持创新，带头加班加点，静心埋头科研工作。李鹤林跟大家说得最多的一句话是："八小时是干不了科研的！"

1989 年从西安交通大学毕业来到管材所的吉玲康，是李鹤林所带的第一个硕士研究生，后来又师从他读博士，现为中石油专家、管研院一级专家。在吉玲康的心里，对李鹤林最多的是崇敬甚至崇拜的感觉。吉玲康说：

> 老师是一位非常让人尊重的人，他的奋斗史和许多故事，对我们青年人教育很大。他对年轻人手把手教，晚上讲课，对我们的人生成长起到了重要作用。他是专业领域内的一面旗帜。很多专家年龄到了都退了，有的不再出来了，有的出国定居了，几乎剩下他一个人还在坚持。

与师从李鹤林院士攻读硕士学位和博士学位的吉玲康（右）、
谢丽华（左）的合影

现任管研院总工程师冯耀荣，是李鹤林所带的第一个博士生，目前还担任石油管材及装备材料服役行为与结构安全国家重点实验室主任等职，也成为博士生导师。他在回忆老师李鹤林时说：

在石油管工程学科建设上，老师治学严谨，学术思想站得高，想得远，有前瞻性。他唯才是用，在解决职称、安排职务上任人唯贤，唯才是举，尽可能提供发挥人才作用的平台，现在管材院里的核心力量，都是他亲自培养带出来的。他对国际合作交流十分重视。记得我才来不久，就让我去国外学习考察，并要求回来必须作（学术）报告。这在所里形成了一种长期的风气，就是走出去，带回来。另外，与国外多年合作的科研机构，绝大部分都是李院士当年牵的线，他的功劳无人可以替代，大的方向到现在还在把关。

冯耀荣也提到了李鹤林经常告诫学生们的那句话：搞科研，靠八个小时是不够的。冯耀荣说：

我们受他的影响和精神感染，也经常放弃休息时间来工作，搞基础研究。现在有的年轻人急于求成，耐不住寂寞，这个不好。我们应像他那样，定准人生目标，不动摇，不放弃。

刘亚旭，是 1994 年 4 月来到管材所的硕士研究生，曾任李鹤林院士的学术秘书，2014 年 7 月任管研院副院长，2017 年 4 月任院长兼党委书记。2002 年，也就是李鹤林退居二线的那年，他在一篇演讲稿中倾诉了对李鹤林其人的内心认识与理解：

8 年来，随着我对所长（李鹤林）了解的与日俱增，对所长的敬重也日渐加深。所长高尚的人格品质、高瞻远瞩和把握大局的能力、知难而进坚持不懈的精神、一丝不苟吃苦耐劳的工作作风，使我强烈地受到了感染和震撼。

所长给我印象最为深刻的是，只要他认定是正确的事情，就会坚持到底，毫不动摇，永不言败，直至成功。他参加工作几十年来，所干的事情中，一帆风顺的极少，大多是艰难曲折的，有些事情经过了多次的失败和挫折。他认为，再聪明的人，如果没有坚强的意志，没有坚持的精神，也会一事无成。

我所从宝鸡石油机械厂独立出来和搬迁到西安，许多人断言那是绝对不可能的事情。在他的艰苦努力下，这两件事都办成了。

　　作为我所的一把手和学术上的带头人，所长纵览大局，把握方向，以及善于和勤于不断总结提炼的能力与作风，让我受益匪浅。

与先后担任院士助手（学术秘书）的刘亚旭（左四）、吉玲康（左二）、张广利（右三）、韩礼红（左一）、田伟（右一）、杜伟（右二）的合影（2016 年 7 月）

　　曾任管材所副所长的韩勇，也是 20 世纪 80 年代大学毕业进厂的，管材所迁建西安，他成为李鹤林的主要助手之一。回忆起与李鹤林在一起工作的经历，韩勇说李鹤林容人容事，是一位好老师，也是一位好家长。韩勇讲起了当初从大学分来不久发生的一件事，感激之情溢于言表。一次四川油田一个套管头卡死，李鹤林派韩勇去取样分析，年轻的韩勇被委以重任，不敢有任何怠慢，超乎寻常地一气写下七八十页的分析报告，李鹤林看了之后提出了特别表扬。由于缺乏检验设备，李鹤林又让韩勇修改报告并上报石油工业部。时任副部长李天相看后批了 500 万美元买设备，李鹤林高兴地对韩勇说："你这个报告值钱啊！"

　　韩勇还表示，已将李鹤林的学术思想和管理办法，用在了现在的企业中，受益匪浅。虽然他离开了原单位，但与李鹤林一直有密切的联系，时常会去看望并向他请教。

"桃李不言，下自成蹊。"由李鹤林是如何敬仰他的老师们的，也就不难想到他的学生们是如何敬重他的。一个国家、一所学校、一家科研院所，人才梯队就是这样形成的，这其中连接着浓重的情感纽带，洋溢着满满的尊师之情与为师之道。

张毅曾经在一篇《自学者足迹》的文章中，回忆自己从"金相工"成长为专家的历程，写下了对恩师的深厚感情和类似的感悟：

石油管材中心（管材所），在李鹤林院士的领导下，培养和造就了一批优秀人才，可谓桃李满天下。这些人当中，很多人成长为专家、教授、博士生导师，有的走上领导岗位；有省部级劳动模范、五一劳动奖章获得者、有享受国务院政府津贴的国家级专家和行业领军人物；有上市公司的总经理、副总经理、执行董事、技术总监；有在国外相关公司独当一面的核心技术人员、职业经理人；也有在中石油、中海油油井管研究、检测单位担任领导职务。总之，都属于成功人士。

成功者都是持续不断的学习者。

当年在石油管材所工作并且走向成功的年轻人，除了自身的努力，无不例外地得到过单位和李鹤林所长在专业领域的培养、帮助与引导。足以说明，当年的管材中心及以后的管材所，既是我国石油管行业的权威机构，也是为社会培养专业人才的"黄埔军校"。用李鹤林院士的话讲："既出成果又出人才"。而且有如此高概率成才人员的比例，不能不说是一个奇迹。

人才流动，是当今社会的一种必然趋势，管材所也不例外，一些出色的专业人员辞职出去闯天下。作为所长，李鹤林无一例外地做过挽留，而对去意已决的，他便嘱咐要更好地发挥才智，祝愿取得成功。

多年过去了，这些曾经的弟子、学生，无论身处国内还是国外，都没有忘记自己的老师、老所长。有的多次邀请他前去指导，而只要有时间，他都会应邀前往；只要回到西安，或者逢年过节，许多人也都会相约前来看望他。

部分学生和曾经的下属看望李鹤林院士

尊师重教，为人师表，在李鹤林身上始终如一，真诚而感人，而师生之间的友谊，也一直在传递、延续着。

教授级高级工程师、国务院政府特殊津贴专家、2002年全国"五一"劳动奖章获得者张冠军，2016年1月著文《我和李鹤林院士的缘分》，忆及自己与李鹤林交往的几十年。

我和李鹤林院士从相识到现在，已有35个年头。每每想起在一起的点点滴滴，仍不禁心向往之。

第一次见到李鹤林院士，是在1982年8月。那时，我刚从安徽工学院（现合肥工业大学）机械系金属材料及热处理专业毕业，分配到宝鸡石油机械厂中心试验室（也称石油专用管材料试验中心）工作。李鹤林院士时任中心试验室主任。

同年被分配来的大学生，有6人安排到试验室工作。报到后，李鹤林主任在员工会上介绍了我们，并致了简短的欢迎辞。

那时第一印象就感觉到了他的稳重，语少，严肃中又带有几分温暖。

话不多，这和他厚重内敛的性格有关。他习惯于言简意赅地阐明观点，往往直指问题的核心。

他要求我尽快适应新的环境，边实习边工作，从小事做起，脚踏实地做好每一件事。在检验项目上，他不厌其烦地悉心指点。每次去办公室找李院士，他总是当即放下手头的工作，与我探讨问题，答疑解惑。他经常说，试验是科研的基础，不仅仅是记录数据，更要统计、分析，从中发现问题并解决；每一个偶然结果的背后都隐藏着一个必然，一个全新的结果很可能预示着一个新的发现。要继续深一步地研究，而不是因为看不到想要的结果就半途而废。

科研创新就在实验的细微处，他用认真的态度和行动，时刻走在探索、创新的路途中。

李院士的认真与勤奋，令人感动。当时宝鸡石油机械厂中心试验室和石油工业部石油专用管材料试验中心两副重担一起挑，既要完成工厂内大量日常检验和科研任务，又要完成全国石油系统石油专用管质量检验、失效分析和科研攻关，工作任务十分繁重。每每油田出现失效事故，为了尽早查明原因，解决难题，避免更大的损失，他夜以继日，忘我工作。为一个报告、一组数据、一套试验方案，经常加班到深夜。

他之所以能始终站在技术前沿，最终建立起全新的石油管工程学科体系，就源于他几十年如一日孜孜不倦的坚守和追求。

他几乎没有什么业余爱好，不会唱歌，不会跳舞，不打牌，不抽烟，不喝酒……

在中心试验室工作的3年多，我深深地为李院士的人格魅力所折服。我入职之初，他给予了业务上的教导和指点，生活上多方面关心和照顾，如帮助解决粮票不足、安排团支部帮助洗被子等。

　　不久，我进入了中心党支部委员会，并带队到成都无缝钢管厂谈判解决仲裁争议，后来又被推荐选拔到热处理分厂出任厂长。

　　提前压担子，压任务，管理上独当一面，使我在职业的起始阶段，打下了宽厚的专业基础和基本功，养成踏实的工作态度，增长了管理胆识。这些人生历练，使我受用终生。

　　1993年，我到宝鸡石油机械总厂任职，先后担任副厂长（副总经理）、厂长（总经理）。其时在李院士的推动下，石油管材研究中心已独立并搬迁西安，更名为管材研究所，李鹤林院士任所长。虽地处两地，但交流仍很频繁。

　　那时候正值我所在的老国企力争扭亏为盈的关键时候，有很多的技术和管理问题需要去解决。忙碌于管材研究的李院士，对我的工作给予了很多无私的帮助。每每有技术上的难题，我经常去西安向他请教。

　　李院士严谨的科研态度和求真务实的作风，再次深深地感染了我。记得一次出口美国的几百副吊环，由于力学性能不合格被压在厂里，经多次返工仍达不到要求。后来到西安请教李院士，在他的分析和指导下，厂里很快找到了原因并加以解决。李院士深厚的理论功底和技术水平，让专业从事钻井设备研究的技术人员自感汗颜，更多的是敬佩。

　　李院士常说，宝鸡石油机械厂是管材研究所的母体，对老厂始终抱有深深的感恩之情，这促使两家单位的合作不断深入，尤其在我1997年8月担任厂长和总经理以后，双方的交流合作更为频繁。

　　那时的我，亲眼见证了李院士在石油管工程研究及推动石油管工程学科体系建设方面做出的贡献，尤其是手把手地培养了一批博士生和硕士生。如今的他们，已经成为石油管工程领域的带头人和骨干力量，为推动石油管工程进步和保障国家石油用管安全贡献着自己的才智。

这些年来，许多老领导、老同志，有的曾与李院士共事，有的曾是院士的学生，有的与院士有过接触，只要与我谈起李院士，对他的学术造诣、道德修养，以及为国家重大管道建设、创建管材研究所和石油管工程学科体系的辛劳与功绩，都是如数家珍，怀念至深。

2003年后，我先后调任集团公司装备制造部副总经理、运输公司党委书记及副总经理，其间，李鹤林院士已经从领导岗位退居二线。对待科研的执着，使他将更多的精力放在了石油管工程技术事业上。这段时间，我和李院士在集团公司油标委专业技术委员会、重大项目论证会、机械类专家评审会，以及高级职称评审会上，经常碰面。每每谈起工作，直觉中，年长于我20岁已7旬的李院士，仍然是我第一次见到时的他，思维敏捷，精神矍铄。

他忙碌于西气东输一线、二线工程的科研及评审、验收等，全年无休，甚至有一段时间是在飞机、火车上度过的。正如李院士自己所说，源于他心中的管材梦和石油管工程情结，给了他坚定的信念和无尽的动力，并支撑着他一步步义无反顾地走下去。

2012年6月，根据中国石油集团公司党组安排，我到石油管工程技术研究院（原管材研究所）任院长、党委书记。

走过了一圈之后，再次回到了初始为之奋斗的地方，我心灵上有天然的亲近感。

新格局、新气象，得益于李院士打下的良好基础，使得管研院呈现出欣欣向荣之态，在国内外石油管工程领域的地位得到认可并举足轻重。在我开展工作的过程中，尤其在管研院发展战略制定、业务结构调整、学科发展、重大科研项目攻关和国家重点实验室创建等方面，我邀请李鹤林院士把关和指点，他欣然允诺并积极建言献策；院里的许多重大活动，也都有李院士参与的身影。在这个倾注了全部心血和智慧的地方，他无怨无悔，老骥伏枥管材梦，无私奉献赤子心，既是一位明德惟馨的学者，也是一位笃实敦厚的长者。

与李院士相识的 35 年，是他赤诚报国的 35 年，是他推动和建立中国石油管工程事业的 35 年。在他身上，我看到了从一个技术员到工程院院士的奋斗史；在他手上，我目睹了一个小试验室到如今的石油管工程技术研究院的转变史，其中蕴含着怎样的艰辛显而易见。他守得住清贫、耐得住寂寞，在科学的道路上披荆斩棘、勇敢攀登，是对我院"爱国 创业 求实 奉献"精神的最佳注释。在他身上体现的勤奋严谨、矢志不渝的治学精神，孜孜不倦、脚踏实地的钻研精神，跟踪国际前沿、勇于创新的探索精神，几十年如一日，献身石油管事业的奉献精神，是我们发扬光大石油管工程事业必不可少的力量。

如今的管研院正站在创建国际一流研究院的当口，拥有更多的资源，享受更好的条件，我们有义务有责任把这份坚持、这种精神传承下去，继承中求发展，创新中更奋进。

曾受教并和李鹤林院士共事，是我一生的幸运。

第十六章

亲人们

一、母亲与弟弟

几年前，有关部门要编辑出版一本叫作《院士的心声》的书，邀请李鹤林写一篇文章。他思虑多时，给编委会交出了一篇长文——《感恩两位女性——我的慈母与爱妻》。

半个多世纪一直与钢铁材料打交道，全身心投入科技攻关，李鹤林展现给人们的，是一位儒雅的科学家。熟悉他的人，都说他不仅外在平实亲和，而且内心深处也始终充满着如水的柔情和眷恋。

那篇文章的开头，是这样写的：

> 无论什么时候，也无论是谁，个人的成功都离不开他人的帮助，包括家人的理解、支持。如果说我对于石油机械材料工程和石油管工程做出了一点贡献的话，我觉得这与母亲对我的言传身教以及妻子梅秀芬几十年的默默支持和奉献是分不开的。

李鹤林再一次深情地回忆了媚母在家境十分贫困和巨大的社会压力之下，毅然决然地支持他上学读书。李鹤林说：

> 母亲再一次表现出了坚毅和决绝，毫不犹豫地选择了让我上大学。这是决定和影响我一生发展方向的重大关口，而母亲用伟大的爱和牺牲精神成全了我，用坚强的性格鼓励和支持了我。

李鹤林的父亲去世得早，养家糊口和教子成人的重担，全部压在母亲一个人身上。李鹤林长期在外读书，极少照顾家里，母亲靠着种田供养李鹤林和年幼的弟弟们上小学、中学，其艰辛劳苦是常人难以承受和想象的。李鹤林在文章中提到：

　　10 年前，母亲病重住院，我去探望。医生和护士告诉我："你母亲面对巨大的病痛，非常坚强，是一位了不起的母亲！"母亲身上所表现出的精神和人格魅力，是留给我最宝贵的财富，让我受用终生。我十分怀念我的母亲，并以有这样一位平凡而伟大的母亲感到骄傲！

　　在母亲的支持下，李鹤林如愿考上了西安交通大学，此一去就是 5 年时间，李鹤林只在第一学期结束时回过一次家。李鹤林说：

　　其中原因，主要是没有钱，我得节省那点路费。平时在学校，我能少吃一顿饭就少吃一顿，把省下来的钱邮寄回家贴补家用。我还报名做了学生记者，经常给校刊撰稿以赚取稿费。学校给的助学金我也是只留下最基本的生活费，其余的都攒起来邮汇给家里，期望能尽到长兄如父的责任，尽力供弟弟们上学。但遗憾的是，他们之中没有一个人能读上大学。虽然他们的学习成绩都相当优异，有一个弟弟还是学校的学生会主席，但家庭出身最终使他们失去了上大学的资格。所以我经常为弟弟们的命运而嗟叹，同时也为自己感到庆幸。

　　母亲的一生，留给李鹤林太多的回忆和无尽的思念。李母白桂兰 17 岁嫁入李家，生下 5 个儿子。不幸的是，1950 年丈夫突然出走，故于上海。这位 30 岁的农村女性，年纪轻轻就要面对孤儿寡母的艰难岁月。望着膝下早早便失去父亲的几个幼子，她心底流血，吞泪忍悲，对天起誓：再苦也要把几个孩子抚养成人，对得起李家的祖宗，也对得起死去的丈夫！

　　日子本是够苦，偏又雪上加霜。那时，农村普遍成立了互助组，绝大部分农民都是组员，可李家成分不好，拖累大，又无壮劳力，互助组进不去，田里的劳作，只能是她带着十二三岁的二儿子苦苦支撑。多少年后李鹤林的二弟李介林回忆道："车水浇田，我人小力薄摇不动河边的水车把，多亏四爸前来帮忙，才能为稻田蓄水，母亲也才能插得了秧。犁地时我也扶不住犁把，还是四爸帮着犁完了地。"

李母既要下地干活，操持家务，又要照顾几个年幼的孩子，万般无奈，只好忍痛将三儿子送给一个信得过的人家收养，刚会走路的小儿子交由妹妹暂管。

农村合作化后，田地由生产队集体耕种，李母听从安排，日出而作，日落而息。白天下地干活，晚上在昏暗的油灯下，她摇着纺车，半夜半夜地纺棉线。纺好的棉线棒积攒够多了，她便包起来背着步行十几里，前往集市去卖。卖的钱先交还上次赊棉花的费用，再赊棉花回来接着纺，挣一点点纺线的辛苦钱维持家用。

李母的手很巧，针线活做得又快又精细，渐渐有了名声。农闲时节，汉中城里时常会有亲戚人家带话，请她去裁剪缝补。她叮嘱二儿子照看好读小学的弟弟，她只身前往汉中，借宿在孩子的姑母家，起早贪黑为人家赶制衣服。后来，公社成立了缝纫组，听说她人品好，有一手裁剪手艺，就吸收她前去帮忙。担心把从妹妹家接回来的小儿子放在家里淘气惹事，母亲便带他去了公社缝纫组。白天母亲做活，儿子在一旁玩耍，晚上，娘俩就凑合睡在缝纫组里。日子就这样一天一天地过下去。

李鹤林的母亲白桂兰（1958 年）

"大哥是孝子，是个好哥哥。"这是李鹤林几个弟弟的真情表述。二弟李介林说：

> 大哥考上了大学，家里无钱供，全靠助学金读书。那点助学金，他也舍不得用完，时常在信中夹上一两块钱寄回家。为

让我及时回信，他连信封邮票也一块寄回。大哥经常在信里鼓励我自学，寄些学习书籍和笔记本之类，告诉我学的知识是自己的，会有好处的。我记住了大哥的话。不论"三年困难"时期，还是农忙季节，我都没有放弃自学，才有了今天。

农村断文识字的人很少。李家重学重教的家风几代一直传承，到了李鹤林这一辈，尽管日子十分艰难，但母亲坚定地支持几个孩子读书上学，做文化人。在家风的熏陶、母亲和李鹤林的鼓励支持下，失学在家的二弟，如同李鹤林当年一样，上山打柴，下地耕种，劳作之余，仍然勤学不辍，练得一手好字，是村里公认的小秀才，多年一直为生产队记工分算账当出纳。与母亲一起，挑起了家庭的生活重担，几兄弟和睦相处，共同度过了艰难的岁月。改革开放后，二弟应招到县统计局工作，试用期间表现出色，上报招干表格时，局长以能力衡量，在学历一栏填上了中学文化程度。加上他为人勤恳，钻研业务，很快转为正式编制，成了一名优秀的业务干部，曾被评为省、市和国家统计系统的先进个人。

李鹤林的四弟李宝林，人聪明，学习用功，在中学各方面表现出众，很快就加入了中国共产主义青年团，还当选为学生会主席。初中毕业报考中专，被西安邮电学校录取，因家庭出身问题，政审没有过关，学校取消了他的入学资格。心高气傲的李宝林苦闷之中来到宝鸡，向大哥诉说了心中的不平和委屈，想要远走新疆闯荡一番。李鹤林心疼弟弟，更从心底理解他，于是又是安慰，又是开导。以李鹤林自己的性格与经历，少不了一些诸如人生之路还很长，要振作起来，不要一时的挫折就悲观失望、怨天尤人的大道理。但是最终，他还是表示弟弟去外地见见世面也好。李鹤林问弟弟："你离开的时候有没有向团组织作过说明？"弟弟回答："我走得急，心里也不痛快，就没打招呼。"回想自己从中学到大学，多年努力终未能被正式批准入团，李鹤林便劝告弟弟还是要珍惜团籍，尽快写信给团支部告知个人情况。四弟拿着大哥给的路费去了新疆，后来又回到了家乡，边劳动边自学，考取了会计师资质，先后应聘在几个单位担任会计，退休后仍被返聘。

三弟李全林是中石油陕西销售公司汉中分公司的正式职工，现已退休。最小的弟弟李松林，自学技艺，成了一名厨师，小家也过上了好日子。

《诗经》云："父兮生我，母兮鞠我，拊我蓄我，长我育我，顾我复我，出入腹我，欲报之德，昊天罔极。"百善孝为先。为报恩老母，扶助幼弟，李鹤林常以书信问候之，勉励之，尽力从经济上资助之。工作后每月发了工资，他会第一

兄弟四人合影（1957 年 2 月）
前排左起：李介林、李松林、
李鹤林，后为李宝林

时间给母亲寄去差不多一半的收入，贴补老家。弟弟们也都没有辜负母亲和大哥的一片苦心，凭着自身能力，成家立业，立足社会。

李母守寡几十年，忍受着常人难以想象的精神和生活之苦，孤身一人养育几个孩子长大成人，含辛茹苦教子有方，周围远近有口皆碑，乡邻亲友无不敬佩称道。老人家晚年更是乐观开朗，子孙熙攘，环绕膝下，儿孝媳贤，几家合顺，亲友相敬，亲眼看到 5 个儿子变成了一个 64 口人的大家族，遂了老太太的心愿。

2000 年 10 月，李母去世，享年 82 岁。清明时节，只要有时间，李鹤林都会与夫人一起，带着孩子们回到汉中故乡，为母亲和其他长辈扫墓，看望在汉中的堂姐和弟弟们几家人。

李鹤林说，在墓前和母亲说句话，多少可以弥补年轻时对母亲的欠奉。

2009 年 4 月，李鹤林返乡时大合影。前排就座人员左起：五弟媳孙翠英、四弟媳汪莲英、三弟媳李秀英、二弟媳苏凤英、梅秀芬、李鹤林、李介林、李全林、李柏林、李宝林、李松林、李汉生

二、妻子与儿孙

　　李鹤林生命中最重要的另外一名女性，也是他著文感恩的两位女性之一——他的夫人梅秀芬。他对爱妻一往情深，二人互敬互帮，尊老抚幼，共度人生。

　　1938 年农历 11 月 16 日，梅秀芬出生在古都西安的一个小康之家。梅秀芬的祖居，是西郊一个叫鱼化寨的地方。民间传说这里曾是周武王为其雨花公主建造祭天台之地，后渐渐将"雨花"演绎成"鱼化"，也是取鲤鱼化蛟龙的祥瑞之意。也有记载说其本名原叫作雨化寨，是明代洪武年间一位江苏籍梅姓将军镇守此处，并在此安家后形成家族聚居地，为纪念故乡雨化寨而取名，后演化成鱼化寨地名至今。虽几经变迁，梅秀芬家在鱼化寨梅家庄仍有房屋。

梅秀芬的父亲小时读过私塾，曾被送到百里外的三原县学做生意。他字写得好，打得一手好算盘，为人精明能干，民国时期曾被西安一家名叫义盛丰的银号聘为副经理。后来，父亲在城里买了房，也把母亲从郊区接了出来。母亲不识字，只管操持家务，相夫教子。父母亲、梅秀芬和弟弟一家4口，日子和顺，家风纯正，左邻右舍，和睦相处。

梅家西安城里的房子，位于莲湖区含光门内甜水井南北走向的街坊。房屋不大，院子不小，内门进去为一明两暗的厦房。西安解放后，银号关张，父亲开了一个小铺维持生计。不久小铺也关门了，生活拮据，父亲便卖了此处的房院，另在东西甜水井街买了一所价位低、位置差的旧房院安家。后来，父亲进入西安高压电瓷厂担任职工食堂采购员。

老辈西安人都知晓甜水井的来历。旧时西安城内并无自来水，多靠井水生活。但许多地方打出的井水味苦，唯靠西南城墙处有一条水脉，打出的井水没有苦涩，是略带甜味清凉纯净的好水，故称甜水，这一带也就成了全城有名的甜水街坊。很多住户在自家院落打井取水，一为自用，二来亦可卖水。甜水井街巷不大，道路较窄，可好水不怕巷子深，旧时人们在此争相购置房屋。有书法家在一口名气很大的甜水井旁所立碑上，题写了四个大字——"井养无穷"。

梅秀芬喝着自家井里的甜水长大，受到家庭和城里新思想的影响，向往读书，聪明好学，人如其名，端庄秀气。1946年，8岁的梅秀芬被父亲送去有名的省立第一实验小学读书，学校解放后改名为报恩寺小学，小学毕业后考入西安市女子中学。从小学到中学，她勤奋努力，学业优秀。

20世纪50年代中期，国家在西安、咸阳重点建设纺织行业，形成了比较齐全的纺织印染企业集群。企业多了，对技术管理人才也加大了培养力度。在父亲的支持下，梅秀芬初中毕业后考取了咸阳纺织工业学校。1957年夏天毕业，分配在国棉二厂从事技术管理工作。

中专毕业的梅秀芬，有文化、有技术，人又清秀，自然吸引了一些男青年的倾慕与追求。但作为一名新时代的知识女性，她对自己的终身大事自有主意，不为世俗所阻，从不轻易表态。她看重的是人品、修养与事业之心。

千里姻缘一线牵。在西安与梅家同处一院的一名咸阳中医学院的老师，对梅家极为熟悉，关系甚好，梅秀芬唤作"姑姑、姑夫"。姑姑、姑夫自然对她的婚事十分关心。巧的是李鹤林的一位表兄也是同校的老师，两位老师闲谈之中说到此事，便热心地做了李鹤林与梅秀芬的月老，牵线搭桥，玉成了一段美满姻缘。

1963年的一个美好日子，从外地出差返回的李鹤林，依表兄的书信要求在咸阳下车，与梅秀芬见了面。

那个时代，在有志青年心中，理想与事业占有很重的分量，李鹤林与梅秀芬便是如此。宝鸡与咸阳相距近200千米，不算太远，但也不算很近，毕竟是身处关中平原上的两个不同城市，不是想见就可随时见的，两人是见少聚短。特别是李鹤林，常年在外出差，有时一走就是个把月，最长的甚至按年计算，连接他们的，只有一封封的书信。从相识到相恋，没有花前月下的浪漫和山盟海誓，靠的是同样强烈的事业心，将两个人越拉越近。

几年在京，偶回宝鸡遇节假日，李鹤林便匆匆登上东去的列车，赶到咸阳或者西安，与梅秀芬享受短短的相聚时光，再匆匆乘车返回宝鸡，一天打个来回。他们少有时间逛公园、商店，看场电影更不容易。大多数的时候，他们只是在小小的宿舍里，或是窄窄的马路上，度过几个小时或半天时间。相聚如此简单，如此短暂，而他们却依然沉浸在幸福和甜蜜之中。

聚少离多的恋爱时光持续了快两年。秋天，李鹤林与梅秀芬的爱情到了收获的时节。1964年9月30日，在北京编写《石油机械用钢手册》的李鹤林，放下案头厚厚的文稿，满心欢喜地赶回到了西安。国庆佳节，举国欢度，这一天也成了两人的结婚纪念日。10月1日，甜水井的一间小屋，变作了新房。没有隆重的仪式，更没有铺张的宴席，几家亲友聚在西安饭庄吃了顿饭，便是两人结合的见证和祝福。虽朴素简单，但充满了温馨幸福。

燕尔新婚，甜美的日子仅过了3天，李鹤林便告别了妻子，匆匆登上北去的列车返回京城，投入了紧张的编书写作之中，这次新婚之别竟长达十几个月。

国家为大，事业为重，是那个时代许多科技人员的精神风貌，李鹤林视其为普通、正常，梅秀芬又何尝不是满心的理解和支持呢？

多少年后，李鹤林在《感恩两位女性——我的慈母与爱妻》一文中写道：

> 我与妻子梅秀芬是通过陕西中医学院的两位教授介绍认识的。那个年代，在个人婚恋中，出身问题是很多人首先要考虑的因素。可是她明知道我出身不好却没有计较，甚至也未顾及家里的反对和单位领导的好意劝阻，义无反顾地和我结合，并且无怨无悔地与我携手走过了相濡以沫的半个世纪。我是一个不擅表达的人，但在我心里，一直留存着一份感动，也一直涌动着一份感激。

1965年春，怀有几个月身孕的梅秀芬结束了"四清"工作，但她没有回到原单位国棉二厂，放弃了即将被提拔为厂办负责人的机会，而是调到了省城西安，进入陕西省棉花公司，当了一名普通的统计业务人员，负责统计全省棉花的种植、生长、收购和加工等数据，上报国家相关部门。

工作能力出色，积极努力，与人为善，梅秀芬本该有更好的升迁机遇。现在的这种安排，梅秀芬都是为了孩子和李鹤林。即将出生的孩子，肯定得交由母亲照看，自己在西安工作离家不远，或许能更方便地抚养和教育。而这样，外地的丈夫也能放心地全力工作。

李鹤林在文中继续写道：

直到第二年我的大儿子降生，我也没顾得上回去看一眼。我知道，生活从来都是有得必有失。如今，我固然在事业上取得了一点成绩，但在生活中也多了一分遗憾，就是在这几十年间，我让妻子吃了很多苦，也受了很多累。为了支持我的工作，她一个人在西安，兼顾着家庭和她自己的工作。后来，又因为我不愿意离开自己的石油机械材料技术工作，她从西安调到宝鸡。

李鹤林的岳父母是两位通情达理的老人。最初，因为李鹤林家成分不好，他们并不支持女儿与李鹤林交往，但他们理解并尊重女儿的选择，最终赞同成全了两人的婚姻，并且一手带大李鹤林、梅秀芬的两个孩子。李鹤林的人品才华也渐渐赢得了两位老人的欢心，他逐渐融入了梅家的大家庭。

李鹤林与岳父母一家人合影（1964年）。前排右为岳父梅志正，左为岳母许新英，后排右起：梅秀芬、李鹤林、梅乐群

1965年6月26日，他们的长子生于西安。为了孩子的成长不因父亲的家庭出身而受影响，李鹤林与妻子相商，又征得岳父母和

母亲同意，让其随母姓梅，取名笑寒，梅笑寒自打出生便一直在西安与外公、外婆生活在一起。

1988年，梅笑寒从父亲曾经读书的西安交通大学计算机软件专业毕业，分配到邮电部第十研究所从事新产品开发工作。他的妻子赵锴民，也是同一年从西安电子科技大学毕业分配到第十研究所的，两人在共同的事业中相识、相恋。姻缘巧合，天公作美，李鹤林第一次见到儿子的女朋友，听到她的汉中口音，又姓赵，询问后方知是自己中学老师赵稼祥（教导主任）之女，真是应了那句"有缘千里来相会"的老话。婚后二人勤奋努力，梅笑寒成为大唐电信公司首批创建者和技术专家，教授级高级工程师；赵锴民攻读了西安交通大学高级工商管理硕士学位，30多岁便担任了单位的副所长。孩子梅李繁，2011年高中毕业，也考入爷爷和父母曾经的校园——西安交通大学自动化专业，子承父业。不同的是，孩子有了更好的条件、更开阔的空间，以及自主的志愿理想，2015年远赴美国纽约大学读研究生。一家三代，皆出自西安交通大学名校同门，不能不说是一段佳话。作为长辈的李鹤林和夫人，心血和心愿都没有白费。

对于长子梅笑寒，李鹤林多年一直存有内疚，有个郁结曾长时间折磨着他的内心。当初父子间发生的事，使他久久难忘。他写道：

在大儿子心中，我是个陌生的爸爸。他记得的只是我出差路过西安，曾用自行车驮着他去看过一场电影，仅此而已。一直到他上小学，还不叫我"爸爸"。虽然我理解，孩子有孩子的感受，但我还是感到很无奈。有一次，我出差西安，偶然间翻到他的日记，十二三岁的男孩子，在日记里竟将自己比作寄住在贾府的林黛玉。孩子这时正是渴望父母关爱的年纪，而我身为人父，却竟然不能给孩子一份完整的爱，让他以为自己是"寄人篱下"。孩子幼稚而伤感的话，让我噙满泪水。晚上，我想对儿子说点什么，儿子却沉默了，一老一小相对无言。我和儿子的沟通、建立感情，妻子梅秀芬花了很多工夫。在她的努力下，如今，已成家立业的儿子对我有了重新的认识，他用他自己的方式敬重和理解着我这个父亲。

李鹤林 12 岁多便永远失去了父爱，那种少年丧父的切肤之痛，深深埋藏在心底。如今，却因夫妻分居两地而使十二三岁的儿子缺少了所渴望的亲情父爱，李鹤林不禁心如刀割。他是个不轻易流露情感的人，儿子的日记，一定是触碰到了他心中那处最柔软的地方。

小儿子李晓东于 1969 年出生，最初也是在西安由外婆帮着照看了几年才回到父母身边。在省级重点学校宝石中学一直读到高中，从宝鸡大学（后并入宝鸡文理学院）毕业后，按照相关政策规定和所学专业，进入西安石油管材所从事财务工作，之后又读了西安交通大学工商管理硕士在职研究生。几年后，单位人事部门提议聘李晓东为财务处负责人。李鹤林认为自己是所长，儿子只能作一般业务人员使用，不可升职。后来李鹤林同意李晓东从单位调长庆油田，两年后远去北京，应聘进入中石油财务公司，后来升任副处长，高级会计师。其妻惠颖梅曾是一名武警干部，在西安咸阳国际机场从事边防工作，转业后亦分至西安交通大学校办，后派往西安交通大学驻京机构。李晓东夫妇所生之子，取名李元惠，聪明活泼，在北京读高中，志向有二：一为考取西安交通大学；二为像哥哥那样出国读大学。

一家八口，父亲、两个儿子、儿媳和孙子，七人皆有西安交通大学情结，真可谓是：三代同名校，交大系深情。这得益于李鹤林和夫人的言传身教，传承了李门重教重学、勤奋有为的家风家训。

追溯李家先祖咸丰初年从湖北迁至汉中，已历 160 多年，朝代更迭，历史多变，但涵括中华民族最基本的传统美德和家风，愈六世依然代代相承。时代在发展，社会在进步，传到李鹤林一代，有坎坷，而更多的是好时光，李鹤林进入中国顶尖科学家的行列，除还在读书的孙子外，家中还有 5 人具有高级职称，完全可称得上是一个名副其实的高知之家、幸福之家、有为之家，祖训鼓励读书上进得以极致体现。

时间回到 1967 年，梅秀芬所在的陕西省棉花公司，干部纷纷下放基层。梅秀芬思前想后，心里斗争了许久，为了支持丈夫的工作，也为了结束夫妻两地分居，梅秀芬决定放弃西安大城市相对舒适的生活工作环境，申请下放宝鸡。

来到宝鸡，梅秀芬进入了规模不大、名气不响的宝鸡第一染织厂，又做了一名普通职工。只是夫妻终于团聚，也分得李鹤林工厂一间不足 30 平方米的平房，有了一个安稳的家。

宝鸡第一染织厂建在市中心以东较远、较偏僻的十里铺，距宝鸡石油机械厂店子街东山石油家属区也有五六里路程，交通不便，上下班只能骑自行车，住房很小，厨房搭建在门外。但毕竟有了自己的小家，结束了长期的两地分居，梅秀芬心里还是美滋滋的，尽管丈夫依然常常出差，晚上家里经常还是梅秀芬母子二人。李鹤林出差回来或很晚下班回到家里，毕竟能够吃到妻子亲手做的热菜、热饭了，可以看见活泼可爱的小儿子，他的心里十分满足。

李鹤林出席全国科学大会成为全国先进科技工作者，工厂奖励分配位于厂区旁的新居，从远处的东山区搬到东厂区，上下班很方便，七八分钟即到。孩子上学也在同一区域，不用再操心接送。可对东山那间小平房，李鹤林心中总还是有着丝丝的怀念和眷恋。

就这样，两个人的日子越过越顺畅，事业也逐步地成长着。梅秀芬依靠自己的能力，从普通职工升至车间主任，后又从染织厂调至位于市中心的宝鸡市纺织公司，职务也变成了技术科科长。李鹤林也获得了众多的科技成果和许多荣誉，逐步进入企业高层，担任副总工程师兼冶金所所长、中心试验室主任。

李鹤林的科研任务越来越重，经常半夜方归，节假日在家亦在工作。同样作为一名技术干部，梅秀芬虽然心疼丈夫，但更多的是对丈夫科研事业追求与付出的深深理解。

1988年，李鹤林负责的管材中心正式与工厂分离，成为独立的科研机构，于1994年迁址西安。梅秀芬又一次放弃纺织公司的正科级公务员职位，调至李鹤林所在单位。因为专业不对口，加之李鹤林的要求，她被安排在管材所第三产业部门从事管理工作。55岁退休时，虽是副处级和高级工程师，但退休金与公务员相比，还是低了不少。

相夫教子、操持家务的梅秀芬，几十年习惯了先生醉心事业，奔波在外。对先生回到家里的表现，她的评价只有二十几个字："老李在家里，就是看呀写呀，半天也同你说不上几句话！"短短几句话，似有抱怨，实为无奈，但更多的是理解、支持与尊重。

这是一个幸福和谐之家，又是一个平和低调之家。梅秀芬和孩子不赞同外界对院士的宣传，不希望家庭的宁静被打扰。她的言谈举止从未因是院士夫人而清高，她更愿意当一个普普通通的人，过普普通通的生活，住普普通通的房子，与同事、同学随意聊天、逛街、聚会、郊游。

走进他们的家，一所楼房的一层，装修简朴，看不到任何豪华的物件，却到处是书籍资料，墙上挂着一幅"室雅人和"的书法条幅，倒是与这个家极为相称，实为写照。楼房一层没有凉台，与其他住户一样，单位统一在外修建了院墙，墙内便有了一个小小的院子。梅秀芬种上了几行绿绿的青菜、几株花树、一架葡萄、一棵石榴树，十几平方米的院子红绿相间，生机盎然，俨然一座微型的农家小院。于是，室内室外，多了一分清新、一分自然、一分本色。

李鹤林对夫人一往情深，又因常常在外不能给予关怀而内疚。他写道：

> 我总是长年累月地泡在工厂和油田，家里的事情什么都不管。1984年，妻子患了胆结石，疼得在床上打滚儿，我又不在家，那时候她心里肯定有好多委屈。可是等我回到家，她又什

么都不说，把痛苦都掖在心里了。胆结石要做手术，可就是因为我老不在家，手术也就一次次拖着没做。1988年的夏天，我们好不容易安排停当住进了医院准备动手术，不期而至的一纸要我去日本考察的通知，令她只好又从医院搬了回来。再拖了半年，我才又找到一段时间，陪伴着妻子上医院做了手术。如果说这世上有无怨无悔的感情，我觉得妻子对我的爱担当得起这几个字。就是这种无怨无悔的爱情支撑着我，让我在困难面前不妥协，不低头，直至战而胜之取得成绩。

三、堂姐、堂兄及其他至亲

李鹤林总是记挂着曾经扶助孀母弱弟度过艰难岁月的叔父、舅父及姑妈、姨妈等长辈，对他们心存感恩。堂姐、堂兄及表兄、表姐年轻时对自己的关心支持，他也从没有忘记。虽因忙于工作和事业很少见面，但会时常通过书信、电话保持联系。手足亲情温暖着家族几代人，激励着儿孙们的成长，用功读书，用心做事做人。

对多年一直帮助母亲度过艰难生活的四爸，李鹤林深为感激和思念，自然与四爸一家更为亲近。四爸家生有五个女儿，一个堂弟柏林为老幺，长大后成为教师直至退休。

李鹤林自家只有亲兄弟，没有姐妹，故与四爸家与自己从小一起长大的庆林堂姐有很深的亲情。李庆林是四爸的长女，从懂事时起，就替母亲照管几个妹妹，对失去父亲的堂弟李鹤林更是多有一份关心。家里负担重，堂姐只读了小学，很早就去了汉中绣花厂工作，出嫁后在汉中市中心的钟楼附近安了家，亦成了李鹤林兄弟来往的落脚处。早些年，单位对李鹤林入党的几批外调人员到汉中第

与堂姐李庆林合影（2017年4月），左起：李鹤林、李庆林、梅秀芬

一站都是由堂姐接待。堂姐夫在宁强工作，退休后回到汉中的家里。堂姐天性乐观，属贤妻良母型，膝下有一女两子，均成家立业，勤奋有为。

堂姐李庆林（左）与外甥女芙蓉
（1958年）

李鹤林与大姑妈家的关系也很亲密。抗日战争期间，为躲避日本人的轰炸，大姑妈一大家由汉中市区搬至30里外的乡下，住进了李鹤林家。生活条件虽有限，但两家人不分彼此，有点儿东西均同分共享。日本投降后，大姑妈一家又举家返回汉中城区居住，李鹤林后也随同小表兄们转到汉中钟楼小学读书。多年的朝夕相处，互帮互助，李鹤林与大姑妈一家结下了深厚的感情。表兄徐守智比他仅大几个月，是李鹤林

形影不离的发小。表姐徐剑秋比李鹤林大 8 岁，在生活中给予了他无微不至的关怀和帮助。分别大 6 岁、4 岁、2 岁的表兄守仁、守义、守礼对李鹤林也多有照顾，彼此关系不亚于亲兄弟。

与表姐徐剑秋（前排中）、表姐夫薛登奎（后排右）及同学张兴华（前排右）、张彤（前排左）等的合影（1960 年），张彤前的幼童为西北工业大学黄正中教授长女黄一星

其他亲人对李鹤林的成长也都给予了许多关怀和帮助，包括二爸及堂兄祥林、中林，大姨妈及表哥陶积成，二姑妈及姑父陶永禄，二堂兄服生及二嫂徐翠霞、大嫂张彩霞，堂妹秀林及妹夫徐孝亲等。

让李鹤林和家族敬重的，是长他 10 岁的大堂兄李协生，一位在中国水电建设领域内有过重要影响和贡献的人物。李协生与李鹤林同样出生在汉中家乡的四合院，少时也有着与李鹤林同样的命运，未及成年便遭丧父之痛，跟随具有新思想当过老师的母亲颠沛流离，四处求学，历尽艰辛，终完成学业。1952 年 8 月，李协生毕业于从汉中迁出的西北工学院，分配在北京的水利部外国专家室工作。1957 年赴苏联进修，回国后先后被派往蒙古、马里等国从事援助项目。1976 年调往水电部成都勘探设计院，担任副院长兼总工程师，

李鹤林的发小、
表兄徐守智
（1958 年）

与表兄守礼的合影（1959 年）

为教授级高级工程师。几十年中曾在华北、东北、西南等地，负责大中型水电工程项目的设计、施工，成果卓著，撰写了不少专业论文，当选为中国水力发电工程学会第一届理事、四川省政府科技顾问等。

与堂哥李协生（后右）及侄儿燕辉（前左）、燕琪（前右）合影
（1965 年）

1986 年，李协生因眼疾主动让贤，申请辞去领导职务，提前退休。双目失明后，他对事业依然痴心不改，以惊人的毅力著书立说，

通过摸索自写和口述录音等方式，10年中写下了4本专著和20多篇论文，计百万余字，把知识财富留给了后人。

李鹤林的这位大堂兄身残志竖，对生活充满乐观，关心国家大事，热爱水电事业，写下了不少热情洋溢的诗歌，以抒发自己的情怀。这从1987年3月25日《成都院报》所刊登他的"水电战歌"组诗中，得以充分表露。

一

祖国江山美艳娇，水力资源多富饶。
水电战士心向党，四化先行双肩挑。

二

深山峡谷险恶峭，江水川流浪滔滔。
水电战士齐踊跃，勘探设计伏"龙妖"。

三

披荆斩棘战天地，祖国城乡换旧貌。
水电战士齐欢笑，电网织锦谱新谣。

四

共产主义电气化，任重道远需飞跃。
水电战士志激昂，胜利红旗举得高。

这位双目失明的老专家还在回忆录中写道：

我已经把朝霞般绚丽的青春献给了党和祖国母亲，我还要把晚霞般绚丽的晚年，奉献给党和祖国母亲，振奋精神，发挥余热。在此时此刻，编写这部《工作和生活片段纪实》（回忆录），还有另一个想法，就是愿与同志们共勉，愿借此鼓励家庭成员永远跟着中国共产党走，建设有中国特色的社会主义，为振兴中华做出应有的努力，做一个有益于人民、有益于社会的人。

就在这本感人的回忆录付印之时，1995年9月13日，李协生病逝，享年68岁。水电界曾有评论说，以李协生的学识及贡献，如不受眼疾影响，或许有更大的成就，也有可能进入院士候选人的行列。

与自己同院而生的两位堂兄李协生、李服生，早年的坎坷境遇和经历与李鹤林相同，皆是与命运抗争，依靠寡母与亲属的支持及相关组织的关怀，得以完成大学学业，走上为国家效力之路，并在各自的事业中取得成绩。每每忆及至此，李鹤林总是感慨万千，也禁不住黯然神伤。

一个农家的四合院，走出了三位高端人才，一人成为中国工程院院士，一人担任水电设计院的副院长兼总工程师，一人成为军工企业的高级工程师，这既是李门荣光，更为国之栋梁。

四、故 乡 之 情

李鹤林有着浓郁炽烈的乡情，故乡汉中，在他的心中留下了永难磨灭的印记，他爱故乡故土，关心着这里发生的一切。

2001年10月下旬，作为陕西省决策咨询委员会特邀委员，李鹤林被邀参加省情考察专家组，回到故乡汉中专题考察了几个重点建设项目。参观了"一江两岸"模型和桥北广场施工现场，李鹤林高度评价了汉中城建远景规划，他说："我参与评审过多个城市建设规划，汉中这个规划气势宏伟，很好、很壮观，应该持之以恒向前推进。"

而在此行的 20 多天后，李鹤林又作为陕西省专家学者第四次省情考察团成员，再一次来到汉中。这次的考察时间总共 9 天，看的项目、走的地方更细更多。作为考察团 17 人中唯一的汉中籍院士，李鹤林的故乡情怀再次被激发。11 月 16 日，《汉中日报》刊登了他饱含感情的发言——《一江两岸工程是大器之作》：

看了"一江两岸"规划及汉中城市远景规划，感到很振奋。我参与评审过许多城市规划，汉中的这个规划起点高，前瞻性强，是大器之作。更令人高兴的是规划已经在分步实施。我到几个工地看了，市民热爱汉中，建设汉中的热情很高。只要坚持高起点开局，高质量运作，高速公路、机场建设如期实现，汉中一定会成为川北陕南地区最有魅力的明星城市，汉中将成为西安乃至陕西的后花园。

实现城市规划，还需经济发展。汉中经济总量，与江苏扬州、泰州等人口、自然因素相差不大的地方相比，差距还是比较大的⋯⋯

还有交通。汉中吃亏在交通。几年前我乘飞机回汉中，年岁大了，小飞机上下颠簸，非常难受，很受罪。有个像样的机场，离沿海就近了；有条高速公路，离西安就近了。

我是搞材料专业的。在新材料领域，我国与美国相差很大，汉中更是空白，可以吸收、引进的项目很多。今后，我将给汉中多做些宣传推动工作，把汉中介绍出去。希望汉中也重视这方面的工作⋯⋯

《汉中日报》还给这篇文章配发了署名"贞孩"的评论——《院士的忠告》。

亲情似海，乡情如酒，李鹤林藏之于心，发之于心，醇厚如饴，令人感动感叹、感佩感怀。

第十七章

谦谦君子

一、为人处世

大千世界，芸芸众生，人之所以为人，最独特之处，在于性格。性格的表现形式为言行举止，而性格的形成主要源于环境的锻造和自己的修为。

少时家境贫困潦倒的李鹤林，从年轻起便深感人生不易，他以勤奋掌控前途命运，以不断提高思想道德修养坚定自己的人生观，立志高远，知行合一。其为人处世真诚坦荡、重情重义、低调平和、淡泊名利，颇具君子之风、长者之风。

李鹤林八十年的人生旅程能够完整回顾，得益于年轻时便坚持记日记的习惯。日记，一张张、一页页载录的是李鹤林无数的事业、情感、觉悟、思维的点滴，串将起来，便是人生的鸿篇巨制，它把一名科学家丰富的内心世界展示了出来，也提醒着李鹤林自己，性格就是这样养成的。

以下引用的是李鹤林20多岁时写下的几篇日记。

在1960年11月27日的日记里，他对如何看待"艰苦奋斗与安逸享受"的问题进行了一番思考，话题则是从《中国青年》杂志上的一段话有感而发：

> 春天，因为生气勃勃，万物旺盛，才使大地孕育了丰硕可喜的收获。青春，因为斗志昂扬，不断革命，才使人们赢得了如花似锦的未来。然而，朽木不因春天的到来而开花，懦夫不因年青的时代而战斗！

李鹤林在抄录了杂志上的这段话之后，写下了长长的感想：

　　一个人，如果沉湎在物质生活的享受中或者追求物质享受，滋长了安逸享乐思想，就会丧失为实现大志而去克服困难、英勇斗争的勇气，最后必然会丢掉和丧失大志，变成"朽木"、懦夫，还会有什么样的雄心壮志！还会有什么样的青春和战斗？

　　有时，你自以为做了物质生活的主人，恣意地贪图享受，却不知物质生活的引诱贪婪地吸吮你的革命壮志，吸吮你青春的年华。像吸鸦片烟一样，你自以为是在吸它，实际上是它在吸你，把你吸得倾家荡产，枯瘦如柴，精神萎靡，颓废不堪，整日抱着烟枪，一日也离它不得。

　　我们只有满怀壮志，跳出个人狭小的天地，勇敢地投身到火热的革命熔炉中去，经受千锤百炼，使自己快速地成长起来，为祖国为人民做出建树，那才真正能享受到青春的幸福与快乐。

　　艰苦困难的物质生活条件，固然是一种严峻的考验，比较优裕的物质生活条件，同样是一种严峻的考验，并且是一种更为严峻的考验。

　　人，只有为着一个伟大的目标活着，战斗着，才是有意义的；丧失了这个伟大的目标，贪图当前的一时的安逸，贪图眼前的享受，那是没有意义、没有乐趣的生活。一切凡夫俗子和玩物丧志的庸人，总是把艰苦奋斗看作是莫大的苦事，把艰苦奋斗的革命战士看作苦行僧，这正是资产阶级世界观的反映。而我们革命者，在艰苦奋斗中有最大的快乐。我们艰苦奋斗的伟大理想，是为了实现世界上最壮丽的共产主义事业。

　　从中不难看出李鹤林一辈子能够讷言敏行、执着和勤奋于事业、不图享乐安逸的思想基础和根源。当然，日记中没有提到，在思想觉悟之外，少时的艰辛也是发端。

　　1961年2月24日的日记，题目是"也是一种艺术"：

　　处事为人，必须讲究方式方法。原则性与灵活性必须结合起来。在总的方面，在大的问题上，必须坚持原则，但还要看条件，看对象，在不同的情况下，根据矛盾的特殊性，分别对待，灵活处理。

在非原则性的问题，不必放在心上，决不计较。

必须以身作则，少讲多做。

革除自己身上的一些坏毛病，哪怕是生活细节。

对任何人都必须时时注意：恳切、礼貌、谨慎。尊重别人的意见、爱好，一切言行掌握分寸。

处事为人，除了是一种思想修养问题，而且在某种意义上讲，也是一种艺术，必须学会这种艺术。

如此便也可以理解，为什么李鹤林总是以一种谦逊、平和的姿态示人，但熟悉他的人都知道他的原则性有多么的强；离他近的人都能感受到他骨子里的硬度。

在 1961 年 2 月 17 日的一篇"注意小节"日记里，他提醒自己应该注意三件事：

少谈或尽量不谈生活问题、吃饭问题，别人谈时不插嘴、不搭腔；从今天起，坚持每天打扫房间；对某些性格古怪的人，尽可能地习惯起来，对他们的激动沉住气，不在乎。

以上几点虽然是生活小节，但如果注意不够，影响颇坏。以往自己在这方面作得是不够的，应该经常检查。

这篇日记所呈现的，是李鹤林对自己严格的言行要求。正如曾子所言，"吾日三省吾身"，长此以往的自律，则行无过矣。

李鹤林十分喜爱文学，他阅读过许多名著名篇。在阅读中，不仅自己的文学素养得到了提高，从作品中他也汲取了更多人生成长与进步的营养。1961 年 2 月 16 日的日记，便是小说《浮沉》的读后感：

看完小说《浮沉》，感受很深，这也正如书中人物高昌平所说：有一些人，他就像水草一样浮在生活上，可是遇到一些困难，半点风波，立即就沉下去了。原因很简单，他们对人民并没有真正的感情。他们看不出生活的意义，支持他们生活的只是一些可耻的欲念而已。相反的，只要对人民怀有忠诚的心，对生活抱有崇高的理想，飘吧，随它飘到哪里，他们都能看到生活的意义，都能开出美丽的花，结出丰硕的果！

这些日记和笔谈，或长或短，但无不蕴藏着、洋溢着李鹤林年轻时所向往的思想境界与情怀。而透过李鹤林的一生便会发现，这些都不是一时的心血来潮，而是他对自己人生的追求、告诫和承诺。这些充满时代感的，甚至类似于格言的文字，伴随着他的漫漫人生，纯化、升华着他的前行之路，谨守诺言，始终如一。于是，人们看到了这样的一个李鹤林：于小处做，在实处走，向高处看，往远处想。一生如此，从未改变。

刘亚旭说他从内心认为，李鹤林是知识分子的楷模，他身上既有中华儿女的传统美德，又有科学家攻坚克难、开拓探索的气质精神。

《中国石油报》记者吴纯忠曾长时间在管材所调研采访，连续发表了五篇系列报道，全方位地介绍了管材所十年科研和效益的辉煌路、新模式和赤子情，以及如何当好石油工程事故的"法医"和石油管材质量的"哨兵"。他写道：

> 在这个人才聚集的科研所里，人们敬才更敬德。只要问起所里十年的发展情况，大家会异口同声地谈到一个人，称他不仅是学识渊博的老专家，而且是德高望重的好领导，他为国争光、为事业奋斗的精神一直是全所职工学习的楷模。他，就是中国工程院院士、管材所创建者、所长李鹤林。

与李鹤林长期合作共事的副所长宋治，是20世纪60年代的老大学生。1984年初调入管材中心，与李鹤林既是同事，又长期搭班子，相互支持配合。他说：

> 我们经常一起出差，忙于工作，连个扑克牌也从没有打过。李鹤林对所里有真才实学、做出过成绩的老同志十分关心。评

高工时，有两位老技术人员因为学历不够，如不争取就再没有机会了。李鹤林与我相商，多方争取，为两人评上了高级职称。

1998年年初，宋治到了退休年龄，李鹤林和班子成员提议，首届职代会讨论通过，决定对宋治予以表彰奖励。决议中写道：宋治同志因年龄和身体原因离开了副所长领导岗位，但他对我所的发展做出的突出贡献，全所职工是不会忘记的。为表彰宋治同志对我所发展的贡献，所首届职工代表大会决定，授予宋治同志名誉副所长的荣誉称号，并给予重奖。

对曾经一起共过事的人，无论是如宋治这样的老知识分子，还是年轻的大学生、上山下乡的知青，留在所里还是调出或辞职，李鹤林都是坦诚相待。

二、重 情 重 义

李鹤林是个内敛的人，同时也是一个内热的人。这份热不仅体现在他对事业的热忱，对家庭的热爱，也体现在他对朋友、同事的热情。从他所写的另一部分日记中可以看出，他十分注重如何看待和处理人与人之间的友谊。1961年2月2日，他写下了与同学分别相聚的日记，题目是"珍惜友谊"。

治国回来了，这是下放一年的一种收获。他仍是那样朝气蓬勃，热情洋溢，讲起话来，天真烂漫，滔滔不绝。这举止、这谈吐，这样瞬间的气氛，使我不由回忆起了往事，回忆起我们在小学、中学那种朴素、诚挚的友谊。

友谊，一定要靠相互的接触、联系来维护，来加强。"友谊"这两个字本身就意味着交往、知心。我们的友谊建立有一段令人神往的历史，我们是久经考验的老朋友，应该珍惜这种友谊。

后来，李鹤林又在日记本上写了一篇题为"友谊漫笔"的文章：

列宁在赞美马克思和恩格斯之间的友谊时，曾经这样写道：古谈中有许多动人的友谊故事，欧洲无产阶级有权说，它的科学是由两位学者兼战士创造成的，他们的关系超过了古人关于人类友谊的一切最动人的传说。

的确，马克思和恩格斯的友谊，是真正友谊的光辉榜样。马克思集中精力写《资本论》的时候，穷得连吃饭和买稿纸的钱都没有，有时候不得不当了衣服去买面包。为了从经济上帮助马克思，使他能安心工作，恩格斯毫无怨言地牺牲自己的志趣，到父亲经营的公司去干他称为"该死的生意经"的事。他对马克思这种帮助继续了许多年。所以当《资本论》第一卷付印时，马克思写了一封十分激动的信给恩格斯说："这一工作之所以能够完成，完全要归功于你，没有你对我的自我牺牲，我是绝不能完成三大卷的全部巨大的工作的。拥抱你，衷心地感谢你！……敬礼，我亲爱的忠实的朋友！"他们两人不住在一个城市的时候，几乎每天都要通信；当他们同住在英国伦敦时，就几乎没有一天不见面。恩格斯可以说是马克思家里的一个成员！

李鹤林赞美两位伟人的友谊，他纵笔写道：

友谊，这是一个不寻常的字眼，人们的生活中不能没有友谊。因为，友谊会给人以温暖、乐趣，给人以帮助和前进的力量。

友谊，是人与人之间关系的深化和发展，新的友谊也大大丰富了人们的精神生活，使大家生活得更愉快而幸福。所以友谊不仅是个人的需要，也是社会主义革命和建设的需要。

真正的友谊是建立在集体主义的基础上的。我们对待友谊，不能只看成个人的私事，只是两三人的私事，而应该从集体利益出发，考虑到集体主义的原则，不但要与自己的知心朋友融洽无间，而且须用友谊的态度，对待周围的一切同志。

　　要尊重别人，相信同志，相信自己的朋友。而这种对别人的珍爱和尊重，是出于自己内心的真情实感，而不是矫揉造作。我们的一举一动，都应该使周围的人感到诚恳正直。如果某个人发现了自己的某个朋友是假仁假义，那就永远不会相信他了。

　　孟子说，"爱人者，人恒爱之；敬人者，人恒敬之"。这就是平常人们说的以心换心。同志和朋友间，只有互相关心，彼此帮助，才能增进友谊。应该把朋友的痛苦和困难，当作自己的痛苦和困难。朋友有了不幸，就要给予同情和支持。不能不关心，更不能幸灾乐祸。那种常常打小算盘的个人主义者，光抱怨别人不关心自己，而自己却不去关心别人，因而他也就很难结交知心朋友。我们是人，而不是动物，人比动物高一等。因为动物除了它，很少想到别人。而人呢，他不仅会为自己着想，吃得好，住得好，生活过得幸福，有地位，而且他还能想到别人，不，应是更能想到别人。否则，严格一点说，他就不配被称作人。我们只有为别人着想，多关心人，帮助人，才能同别人建立起真诚的友谊。

　　在同志和朋友间，应该永远提倡宽宏大量，互相谅解，反对小里小气和互相猜疑。

　　我们是新社会的青年，我们每个人都应该有一个纯洁的、对生活充满热情和美丽的灵魂，对任何人的友谊应该永远真挚、纯洁。虽然我们从对方身上看到了自己过去所没有发现的缺点，但彼此的友谊却不能丝毫动摇。爱吧！连同他的缺点一起。真正的友谊不是在发现了对方的缺点时就放任不管，掉头而去，而是尽一切可能帮助他，鼓励他，让他从泥坑中跳出来！否则，你会是一个灵魂卑猥、微小的人。

这一篇长文洋洋洒洒，李鹤林淋漓尽致地表达了自己的朋友观。年轻的他，渴望这种为了共同的事业，并且在共同的事业中并肩战斗的战友情谊。一个如此内向的人，敞开自己的胸膛与心扉，用自己最大的热情呼唤友谊，这倒是令人有些意想不到。

身为科学家，李鹤林严谨认真、一丝不苟，而这样的作风，同样被他带到了领导岗位上。或许是因为凡事坚持按制度规定处理，过于较真，李鹤林也招致了不少抱怨，说他"不近人情"。

实际上，李鹤林的性格坦诚宽厚，与他多年熟悉的人，不管是何职务职位，都能感受到他的真诚相待。他结识了不少院士、教授，大多都成了很好的朋友。在与一些政府高级官员的工作交往中，他的学识和不亢不卑的举止，也赢得了尊重。

当年"文化大革命"中曾当过"三结合"小组长的几位普通工人师傅，有的早早就离开了宝鸡，但李鹤林与他们多年一直保持着联系，他非常珍视这一份在艰苦岁月里建立起来的珍贵友情。

王生玉，1968年担任"三结合"小组组长，1974年就从宝鸡调往了河北青县华北一机厂工作。他回忆起37年前与李鹤林同组共事的经历，仍倍感亲切。王生玉说：

> 李鹤林这人很随和厚道，与我关系好得没有说的！当年我二十几岁，脾气上来了，说话不知轻重，他从不计较。过去这么多年了，他还会不时打电话给我，关心我的生活、身体，联系没有断过。

当年的六级车工王万顺，技术好，人勤恳，被从车间挑选调到李鹤林负责的中试室，承担试棒加工工作。如今这位80多岁的老工人身体健康，头脑清晰，说起几十年前与李鹤林的交往仍很动情：

> 李鹤林常常站在机床边等着取试棒，加工好一根他拿走去试，一会儿又回来，请我再车一根。反反复复来回跑，不厌其烦。他这人说话不多，干事特别认真，不是玩嘴皮子的人。平时他不太交往人，一心为工作。有人议论他的家庭出身，说风凉话，他不在乎。我与他1979年同时入党，年岁比他大，他尊重我，让我当加工组组长。一次，我同他、温总（温之荜、国

家二级工程师）等 4 人去成都出差，返回时，买了两张火车软卧票，他非要我与温总去坐，自己去普通车厢。咱一个工人，不是老李让着，哪有资格享受软卧的待遇呀！我老伴患病送西安住院，他安排我去西安采购一个配件，实际上是让我去看望老伴。他是个大好人，几十年没有忘了我这个普通工人。当年我爱喝点小酒，酒不好买，他爱人在市轻纺局当科长，局里小卖铺每进了西凤散酒，她便会买些让老李捎给我。他从西安回宝鸡，多次看望我。请老同事聚餐，我不到不开饭，去了让我上座，敬我酒……

这位白发苍苍的老工人的朴实无华的话语中，透出的是一分浓浓的真实感情，折射的是李鹤林重情重义的做人本色。

三、平 和 低 调

生活简朴，平和低调，是李鹤林的一贯作风。

从一个普通的技术人员，到统领一个知名的科研所，成为受人敬重的中国工程院院士，在各种荣誉头衔的光环下，李鹤林仍处处把自己看作一个普通的人，谦虚谨慎，宠辱不惊，宽仁厚礼，寡欲清心。

虽然李鹤林有着渊博的知识和诗人的情怀，但或许是他太过专注于对科研事业和科研成果的追求，他几乎没有其他的爱好，哪怕是兴趣。

他不抽烟，不打牌，不会唱歌、跳舞，不讲排场，极少饮酒，极少交际应酬，衣着平常，整洁得体，举止庄重，待人和蔼。如果没有科研事业，他的生活甚至可以用"淡而无味"来形容。但他又绝非是自觉不凡，自命清高。单位的集体娱乐活动，他总是会给予支持，准时到场；对他人的兴趣爱好，他也从不做干预评论之事。

社会上是有这么一些才华出众之人，或因清高孤傲而拒人千里之外，或因荣誉而沾沾自喜、故步自封，或因盛气凌人独断专行而犯众怒，或因贪恋酒色权财而自毁前途。李鹤林觉得，凡此种种，皆是目光短浅，意志薄弱，修养不够，素质不高。古训说，人要独善其身，勿以善小而不为，勿以恶小而为之，确为修身哲理名言，也是李鹤林的践行。

20世纪70年代，李鹤林在企业的声誉便已很高，后又荣获全国先进科技工作者的称号，他领导的中心试验室也年年都是企业的先进集体。但是，每次获得集体荣誉拍照留念，他都会安排其他同志手捧奖牌站在前列，而自己总是站在后排。

20世纪80年代后，他担任企业副总工程师，进入领导高层。那时，讨论决策企业重大事项的厂务会比较多，每次开会时间也很长。而李鹤林始终是最守时、最认真的参会者之一。开会时，他从不随便出入会场，也不第一个抢先发言，更不轻易表态，总是在认真倾听后方深思熟虑地作出简明表态。

管材所独立并且搬迁西安后，作为一把手，李鹤林更加从严自律，一尘不染，处处照章办事，力求公正公道，竭力回避庸俗社会风气，使管材所政风清明，保持一方净土。

管材所有一个小的招待所，来人一般都会安排在此食宿接待，不去豪华酒店。前来参加学术交流会议的人多了，便联系安排在对面一路之隔的西安石油学院宾馆，省去了不少迎来送往的繁文缛节。

所里常与李鹤林出差的同事说，李所长比较"抠门"，吃饭自掏腰包吃小吃，带我们挤公交，坐地铁，不肯叫出租车。一次出国回来，在北京下了飞机，4个人每人一个大拉杆箱，按常理要叫两辆出租车。可他让大家把后备厢放不下的行李抱在怀里，挤进一辆出租车，惹得司机埋怨了一路。

曾经在李鹤林手下工作多年的刘亚旭，在回忆中提到了两件令他印象最深的事情，很能说明李鹤林的为官与为人。第一件事是李鹤林为了管材所产业化的发展，担任了多家单位的顾问，但他要么不收顾问费，要么将顾问费上缴到所里。第二件事发生在他与李鹤林出差的途中，那一次飞机晚点两个多小时，在咸阳机场等待的时候，李鹤林拿出笔和本子，勾画出了石油管工程领域的研究内容与相关学科的关系框图。

俗话说，同行是冤家，但李鹤林从不这样看。一个同行教授由单位提名参评中国工程院院士，连续三次落选，请求他帮着说说话。李鹤林认为这位教授是符合条件的，下工夫研究了材料，并提炼到非常恰当、公正的高度，最后这位教授终于当选。

从工作时起，李鹤林在成绩和荣誉面前，就一直低调，不事张扬。他多次受到表彰奖励，集各种荣誉于一身，但对汉中家乡的亲人却从来没有说过。多年前几个弟弟只知道大哥在宝鸡一个工厂工作，其他几乎一无所知。

他的二弟李介林回忆道，1978 年的一天，两个外地人进村找到大队部，恰巧只有他一人在。来人向他询问李鹤林老家的事，他才知道是大哥单位发展党员前来外调的。这是家里人第一次听到李鹤林的工作情况和取得的成绩，他们根本就没想到，李鹤林的名声还挺大呢！

李鹤林当选为中国工程院院士后，《汉中日报》刊登了这一消息。家族有人看到了报纸，争相告之，十分高兴而又自豪，有人还将这份报纸复印张贴。李鹤林闻听后，立即打电话让马上撕掉，告诫家族成员不准再张扬。

他的弟弟和亲友们，有可能得到过他经济上的有限帮助，但没有一个人沾过他职权上的"光"。"一人得道，鸡犬升天""有权不用，过期作废"等诸如此类的那一套，李鹤林是最深恶痛绝。

几十年中，李鹤林出版和发表过大量的专著和论文，举凡合作者，以及文中所引用，李鹤林都会——注明。

两项国家973项目立项过程中，李鹤林尽力促成了申报成功；项目批准后他又分别安排年轻科技人员挑大梁，从项目承担人名单上删去了自己的名字。

国家重大项目西气东输二线"高钢级、大口径、高压力、超长输气管道工程关键技术与应用"获得2012年中石油科学技术进步奖特等奖；包含在该项目内的《我国油气战略通道建设与运行关键技术》获2014年国家科学技术进步奖一等奖。申报时，经中石油党组研究，将李鹤林列在获奖名单的前列。但是，李鹤林又一次做出了出人意料的举动。

中石油科技管理部在相关说明中这样写道：

> 李鹤林作为该项目专家组组长，对项目关键技术的突破发挥了主导作用，做出了杰出贡献，理应列入获奖名单的前列。但为培养青年科技骨干，他主动放弃并请求退出，充分体现了淡泊名利、甘为人梯的高尚情操。

第十八章

人生不老
夕阳红

一、惜 时 如 金

2016 年 5 月 30 日，全国科技创新大会、中国科学院第十八次院士大会和中国工程院第十三次院士大会、中国科学技术协会第九次全国代表大会（"科技三会"），在北京人民大会堂隆重召开。此次盛会与 1978 年召开的被誉为"科学的春天"的全国科学大会时间跨度近 40 年，历史背景完全不同，但任务却十分相似：加速完善配套政策，释放科技创新潜力。李鹤林有幸出席了这两次盛会，见证了中国科技事业的迅猛发展。

此时的李鹤林已经 79 岁了。坐在人民大会堂里，再一次聆听到中国科技发出的鼓声，他浮想联翩。思绪从出秦岭、上北京、返宝鸡、迁西安一幕幕展开。

按常理，2002 年春天即已退居二线的李鹤林，已经用自己的辛勤与智慧收获了令人羡慕和敬仰的丰硕成果，功德圆满，尽可清闲地享受人生，颐养天年。他也曾羡慕在家乡起事的汉丞相张良明智地退隐林泉、与世无争而独善其身，但他却更敬仰从家乡出征北伐的另一位汉丞相诸葛亮"鞠躬尽瘁、死而后已"的精神，也立志像出使西域的张骞那样，为事业矢志不渝，勇往直前。把事业看得极其重要的李鹤林，果真没有选择功成身退。

李鹤林属牛，年轻时便好喜诗文的他，早知诗人臧克家先生《老牛》的诗句"老牛亦解韶光贵，不待扬鞭自奋蹄"。而步入老年，这也成为他的自励自勉。

没有了行政事务等费神劳心的事，李鹤林得以心无旁骛，轻装前行。他发现，自己以科技为己任的脚步，步伐更大、更轻快，肩上所扛的职务头衔也反而更多了。

"莫羡三春桃与李，桂花成实向秋荣。"

李鹤林将暮年当成壮年，惜时如金，不知疲倦地工作着。所以，一直有人这样评论说，这么多年，不少退下来的老人都不干了，只有像李院士这样执着的人还在坚守。外单位熟悉他的人来院里办事，也总会发出几声感慨："你们老所长还是过去那样，走路都在思索问题！"

李鹤林为管材所的发展和对外交流不遗余力，也为人才流失而痛心焦急。为提高管材所的实力，他抓紧培养石油管工程领域的高层次人才，推动和促使科研工作做大做强。

在西气东输等重大工程中，他也是关键技术责任最大的主角之一，是取得举世瞩目成果中的重要一员。他忙着参加各种专业技术研讨会、评审会、鉴定会、交流会、报告会。这些年每个月都有四五个各地的会要出席，算下来一年中有大半年时间是在外奔波，在家待的时间最长的一次是在 2014 年，那次他因骨折在家躺了 3 个多月。

而只要不出差，每天清晨，他都会准时走出家门，乘车前往西郊十几里外的丈八沟新区上班。在办公室里，十几个书柜塞满了相关的图书资料；案头上，摆着厚厚的需要审订修改的技术文件文稿，他经常会一坐半天或者整整一天，仔细斟酌、推敲。

二、著书立说

不再担任研究所所长领导职务以后，李鹤林成了一些大学争聘的热门人选。北京、上海、杭州、西安的几所大学，都向他发出了邀请，希望他能调入，还有更多的高校竞相聘他为兼职教授。

李鹤林专注于自己的学术科研方向，更是解不开石油管工程情结，他谢绝调入任何单位，也放弃优厚的条件，依然留在了西安，留在原单位和已经居住了 20 年的旧屋。这样的决定和选择，是需要一些胸怀和担当的。他决定用一生呵护与团队创建起来的管材所，使它越办越好。除此之外，他还另有考虑。最终，他选择三所大学在其中兼职。李鹤林是这样考虑和选择的：

第一所是西安交通大学，因为她是我的母校。其实从 1988 年开始，我已经受聘担任交大材料系兼职教授，1997 年增聘为博士生导师。2000 年 3 月，学校在更高的层次上聘任了我，还正式举行了聘任仪式，宣布我为材料科学与工程学院名誉院长、院学术委员会主任。第二所学校是北京的中国石油大学，因为她是石油行业的最高学府。2002 年 7 月，在石油大学建校 50 周年前夕，学校举行了隆重的聘任仪式，聘任我为材料科学与工程学科学术委员会主任。第三所学校是西安石油大学，因为她与管材所是近邻，对管材所的搬迁和发展给予了很大的支持和帮助。

我在这三所大学兼职，也为石油管工程高层次人才培养创造了条件。2006 年 7 月，管材所与西安交通大学正式签订合作协议，决定在西安交通大学材料科学与工程一级学科下联合开办"材料服役安全工程学"二级学科博士点和硕士点。其实，从 1997 年开始，我就积极推动这一工作，进行了长达 8 年的试点和实践。主要做法是从管材所在职青年科研人员中招收博士生，培养了工程博士 12 名，研究方向均为石油管工程领域。因为石油管工程学是石油工程和材料科学与工程之间的边缘学科，或称交叉学科，直接列为材料科学与工程的二级学科有一定难度，我们把二级学科定名为"材料服役安全工程学"，其内涵大体相当于"石油管工程"。

与西安石油大学联合申报建立"材料加工工程""油气储运工程"硕士点是2000年之前就完成的。我从所里退下来后便开始了亲自担任导师并按石油管工程学科要求培养硕士的工作。这几年，我共指导了5名硕士生，其中材料加工工程3人，油气储运工程2人，他们现在都已取得学位并走上了工作岗位。

而我在中国石油大学的兼职，主要负责学科建设，只带了两名博士生。

与高校的专职教授和博士生导师相比，我培养的博士、硕士数量是不值得一提的，但对我这个长期在产业部门工作的兼职博士生导师而言，能培养出一些博士、硕士，确也十分欣慰。

与取得博士学位的部分博士研究生合影。左起：李文魁、白真权、霍春勇、李鹤林（导师）、赵文轸（导师）、赵新伟、赵国仙

从2002年以后，李鹤林以"时不我待，只争朝夕"的精神，开拓着科研生涯的第二个春天。他担任重大专项专家组组长，负责国家经济贸易委员会下达的"西气东输工程大口径焊管国产化"和中石油下达的"西二线管道工程关键技术研究"两个大项的顶层设计，

李鹤林与他的部分硕士研究生

并全程指导和参与科研工作。他主持油井管科技攻关，实现了大规模国产化。在软科学项目方面，李鹤林完成的两项咨询课题分获中石油2012年、2014年科学技术进步奖二等奖；另一项海洋油气开发装备材料的现状及应用发展策略研究，既是中石油的咨询课题，也是中国工程院的咨询项目内容。

中国工程院鼓励高龄院士著书立说。进入古稀之年，李鹤林计划在2018年前出版4本书。

（1）《李鹤林文集（上）——石油机械用钢专辑》，已于2016年11月由机械工业出版社出版，100万字。该书是"中国工程院院士文集"中的一个分册，精选了李鹤林院士在石油机械用钢方面的论文、报告、讲话39篇，主要包括综述、典型石油机械钢铁材料、基础零部件科研攻关、表面强化工艺、海洋石油装备用钢，集中反映了李鹤林院士在这一领域的科研成果，有很高的学术价值。

（2）《李鹤林文集（下）——石油管工程专辑》，已于2017年6月由石油工业出版社出版，125万字。该书也是"中国工程院院士文集"中的一个分册，精选了李鹤林院士关于石油管工程的论文71篇，主要包括综述、油井管与管柱力学、油气输送管与管线力学、石油管的环境行为、石油管失效分析与预测预防、石油管的标准化，集中反映了李鹤林院士在这一领域的科研成果，有很高的学术价值。该书实际上是 2011 年出版的《石油管工程文集》第二版。

（3）《海洋石油装备与材料》，已于 2016 年 10 月由化学工业出版社出版，62 万字。该书是"海洋工程材料丛书"的一个分册，在概述海洋石油装备发展现状的基础上，深入剖析了海洋石油平台、钻采装备、海上储运设备的结构功能、服役条件及对材料性能的要求，分析了海洋石油装备的选材、用材及材料标准化，讨论了关键

李鹤林的部分著作

构件的失效模式、失效案例及失效的预测预防，并对海洋石油装备与材料的发展提出了建议。

（4）《石油管工程学》，正在组织编写中，争取 2018 年出版，约100 万字。

56 年的科技生涯，李鹤林发表论文 330 多篇，出版专著和文集 14 本，共约 1000 万字。对于企业出身的科技人员，这是很难得的。这一行行文字、一篇篇纸页，凝结着这位老科学家的心血，折射着这位老科学家时刻活跃的思路，展现着这位老科学家为国家奉献才智的志向和信念，而它们带给行业和从事此项工作的人们的则是一部丰富的知识宝典。

这些也是对他年轻时充满爱国之心的印证，回应了在 1960 年 1 月 22 日艰苦岁月里日记中写下的火热诗句——《祖国颂》：

> 站在黄河源头，
>
> 登上昆仑山巅，
>
> 祖国啊，祖国，
>
> 为您新的起点，
>
> 写下万卷诗篇！
>
> 摘下满天繁星，
>
> 捧起万缕朝霞，
>
> 祖国啊，祖国，
>
> 为您新的阶段，
>
> 织成锦绣画卷！

人生的一个甲子，朝为青丝暮成雪，时光如白驹过隙。世事多变迁，但李鹤林院士的石油情结却丝毫没有改变，无论是在黄绿色的陆地上，还是在深蓝色的海上，他都要把有限的生命全部献给无限的中国石油事业。

三、服 务 社 会

熟悉李鹤林的人，都深深地敬佩他，也感叹如此高龄的他就像是一台永动机，那么的精力充沛，那么的不知疲倦。

李鹤林以身报国的志向与热情，从未因年龄的增高而有丝毫的减退。耄耋之年的他，身兼各种社会职务，算下来总共有 50 个左右。这些兼职均属无偿服务。

闲时，李鹤林曾经梳理了一下自己的这些兼职，主要有以下五类：

第一类是依托国家行政部门或行业的专业技术机构的成员。如国家安全生产专家组成员、国家质量监督检验检疫总局专家咨询委员会委员、中国标准化专家委员会委员、中国设备监理协会技术委员会副主任、国家质量监督检验检疫总局特种设备安全技术委员会副主任、石油工业标准化技术委员会委员、陕西省决策咨询委员会特邀委员。

第二类是学会、协会领导机构成员或名誉成员。如中国石油学会名誉理事、中国机械工程学会特邀理事、中国材料研究学会名誉理事、中国腐蚀与防护学会高级顾问、中国机械工程学会失效分析分会理事长、中国金属学会材料科学分会常务理事、陕西省材料研究学会理事长、中国钢结构协会压力容器与管道分会名誉理事长。

第三类是国家或中石油重大工程或重大专项专家组成员。如国家经济贸易委员会项目"西气东输工程大口径输气钢管国产化研究"专家组组长、中石油"西气东输二线管道工程关键技术研究"重大专项专家组组长等。

第四类是国家重点实验室、国家工程技术研究中心等机构的学术委员会、技术委员会或专家委员会成员。如金属材料强度国家重点实验室（西安交通大学）学术委员会副主任、凝固技术国家重点实验室（西北工业大学）学术委员会委员、轧制技术及连轧自动化国家重点实验室（东北大学）学术委员会委员、石油管材及装备材料服役行为与结构安全国家重点实验室（石油管工程技术研究院）学术委员会副主任、国家石油天然气管材工程技术研究中心（宝鸡石油钢管厂）技术委员会主任、油气管道安全输送国家工程实验室（中石油管道局）技术委员会副主任、国家能源高含硫气藏开采研发中心（中石油西南油田公司）学术委员会副主任、江苏省海洋先进材料工程技术研究中心（南京工业大学）学术委员会委员、耐蚀钢产业技术创新战略联盟专家委员会委员、中信特钢研究院专家委员会委员等。

第五类是学术期刊的顾问或特邀编委。如《石油管材与仪器》《功能材料》《钢管》《焊管》《金属热处理》《机械工程材料》《理化检验（物理分册）》《石油机械》《油气储运》《材料热处理学报》《失效分析与预防》《腐蚀防护之友》《热处理》《天然气工业》《天然气与石油》《石油和化工设备》《钢结构》等。

李鹤林对自己的这些兼职也进行了分析和总结，他在自己的回忆文章中说：

> 通过前两类社会兼职，我得以在较高层面上促进社会对"石油管工程"的认知。我在相关会议所做的相关报告和讲话，产生了积极的影响。而第一类和第三类兼职，使我能够参加西气东输、陕京二线、西气东输二线等重大油气输送管道工程及罗家寨、普光、龙岗等特大型气田安全开发的各种研讨会、论证会和评审会。这些会议涉及高性能油气输送管和油井管，涉及极端苛刻工况下石油管的力学行为、环境行为及安全可靠性，是"石油管工程"的前沿理论和技术的实践。9年来，这样的会议每年不下50个，大部分会议是由我主持的。我参加这些会

议时总是尽量告诫自己不要走过场，而要尽己所能，发挥余热。第四类兼职能够及时了解"材料科学与工程"的重大基础研究与前沿技术的动向，有助于"石油管工程"的进一步发展。

从2002年初到今天，我退居二线的日子大概就是这样一个状态。这段日子的工作，在我一生的事业中也算得是善始善终，因此同样显得很有意义。仔细算起来，从认识石油、从事石油机械用钢和石油管材的技术工作，到建立石油管工程学科，再到今天完善"石油管工程"技术领域，为这一学科培育后继人才，这漫漫的征途是从我1960年在兰州做毕业论文的时候，就已经开始了。引以为自豪的是，在56年的跋涉中，我终于没有放弃追求，更没有得过且过，始终是以奋发努力去争取成功。

2014年6月1日，在中国科学院第十七次院士大会、中国工程院第十二次院士大会上，李鹤林从国务院副总理刘延东的手中，接过了光华工程科技奖证书。

李鹤林荣获光华工程科技奖
第十届工程奖

光华工程科技奖是1996年经国家科技奖励工作办公室批准的一项社会力量科技奖项，2002年再次获科学技术部批准，并在原设"工程奖"的基础上，增设"成就奖""青年奖"，用以表彰那些在工程科学领域做出过重要贡献和成就的人。这也是我国社会力量设立的中国工程界的最高奖项。该奖由全国政协副主席、两院院士朱光亚先生，中国台湾实业家陈由豪先生、杜俊元先生和尹衍梁先生共同捐资，由中国工程院负责评奖，每两年评选一次。李鹤林荣获的是第十届光华工程科技奖之工程奖，他在当年获工程奖的 15 人中，名列首位。

6月1日这一天，人们见到的是一位石油工业科技界的常青树。中国科技界，需要千千万万这样的人。中华强国梦，需要更多像他这样的中坚力量！

四、心 梦 已 圆

坐在人民大会堂里的李鹤林，把思绪收了回来，他仔细聆听着国家领导人的讲话。

从 20 世纪七八十年代以来，在改革开放和经济发展的各个关键节点上，党和国家都举行这类性质的会议，发出有关科技发展政策导向的最强音。如果说 1978 年全国科学大会突出强调的是认识科技是生产力，即重视科技，那么今天则突出强调的科技发展中的创新。"如果我们不识变、不应变、不求变，就可能陷入战略被动，错失发展机遇，甚至错过整整一个时代。实施创新驱动发展战略，是应对发展环境变化、把握发展自主权、提高核心竞争力的必然选择，是加快转变经济发展方式、破解经济发展深层次矛盾和问题的必然选择，是更好引领我国经济发展新常态、保持我国经济持续健康发展的必然选择。"[1] 这些立足国情、放眼世界、振兴中华的讲话，需要所有科技工作者了解、消化、共识和行动。

是啊，创新，将会带来中国发展的新篇章。

---

[1] 见 2016 年 5 月 30 日习近平同志在全国科技创新大会、中国科学院第十八次院士大会和中国工程院第十三次院士大会、中国科学技术协会第九次全国代表大会上的讲话。

李鹤林的内心又一次涌动起了激情。56 年科技生涯，从石油用钢到石油管工程，李鹤林的哪一步都没有离开创新，哪一项成就的取得都是靠着永不停步、永不回头的创新。而今，创新发展，成为国家科技战略，李鹤林从心底里赞同，从心底里支持。只是，他想，蓝图已经绘就，宏伟的目标和任务，要靠后辈人来完成了。

理想有两种，一种是我实现了我的理想，一种是理想通过我而实现。

李鹤林在"自述"里曾经深情地述说自己的心声：

我心中的梦圆了，而我也老了。

也许，人生就是这样，每个人曾经都有一个梦想，只是有些人实现了梦想，有些人忘记了自己最初的梦想，有些人虽然竭尽所能，最后还是不能实现自己的梦想。

我很幸运能在母亲的支持下，一直坚持着自己的梦想。

在人生每一次重要的节点或抉择的瞬间，他总能够想起恩师周惠久的精神：

厚积薄发地积累，

坚韧不拔地耕耘，

锐意拓新地进取，

一片丹心地报国。

李鹤林说，有了这种精神，就会达到老而弥坚、不坠青云之志的境界。

附录一
李鹤林大事年表

1937 年

7 月 5 日，出生于陕西省南郑县协税镇三官庙村。

1944 年

9 月，进入陕西省南郑县协税镇三官庙小学读书。

1948 年

2 月，转入陕西省汉中市钟楼小学。

1949 年

9 月，转入陕西省南郑县协税小学。

1950 年

7 月，由南郑县协税小学毕业。

9 月，考入陕西省汉中市立中学（现为汉台中学）学习。

1951 年

1 月，从汉中市立中学退学。

1952 年

9 月，考入陕西省汉中师范学校师资短训班学习。

1953 年

2～8 月，借调参加汉中地区小学教师队伍整顿工作组，在褒城、洋县检查教师队伍情况。

9 月，进入陕西省汉中第二中学（现为汉台中学）学习。

1956 年

7 月，由陕西省汉中第二中学毕业。

8 月，参加全国高等学校统一招生考试，被交通大学录取。

9 月，分配到机械工程系机械制造工艺、金属切削机床及工具专业，后调整至新成立的有色金属专业。

1958 年

年初，有色金属专业被撤销，遂又转至金属材料及热处理专业。

1960 年

11 月 9 日，开始在兰州石油化工机器厂中央实验室实习，进行毕业论文《石油钻井钻头材料及热处理工艺研究——兼论渗碳钢的强度问题》的试验工作，指导教师为周惠久、黄明志、邓增杰。

1961 年

9 月，毕业分配到位于陕西省宝鸡市的石油工业部钻采机械研究所。这个研究所的前身是石油工业部机械制造局设计处，1960 年从北京迁至宝鸡。任设计二室技术员。

1963 年

5～10 月，参加石油工业部工作组，调查上海东风机器厂 B 型吊钳产品质量问题；帮助上海东风机器厂改进 B 型吊钳主要零部件热处理工艺。

11 月，被石油工业部抽调赴京编写《石油机械用钢手册》。

1964 年

1 月，根据石油工业部命令，石油工业部钻采机械研究所迁至大庆油田。与曾慎达、苏文选、程瑞文、朱绍曾、李功义、张忠印、蒋为霖、杨本安、李金果等调石油工业部第一机械厂（后改名为宝鸡石油机械厂）组建工厂设计科，曾慎达为设计科科长。

1965 年

5～12 月，主编的《石油机械用钢手册》4 个分册由中国工业出版社陆续出版。

1966 年

1 月 5～12 日，出席国家经济委员会召开的普通低合金钢与合金钢生产使用革命会议。

2 月，在石油工业部地兴居招待所向“铁人”王进喜汇报《石油机械钢铁革命规划》。王进喜建议，通过“钢铁革命”，淘汰傻、大、笨、粗的苏式吊环、吊卡、吊钳，提高公锥、母锥和泥浆泵配件的使用寿命。

3月，中断《石油机械用钢手册》编写，由北京返回宝鸡。

春，四川威远气田内部集输管线成都段通气试压时，4天时间连续爆裂3次，随李天相参加现场调研，负责失效分析工作。

年底，采用20SiMnVB钢制成50吨低碳马氏体轻型吊环，赠送大庆油田1205钻井队两副，受到王进喜同志高度评价。

1967年

3月，设计科、工艺科、检验科等知识分子集中的科室人员一律下放车间劳动。为了推动钢铁革命规划的实施，时任总工程师、工厂"革命委员会"生产组组长的曾慎达出面组织工人、技术人员、领导干部"三结合"小组，在工人组长的领导下开展新钢种试验研究。骆志忠、王生玉先后担任"三结合"小组组长。

开始研制第二代吊环（大吨位吊环）。

1968年

工厂"革命委员会"设立检验组。"三结合"小组的技术人员划归检验组（后改称检验科），下设金属材料试验研究组，李鹤林任组长。

研究开发成功无镍低铬无磁钢，试制成功3500米无磁钢电测绞车。

研制成功高强度高韧性结构钢20SiMn2MoVA、25SiMn2MoVA。

研究开发高强度公锥。

1970年

5月18日，石油工业部通报表扬工厂研究开发新钢种代替国外含铬、镍的钢种，减轻了产品重量，延长了使用寿命，有重大经济效益和社会效益。

1971年

研制的20SiMn2MoVA、25SiMn2MoVA列入冶金工业部标准YB6–71。

西安交通大学周惠久教授下放宝鸡石油机械厂劳动锻炼。周惠久教授和他的助手邓增杰、金达曾、贾凤和、苏启生、杨鸿森、陈黄浦等西安交通大学教师先后参加轻型吊环、吊卡的科技攻关。

第二代轻型吊环（75 吨、150 吨、250 吨、350 吨）陆续研制成功。

1972 年

用 20SiMn2MoVA 取代 PCrNi3Mo 试制射孔器获得成功，寿命达到一顶二。

1973 年

轻型吊卡试制成功。

1974 年

高强度铸钢研制成功。

1975 年

9 月，参加机械工业部和石油化学工业部在兰州联合召开的石油钻采机械基础零部件科技攻关经验交流会。李鹤林在会上的发言材料被选拔参加机械工业部首次热处理经验交流会和全国热处理大会。

10 月，第三代轻型吊环试制成功。

1976 年

1 月 9 日，机械工业部首次热处理经验交流会在北京友谊宾馆举行，李鹤林被安排第一个发言。

全国热处理大会在昆明召开，李鹤林因故未参加，由宝鸡石油机械厂热处理车间党支部书记宣读了发言稿。

1977 年

9 月，陕西省石化局召开科学大会，与王道纯一起被评为先进科技工作者。

11 月 22 日，宝鸡石油机械厂在检验科金属材料试验研究组的基础上组建了工厂的研究室。

1978 年

3 月 18 日～4 月 3 日，以全国先进科技工作者的身份出席中共中央召开的全国科学大会，聆听了邓小平同志的重要讲话。全体代表受到党和国家领导人的亲切接见。李鹤林主持完成的高强度高韧性结构钢、无镍低铬无磁钢和轻型"三吊"等 4 项成果获全国科学大会重大科技成果奖。

4 月，宝鸡石油综合机械厂研究所成立。成立不久的宝鸡石油机械厂研究室并入研究所，成为研究所的材料研究室，任研究所副主任工程师兼材料研究室主任。

4 月 20～22 日，在宝鸡石油综合机械厂召开的科学大会上，李鹤林传达全国科学大会精神。

5 月 10 日，陕西省召开科学大会。作为大会主席团成员，出席并作了题为"科技人员必须走又红又专道路"的大会发言。工厂金属材料研究"三结合"小组获先进集体称号。

1979 年

5 月 14 日，石油工业部机械制造局通报表扬双金属缸套试制成功。

6 月，经工厂党委批准李鹤林成为中国共产党预备党员。

8 月，宝鸡石油综合机械厂的建制撤销，恢复宝鸡石油机械厂和宝鸡石油钢管厂两厂建制。重新组建的宝鸡石油机械厂研究所下设计研究所、工艺研究所、冶金研究所，任厂研究所副所长兼冶金研究所所长。

1980 年

第四代轻型吊环研制完成。

8 月，参加中国机械工程学会材料分会成立大会（当选为首届理事会理事），并出席首届全国失效分析与预防大会。

1981 年

2 月 11 日，研究所材料研究室从厂研究所划出，成为独立的中心试验室，任中心试验室主任。

6月17日，石油工业部下达了〔81〕油供字674号文《关于建立石油专用管材料实验中心的通知》，决定建立石油工业部石油专用管材料试验中心，委托宝鸡石油机械厂中心试验室具体承担和开展工作。

1982年

陕西省石油化工厅任命李鹤林为宝鸡石油机械厂副总工程师（总冶金师）。

3月1日，李鹤林主持研制的轻型吊环获API会标使用权。

4月，轻型吊环获国家金质奖。

1983年

7月20日～8月9日，根据李天相副部长提议，石油工业部组织了石油工业部石油专用管试验研究中心赴日考察团，先后参观了住友金属、日本钢管、川崎制铁和新日铁等日本四大钢铁公司的14条石油专用管生产线、6个科研机构，并进行了深入交流及讨论。同行人员有阎家正、张志义、王仪康、王钟毓等。

1984年

3月，石油专用管材料试验中心开展了对钻杆刺穿和断裂失效情况历时3年的现场调查、失效分析和科研。

8月，赴奥地利考察铸钢技术，参观了奥钢联集团的三个铸钢厂及格雷公司。同行人员有赵宗仁、付志达、肖安福等。

1985年

主持完成的"宝石牌吊臂吊环""钻井泥浆泵双金属缸套"获国家科学技术进步奖三等奖。

8月，赴日本与日本三菱重工广岛造船所的技术人员进行宝鸡石油机械厂铸钢改造方案论证和方案设计，同行人员有肖安福、肖志杰、金一甲。

1986 年

6 月，率团赴日本检查验收日本钢管、住友金属的钻杆内加厚过渡区结构改进结果，同时对他们的钻杆生产技术和质量控制进行了考察。同行人员有阎家正、王道纯、李健鹏、赵克枫。

6 月，出席中国科学技术协会第 3 次全国代表大会，全体代表受到邓小平等党和国家领导人的亲切接见。

11 月 14 日，石油工业部发出〔86〕油科字 660 号文，挂靠石油专用管材料试验中心成立"石油工业部石油管材质量监督检验测试中心"。

1987 年

国家标准局（现国家质量监督检验检疫总局的前身）在质发〔1987〕83 号文件中将石油管材质量监督检验测试中心作为石油行业首批唯一的国家级质量监督检验机构列入计划名单中，并且安排进行评审。由于石油管材质检中心实际上是设立在宝鸡石油机械厂的，而宝鸡石油机械厂批量生产钻杆接头和螺纹量规等油井管相关产品，不符合国家质检中心第三方公正地位的条件，因此正式审批时被否决。

6 月 28 日~7 月 2 日，与石油工业部机械制造局副总工程师赵宗仁参加在美国新奥尔良市召开的 API 标准化委员会第 64 届年会，宣读了《钻杆失效分析及内加厚过渡区结构对钻杆使用寿命的影响》一文，受到高度评价。

《钻杆失效分析及内加厚过渡区结构对钻杆使用寿命的影响》获石油工业部科学技术进步奖一等奖。

1988 年

石油工业部发出（88）油劳字第 130 号文《关于"石油管材试验研究中心"由宝鸡石油机械厂划归石油工业部直接领导的函》，将石油管材试验研究中心划归石油工业部（中国石油天然气总公司）直接领导，改称"石油工业部石油管材研究中心"；（88）油劳字 439 号文下达后又改称"中国石油天然气总公司石油管材研究中心",并明确规定属应用基础研究和社会公益性科研事业单位。任常务副主任兼总工程师。王道纯兼任管材研究中心主任。

6 月 30 日,吊环再次获国家金质奖。

7 月,率团赴日本检查验收新日铁公司钻杆内加厚过渡区结构的改进情况,同时考察了新日铁钻杆生产技术。同行人员有李宝进、田清锦、康丽萍、陶佩兰。

"钻杆失效分析及内加厚过渡区结构对钻杆使用寿命的影响"获国家科学技术进步奖二等奖。

1989 年

7 月 6 日,陕西省科技委员会科技干部管理局通知,经人事部批准,李鹤林被选拔为国家有突出贡献的中青年专家,晋升工资 3 个档次。

10 月 6 日,中共陕西省委、陕西省人民政府向首次评选出的 75 名省级有突出贡献的专家颁发证书。

11 月 21 日,阿根廷世特佳公司首次派员来石油管材研究中心技术交流。

1990 年

1 月 16 日,作为被国家选拔出的有突出贡献的中青年专家,出席中共陕西省委、省人大常委会、省政府、省政协召开的表彰大会,省委书记张勃兴出席会议并讲话、祝贺。

8 月,应世特佳公司邀请,访问位于阿根廷布宜诺斯艾利斯市的世特佳公司总部。董事长罗卡博士专程从意大利飞往阿根廷接待,表达对石油管材研究中心的感谢。同行人员有王钟毓、薛书才、蔡康理、安丙尧等。

承担黄岛油库爆炸事故的失效分析。

1991 年

1 月 16 日～2 月初,随李虞庚总工程师率领的中石油和中国科学院热轧板卷及油气输送管考察团赴日考察，参观了新日铁、日本钢管、住友金属、川崎制铁及神户制铁五大公司的 10 余个工厂。同行人员有阎家正、潘家华、宋亦武、王仪康等。

3 月，任中石油石油管材研究中心主任。

4 月，在西安会见日本 NKK 公司田中副社长一行。

7 月，任中共石油管材研究中心临时委员会党委书记。

10 月 1 日，获国务院政府特殊津贴。

1992 年

1 月，赴韩国考察 ERW 油管，参观了釜山钢管公司、浦项钢铁公司和现代钢管公司。同行人员有阎家正、翟贵筠、王钟毓、田小虹、金东久等。

11 月，赴西班牙 TR 公司考察油管。同行人员有薛书才、霍春勇等。

12 月，中国科学技术协会委托、中国机械工程学会承办、全国 22 个一级学会共同组织召开"全国机电产品失效分析与预测预防战略研讨会"。被评为全国有突出贡献的失效分析专家。

1993 年

4 月，赴美国俄亥俄州科泰公司考察腐蚀与防护试验室仪器。

4 月 30 日，获中石油科技重奖。

7 月，石油管材研究中心更名为中国石油天然气总公司管材研究所，任所长（1993 年 10 月起，行政级别为副局级）。

1994 年

1 月，石油管材研究所由宝鸡搬迁至西安新址。

7 月，中国科学技术协会工程联失效分析与预防中心成立，李鹤林为副主任兼石油管材与装备分中心主任。

10 月 16 日，中国科学技术发展基金会孙越崎科学教育基金管理委员会举行颁奖大会，获能源大奖。

11 月，在西安新址召开了新址落成及"九五"发展规划论证会。范肖梅、张永一、曾慎达、李天相等陕西省和中石油领导出席会议。

12月，中国共产党石油管材研究所第一次党员代表大会在西安新址举行，选举产生第一届党委会，李鹤林当选党委书记。

12月，赴美国参观考察 H.OMOHR 公司和 Amoco 研究中心。同行人员有汤静、张平生、路民旭、安丙尧、秦长毅。

1995 年

3月，会见日本住友金属副社长与钢管技术部部长龙神毅先生一行。

3月26日，中石油总经理王涛一行7人视察石油管材研究所。王涛总经理题词"做好石油管材这篇大文章"。

11月，主持完成的"钻柱失效分析案例库及计算机辅助失效分析"获陕西省科学技术奖二等奖。

1996 年

8月，赴美参观、考察 Amoco 研究中心、西南研究院和 H.OMOHR 公司。同行人员有励朝和、冯耀荣、赵克枫、安丙尧、秦长毅。

12月，主持完成的"钻铤失效机理及用钢技术研究"获中石油科学技术进步奖二等奖。

1997 年

3月，在中国工程院院士候选人提名书中，首次提出了"石油管工程学"的研究范围和对象。

11月，收到中国工程院院长朱光亚11月28日签署的通知，当选为中国工程院院士。

12月，受聘担任西安交通大学材料科学与工程学科博士研究生导师。

12月，主持完成的"提高钻柱安全可靠性和使用寿命的综合研究"获国家科学技术进步奖二等奖。

1998 年

5 月 11～30 日，赴日本考察住友金属、NKK、新日铁、川崎制铁的油气输送管及油井管发展动向。同行人员有宋治、冯耀荣、王钟毓等。

6 月 1 日，出席中国工程院第四次院士大会，聆听了江泽民同志的重要讲话。

9 月 18～19 日，国际标准化组织 ISO/TC67 第 4 届年会在石油管材研究所召开。

12 月，参与完成的"油层套管射孔开裂及其预防措施的试验研究"获国家科学技术进步奖二等奖。

1999 年

2 月，《中国石油天然气集团公司院士论文集·李鹤林集》由石油工业出版社出版。

9 月，主持编著的《石油管工程》由石油工业出版社出版。

12 月 7 日，"石油管工程"领域的科技创新基地——中国石油天然气集团公司石油管力学与环境行为重点实验室正式成立，任学术委员会主任。

12 月，与李平全、冯耀荣合著的《石油钻柱失效分析及预防》由石油工业出版社出版。

2000 年

3 月，在中石油召开的"西气东输工程采用高压输送和高钢级管线钢研讨会"上，作了题为"天然气输送管研究与应用的几个热点问题——兼论西气东输工程采用 X70 钢级管线钢与 10MPa 输送压力的可行性"的报告。

自 3 月起，担任西气东输一线管线钢和焊管国产化专家组组长。

6 月 5 日，出席中国工程院第五次院士大会，聆听了江泽民同志的重要讲话。

2001 年

6 月 19 日，接待中石油总经理马富才、副总经理兼股份公司总裁黄炎来所视察。

主持完成"螺旋缝埋弧焊管与直缝焊埋弧焊管的对比评价"，推荐西气东输一级地区采用螺旋缝埋弧焊管。

9 月 10 日，陪同安启元、陈耕、李天相、曾慎达等陕西省和中石油领导出席管材研究所成立 20 周年庆典。

10 月，主持编著的《高强度微合金化管线钢显微组织与鉴别图谱》，由石油工业出版社出版。

12 月 26 日，中共陕西省委副书记袁纯清代表省委、省政府来所里专程看望李鹤林。

2002 年

2 月 4 日，中石油党组成员、副总经理阎三忠来石油管材研究所宣布党组文件：免去李鹤林所长、党委书记职务。

5 月 28 日，出席中国工程院第六次院士大会，聆听了江泽民同志的重要讲话。

受聘兼任西安交通大学材料科学与工程学院名誉院长。

秋，赴欧洲钢管和日本住友金属、新日铁、NKK 等公司考察。同行人员有林凯、高蓉。

2003 年

中国机械工程学会失效分析分会理事会换届，担任第 3 届理事长。

2004 年

6 月 2 日，出席中国工程院第七次院士大会，聆听了胡锦涛同志的重要讲话。

主持完成的"苛刻井提升系统安全可靠性评估方法的研究"获陕西省科学技术奖二等奖。

2006 年

2 月 27 日～3 月 4 日，参加西气东输管道工程安全设施国家验收，任专家组组长。

主持完成的"石油钻杆腐蚀疲劳寿命及适用性评价方法研究"获陕西省科学技术奖二等奖。

6 月 5 日，出席中国工程院第八次院士大会，聆听了胡锦涛同志的重要讲话。

9 月，与冯耀荣联合主编的《石油管材与装备失效分析案例集（一）》，由石油工业出版社出版。

与黄志潜一起与西气东输二线管道工程联合设计组交流和讨论，提出西二线采用 X80 钢级焊管、12 兆帕设计压力和 1219 毫米管径的设计方案。

2007 年

2 月 14 日，中石油副总经理周吉平一行 7 人来所慰问看望李鹤林。

6 月 5 日，中石油在汉华国际大酒店召开"西气东输二线工程关键技术研究重大专项"启动会，任专家组组长。

6 月 20 日，中国石油学会石油管材专业委员会成立，任名誉主任。

7 月 10 日，国家安全生产监督管理总局启动"高含硫气田勘探开发安全关键技术研究"项目，负责"高含 H_2S/CO_2 天然气勘探开发专用管材耐蚀性能评价规范和方法研究"课题。

7 月 12～15 日，参加西气东输二线管道工程联合设计组可研阶段成果评审会。

9 月 19 日，在北京洲际大厦参加西二线 X80 焊管开发情况汇报会。

10 月 9～23 日，赴美国和加拿大，与 Robert Eiber 博士及 Alliance 公司技术专家深层次讨论西二线延性断裂止裂控制问题。

11月5日，参加中石油咨询中心主持的西气东输二线管道工程可行性研究报告评审会。专家们对西二线主干线全线采用X80钢级焊管一致表示同意，但对提高设计压力分歧很大，持续争论几个小时。李鹤林提出西段采用12兆帕设计压力，东段采用10兆帕设计压力，获一致通过。

11月7日，在中石油规划总院参加了西气东输二线管道工程基于应变的设计及大变形焊管研制工作中期评审会。

11月9日，参加中石油领导主持的西气东输二线管道工程关键技术及解决方案座谈会。

11月28～29日，以"西气东输二线管道工程关键技术研究"重大专项专家组组长身份，参加中国国际工程咨询公司对西气东输管道工程的核准评审，重点回答了西二线主干线延性断裂止裂控制、高寒地区站场钢管与管件低温脆断控制以及地震和地质灾害区域管段基于应变设计的可行性。

12月，与西二线管道工程关键技术研究重大专项专家组成员黄志潜、王晓香等赴鞍钢、首钢、马钢、武钢、太钢调研X80钢板和板卷研究开发中存在的问题，对一系列重大技术问题进行了讨论和决策。

12月20～21日，在北京塔里木石油宾馆参加了西二线X80钢级18.4毫米板卷及1219毫米管径螺旋焊管首次新产品鉴定会，任鉴定委员会主任。

2008年

2月19日，参加西二线X80钢级22毫米钢板及管径1219毫米直缝埋弧焊管首次新产品鉴定会，任鉴定委员会主任。

6月23日，出席中国工程院第九次院士大会，聆听了胡锦涛同志的重要讲话。

8月，主编的《中国焊管50年》由陕西省科学技术出版社出版。

8月17日，主持"西气东输管道工程关键技术研究"中间评审。

11月20日，在西安参加"非API油井管工程技术"国际研讨会并作主题报告。

2009年

1月6日，石油管工程技术研究院与西安交通大学联合建立材料科学与工程所属二级学科"材料服役安全工程学"博士点，并通过评审。

3月27日，参加集团公司召开的"管材研究所西安基地项目初步设计"审查会，任专家组组长。

3月12～21日，赴日本在JFE实验室进行西二线基于应变设计管段用X80大变形焊管全尺寸实物内压弯曲试验。同行人员有吉玲康、王国丽等。

4月8日，主持西二线高寒地区焊管与管件技术条件讨论。

4月21日，作为主研人员参与，由国家安全生产监督管理总局主持的"高含硫气田勘探开发安全关键技术研究"通过鉴定与验收。

4月23日，赴库尔勒参加塔里木油田工程技术座谈会。

11月3～5日，西气东输管道工程关键技术研究重大专项一期验收，二期立项论证。

12月9日，参加国家安全生产监督管理总局主持的西二线西段站场和东段管线工程"安全专篇"评审会。

2010年

2月25日，在上海外高桥出席中海油981半潜式钻井平台出坞仪式。

4月1～2日，在意大利撒丁岛CSM爆破试验场参加了西气东输二线用X80焊管首次爆破试验。

6月7日，出席中国工程院第十次院士大会，聆听了胡锦涛同志的重要讲话。

7月，中国机械工程学会失效分析分会换届，担任第4届理事长。

2011 年

8 月,《石油管工程文集》由石油工业出版社出版。

3 月 17 日,在宝鸡出席国家石油天然气管材工程技术研究中心建设项目启动仪式。

6 月 3 日,参加中石油高含硫气藏开采先导性试验基地揭牌仪式及首次技术委员会会议,任委员会副主任。

6 月 9 日,受聘担任国家质量监督检验检疫总局特种设备安全技术委员会副主任,出席第一次会议。

7 月 27～28 日,在北京塔里木石油宾馆参加塔里木油田井筒完整性研讨会。

8 月 6 日,国家支撑项目"X90/X100 焊管关键技术研究"开题论证,任专家组组长。

10 月 18 日,管研院举行成立 30 周年纪念大会,陪同阎三忠、孙龙德出席。

11 月 15 日,参加"中石化普光高酸性气田开发"科技成果鉴定会,任鉴定委员会主任。

11 月 18 日,国家石油天然气管材工程技术研究中心召开首次技术委员会会议,任主任委员。

12 月 26 日～2012 年 1 月 4 日,赴巴西参加管线钢焊接国际会议并参观巴西铌公司的矿山及选矿、加工生产。

2012 年

主持完成的"集团公司油井管产业发展方向及策略研究"获中石油科学技术进步奖二等奖。

6 月 11 日,出席中国工程院第十一次院士大会,聆听了胡锦涛同志的重要讲话。

9 月 3～4 日,主持"第三代大输量输气工程关键技术研究"课题设计评审会。

2013 年

主持完成的"油田地面集输管网用非金属管现状与规范化应用对策"获中石油科学技术进步奖二等奖。

4月24日，管研院在西安举行院士、专家学术报告会，赵振业、潘健生、李鹤林、王华明、凌国平、朱瑞富等作了报告。

2014 年

主持完成的"集团公司油气输送管产业发展方向与策略研究"通过中石油验收。

"集团公司海洋石油装备用材料的现状及发展策略"项目启动，该项目又是中国工程院"中国海洋工程材料研发现状及发展战略初步研究"和"中国海洋工程关键材料发展战略研究"两个咨询项目的组成部分。李鹤林主持编写了《中国海洋工程材料发展战略咨询报告》第九章"海洋石油天然气工程材料"。

6月11～12日，出席中国工程院第十二次院士大会，聆听了习近平同志的重要讲话。会议期间，第十届光华工程科技奖揭晓，荣获光华工程科技奖"工程奖"。

8月1日，主持完成的"油气管道失效控制技术及工程应用"获中石油科学技术进步奖一等奖。

2015 年

3月，启动《石油管工程学》一书的编写，计划由石油工业出版社于2018年年底出版。

9月30日，科学技术部批准在石油管工程技术研究院建设"石油管材及装备材料服役行为与结构安全国家重点实验室"，任学术委员会副主任。

10月，中国机械工程学会失效分析分会换届，担任第5届理事长。

12月27日，石油管材及装备材料服役行为与结构安全国家重点实验室建设启动会议和院士学术报告会在西安举行。

2016 年

5 月 29 日～6 月 3 日，出席全国科技创新大会、两院院士大会、中国科学技术协会第九次全国代表大会，聆听了习近平同志的重要讲话。

10 月，主持编著的《海洋石油装备与材料》由化学工业出版社出版。

11 月，《李鹤林文集（上）——石油机械用钢专辑》由机械工业出版社出版。

2017 年

6 月《李鹤林文集（下）——石油管工程专辑》由石油工业出版社出版。

7 月 5 日，"李鹤林院士学术思想和科学精神研讨会"在陕西西安召开，李鹤林荣获管研院"名誉院长"荣誉牌匾。

附录二

李鹤林主要著述目录

李鹤林 . 1965. 石油机械用钢手册：优质碳素结构钢 . 北京：中国工业出版社 .

李鹤林 . 1965. 石油机械用钢手册：合金结构钢之铬钢与铬钼钢 . 北京：中国工业出版社 .

李鹤林 . 1965. 石油机械用钢手册：弹簧钢与轴承钢 . 北京：中国工业出版社 .

李鹤林 . 1965. 石油机械用钢手册：不锈耐酸钢与耐热不起皮钢 . 北京：中国工业出版社 .

李鹤林 . 1999. 中国石油天然气集团公司院士论文集·李鹤林集 . 北京：石油工业出版社 .

李鹤林，等 . 1999. 石油管工程 . 北京：石油工业出版社 .

李鹤林，李平全，冯耀荣 . 1999. 石油钻柱失效分析及预防 . 北京：石油工业出版社 .

李鹤林，郭生武，冯耀荣，霍春勇，柴惠芬 . 2001. 高强度微合金管线钢显微组织分析与鉴别图谱 . 北京：石油工业出版社 .

李鹤林，冯耀荣 . 2006. 石油管材与装备失效分析案例集（一）. 北京：石油工业出版社 .

李鹤林 . 2008. 中国焊管 50 年 . 西安：陕西科学技术出版社 .

李鹤林 . 2011. 石油管工程文集 . 北京：石油工业出版社 .

李鹤林，等 . 2016. 海洋石油装备与材料 . 北京：化学工业出版社 .

李鹤林 . 2016. 李鹤林文集（上）——石油机械用钢专辑 . 北京：机械工业出版社 .

李鹤林 . 2017. 李鹤林文集（下）——石油管工程专辑 . 北京：石油工业出版社 .

注：在国内外期刊发表论文 300 余篇，其中 39 篇选入《李鹤林文集（上）》，71 篇选入《李鹤林文集（下）》。

附录三

李鹤林获国家级及省部级科技成果奖项目

李鹤林获国家级及省部级科技成果奖项目

序号	基本信息	排名	级别
1	"高强度高韧性结构钢"获全国科学大会奖（根据国家科委〔88〕国科成字621号文，此项目为国家级奖励，不分等级），1978年，证书号：0012363	排名第1	国家级奖项
2	"无镍低铬防磁钢"获全国科学大会奖（根据国家科委〔88〕国科成字621号文，此项目为国家级奖励，不分等级），1978年，证书号：0012363	排名第1	
3	"轻型吊环、吊卡、吊钳"获全国科学大会奖（根据国家科委〔88〕国科成字621号文，此项目为国家级奖励，不分等级），1978年，证书号：0012363	排名第2	
4	"液压防喷器"获全国科学大会奖（根据国家科委〔88〕国科成字621号文，此项目为国家级奖励，不分等级），1978年，证书号：0012363	排名第4	
5	"宝石牌单臂吊环"获国家科学技术进步奖，三等，1985年，证书号：85-TG-3-020-1	排名第1	
6	"钻井泥浆泵双金属缸套"获国家科学技术进步奖，三等，1985年，证书号：85-TG-3-024-1	排名第1	
7	"钻杆失效分析及内加厚过渡区结构对钻杆使用寿命的影响"获国家科学技术进步奖，二等，1988年7月，证书号：机-2-001-01	排名第1	
8	"提高石油钻柱安全可靠性和使用寿命的综合研究"获国家科学技术进步奖，二等，1997年12月，证书号：05-2-011-01	排名第1	
9	"油层套管射孔开裂及其预防措施的试验研究"获国家科学技术进步奖，二等，1998年12月，证书号：05-2-002-04	排名第4	
10	"西气东输工程技术及应用"获国家科学技术进步奖，一等，2010年，证书号：2010-J-210-1-01-D05	集体奖，无个人排名	
11	"管道安全评价方法、软件及应用研究"获陕西省科学技术奖，一等，2003年，证书号：01～02-1-011-R6	排名第6	省部级奖项
12	"油气管道失效控制技术及工程应用"获中石油科学技术进步奖，一等，2014年	排名第1	
13	"钻柱失效分析案例库及计算机辅助失效分析"获陕西省科技进步奖，二等，1995年11月，证书号：95-118	排名第1	
14	"钻铤失效机理及用钢技术研究"获中石油科技进步奖，二等，1996年12月	排名第2	

序号	基本信息	排名	级别
15	"油套管 CO_2 腐蚀机理、防护措施及油田应用研究"获中石油技术创新奖，二等，2003 年 10 月，证书号：2003 年 - 二等 -17-GR-08	排名第 8	省部级奖项
16	"苛刻井提升系统安全可靠性评估方法的研究"获陕西省科学技术奖，二等，2004 年，证书号：03-2-31-R1	排名第 1	
17	"石油钻杆腐蚀疲劳寿命及适用性评价方法研究"获陕西省科学技术奖，二等，2006 年，证书号：05～2-016-R1	排名第 1	
18	"油气输送管道性能综合评价及选用技术研究"获陕西省科学技术奖，二等，2006 年，证书号：05～02-019-R4	排名第 4	
19	"集团公司油井管产业发展方向及策略研究"获中石油科学技术进步奖，二等，2012 年，证书号：JB2012023901	排名第 1	
20	"油田地面集输管网用非金属管现状与规范化应用对策"获中石油科学技术进步奖，二等，2014 年	排名第 2	
21	"高强度无磁钢 35Mn8Ni9Cr4V"获石油工业部科学技术进步奖，三等，1986 年 9 月	排名第 1	
22	"钻杆接头和转换接头材料及热处理工艺研究"获中石油科学技术进步奖，三等，1991 年 11 月	排名第 1	
23	"非调质 N80 套管破裂原因分析研究及反馈"获陕西省科学技术进步奖，三等，1995 年 11 月，证书号：95-547	排名第 1	
24	"高酸性气田开发专用管材腐蚀控制技术"获中国石油和化学工业联合会科技进步奖，三等，2010 年 10 月，证书号：2010JBR0391-3-5	排名第 5	
25	"油气田双金属复合管应用关键技术"获陕西省科学技术奖，三等，2013 年 12 月，证书号：13-3-37-R6	排名第 7	
26	"集团公司油气输送管产业发展方向与策略研究"获中石油科学技术进步奖，三等，2016 年	排名第 4	

附录四

李鹤林获国家级
及省部级荣誉

李鹤林获国家级及省部级荣誉

序号	荣誉称号	授予机构	授予时间
1	全国先进科技工作者（全国劳动模范）	全国科学大会	1978 年 3 月
2	国家级有突出贡献中青年专家	人事部	1989 年 10 月
3	国务院政府特殊津贴	国务院	1991 年 10 月 1 日
4	孙越崎能源科学技术奖第三届能源大奖	中国科学技术发展基金会孙越崎科技教育基金委员会	1994 年 10 月
5	第十届光华工程科技奖工程奖	光华工程科技奖理事会	2014 年 6 月
6	陕西省先进科技工作者	中共陕西省委、陕西省人民政府	1978 年 5 月 10 日
7	石油工业部先进科技工作者	石油工业部	1986 年 9 月 15 日
8	陕西省有突出贡献专家	中共陕西省委、陕西省人民政府	1989 年 10 月
9	陕西省优秀共产党员专家	中共陕西省委知识分子工作领导小组、省委组织部	1992 年 6 月 30 日
10	陕西省科技精英	陕西省科学技术协会	1992 年 8 月 7 日
11	中国石油天然气总公司突出贡献科技工作者（科技重奖获得者）	中国石油天然气总公司	1993 年 4 月 30 日

参 考 文 献

陈青，何晓龙 . 1998. 敲开 API 大门的中国人——记中国工程院院士、石油机
械材料工程和石油管工程专家李鹤林 . 陕西日报, 02-01：第 1 版 .

陈新华 . 1987. 延长钻杆使用寿命有新法——美国 API 年会高度评价我部一项
研究成果 . 中国石油报, 07-29：第 1 版 .

何晓龙，罗宝怀 . 1994. 材料科学与工程专家——李鹤林 . 中国石油报, 06-15：
第 4 版 .

焦力人，李天相，申力生 . 1988. 当代中国丛书：当代中国的石油工业 . 北京：
中国社会科学出版社 .

李鹤林 . 2016. 李鹤林文集（上）——石油机械用钢专辑 . 北京：机械工业出版社 .

李鹤林 . 2017. 李鹤林文集（下）——石油管工程专辑 . 北京：石油工业出版社 .

李联慧 . 1991. 活得实实在在的人——记宝鸡石油机械厂高级工程师李鹤林 .
中国机电报, 02-28：第 1 版 .

李联慧 . 1998. 壮心不已——记中国工程院院士、石油材料工程专家李鹤林 .
西安交大, 01-14：第 3 版 .

万兴，宝山 . 1990. 执着的追求，丰硕的成果——记石油管材研究中心常务副
主任、共产党员李鹤林 . 中国石油报, 02-07：第 3 版 .

王百顺，刘鹏 . 1990. 开拓者的风采——记国家级有突出贡献的专家李鹤林 . 陕
西日报, 06-08：第 2 版 .

吴纯忠 . 1993. 西安石油管材所走效益科技之路的调查系列报道 . 中国石油报 .

校忠仁，郭宏斌 . 2007. 宝石七十年 . 西安：陕西人民出版社 .

祝玉琴 . 2001. 交通大学西迁回忆录 . 西安：西安交通大学出版社 .

后　记

　　为年轻时便相识和敬重的李鹤林院士作传，我是乐意而又犹豫的。因为自己一直在企业从事管理工作，虽也常写一些文稿，但非写作专业人士，唯恐院士传记这样要求颇高的著作写不好，有负使命。所以，起初是以试写之心态受邀动笔的。

　　1965 年，我到宝鸡求学，学校是石油工业部批准创办的中专学校，归属李鹤林院士当年所在的企业管理，4 年后毕业分配到厂。那个时代的青年有一特点，就是"远学英雄，近学先进"。耳闻目睹李鹤林院士在十分艰难的环境下，炼"志气钢"、搞"三吊"、培养青年自学成才的事迹，使我和许多人敬佩不已。时世造英模，英模出基层，李鹤林，正是眼前一位实实在在值得人们学习的先进典型人物。他创出的业绩，使他当之无愧地成为全国先进科技工作者。由于为人低调，这个相当于全国劳动模范的荣誉称号，在他本人看来就是一种鼓励，藏于心即可。

　　他看重的是科技事业，毕其 50 多年的风雨岁月，倾其所长和心智报效国家，终成人生伟业和大师级的科学家。

　　为丰功伟绩的科学家和做出重大贡献的科技专家立传，功在当代，利在千秋。强国之梦，民族振兴，迫切需要他们这样的国之精英和栋梁。他们是人们尤其是科技人员学习的楷模。

　　李鹤林院士就是这样一位值得立传的人。

几十年的相识，我对他在石油机械用钢方面的功绩，同在一厂，知之较多；单位独立后，其事耳闻颇有，细则不详。

2015 年年初，我告别广州的亲人，只身回到宝鸡之家，往返于西安，开始采访，查阅资料、整理资料和思路，草拟提纲。用时两年多，几易文稿，增删修改，以求真实。

寒门出学子，事业见精神。从身世到求学，从普通的技术人员到著名科学家，翻阅他的人生轨迹和科技生涯，听闻他曾经的老师、同事、学生和亲人们的述说，我在深深的感动中撰写着。在此期间，共约谈过几十位相关人士，到访过李鹤林院士的故乡汉中及河北青县等地，与李鹤林院士本人进行了 20 多次的长谈，阅读了他几百万字的文集和相关资料，在放大镜下读摘了日久字迹模糊的日记与信件，获得许多第一手资料，比较全面地了解了他的家世家事、个人成长、创业历程、敬业精神、治学态度、科技成就及为人处世等。

本书中有关技术领域的事件和学术成就及人生经历，大都是从李鹤林院士厚厚的文集中摘录的，或是根据他的多次讲述整理的，或是经他亲笔修改的。尤其是他多次搬家，很多早年的资料依然完整地保存下来，使我有如获至宝之感。因而，传记在某些章节，便采用了不少的自述性文体。

感谢石油管工程技术研究院的大力支持和协助，几名院领导并以讲叙或书面文字，表达了他们眼里和心中的李鹤林院士。院士助手杜伟对传记的编写做了大量协助工作，刘亚旭、吉玲康、李京川等对相关章节作了补充修改，贾立仁多次参与文稿的讨论与修改。李鹤林院士曾经工作过的宝鸡石油机械有限责任公司和一些老同志也给予了热情的支持。

特别要感谢北京的李联慧先生，前些年她以记者的身份，多次采访过李鹤林院士，发表过极为生动感人的长篇通讯，为我编写提供了宝贵的资料。此次她又在百忙之中，对本书文稿作了精心修改和润色。其深厚功力和匠心及不署名之举，令人肃然起敬。

采编中还得到过王小宁、张毅、李喜梅、王生玉等和相关单位的帮助。客观地说，《李鹤林传》的完成，凝结各方多人之力，非我一人拙笔所成。在此，仅向所有关心支持《李鹤林传》编写的人表示衷心的感谢，亦包括远在广州的家人的理解与支持。

由于本人水平有限，文中如有遗漏和不妥之处，敬请谅解并赐教为盼。

校忠仁

2017 年 7 月

后
记

作 者 简 介

　　校忠仁，1949年生，陕西蒲城人，经济师。1969年毕业后分配至宝鸡石油机械厂工作。先后任工人，厂宣传通讯干事，总厂办公室主任秘书、副主任，并兼管厂电视台，兼任机关总支副书记等。职内曾聘为新华社、《陕西日报》《中国石油报》《现代企业》杂志等多家媒体报刊通讯员，当选为中国石油电视协会理事。发表新闻稿件多篇，有关企改企管文稿多次在省内外会议上发表并曾选编入书。

　　退职十多年中，受邀为原企业主编出版厂史《新的十五年》《宝石七十年》；书法作品曾选登报刊，参加市展并获奖。闲写散文、游记和回忆等近十万字，诗词二百余首。